商业合规的微观理论研究

杨力　卞传山　著

上海交通大学出版社
SHANGHAI JIAO TONG UNIVERSITY PRESS

内容提要

商业合规,已不再局限于法律风险管理,而是更广泛覆盖内控与反舞弊、企业社会责任等领域。面对合规的进一步界定就是企业为免受法律制裁、监管处罚、财务或声誉损失,从治理结构、内控机制、责任价值建立的"全面风控"意识、标准和取向,从行为预期上又突出强调对违规的"零容忍"。在此基础上,更高水平合规还在于"借入亲和力认知界面",潜移默化影响企业的行为模式,推动内在自动化守规的"巴塞尔式"合规文化形成。围绕这些前沿问题,本文围绕商业合规的微观理论基础、行业合规重点、体系化治理体系等进行了探索研究。

图书在版编目(CIP)数据

商业合规的微观理论研究/ 杨力,卞传山著. —上海:上海交通大学出版社,2022.1
ISBN 978 - 7 - 313 - 25326 - 2

Ⅰ.①商… Ⅱ.①杨… ②卞… Ⅲ.①企业管理—研究—中国 Ⅳ.①F279.23

中国版本图书馆 CIP 数据核字(2021)第 174326 号

商业合规的微观理论研究
SHANGYE HEGUI DE WEIGUAN LILUN YANJIU

著　者：杨　力　卞传山
出版发行：上海交通大学出版社 　　地　址：上海市番禺路 951 号
邮政编码：200030 　　电　话：021 - 64071208
印　　制：上海景条印刷有限公司 　　经　销：全国新华书店
开　　本：787 mm×1092 mm　1/16 　　印　张：13.5
字　　数：282 千字
版　　次：2022 年 1 月第 1 版 　　印　次：2022 年 1 月第 1 次印刷
书　　号：ISBN 978 - 7 - 313 - 25326 - 2
定　　价：78.00 元

序

随着 2002 年安然、世通公司垮台，以及施乐、默克等知名企业相继爆发丑闻，"合规"（compliance）迅速上升为国际市场秩序重塑的关键词。由于金融证券的经营业态比较单纯、监管部门相对集中和执业标准更加统一等条件，"合规"率先在该行业出现，很快又渗向更多行业，已成为现代企业合法化、一体化、公平化营商的通识标准。同样基于中国语境，"合规"也不再局限于"窄巷思维"的法律风险管理，而是覆盖了商业结构性反腐、员工权益倾斜保障、法定更多信息披露、股权转让尽职调查、资源能源透支内控、碳足迹新叙述方式等一般议题，以及国企混改和反垄断、产业转移责任赤字、创客与知识产权保护、富余劳动力消化转移、负责任的采购链等特定议题。2021 年 6 月 3 日，最高人民检察院等八部委联合印发《关于建立涉案企业合规第三方监督评估机制的指导意见（试行）》，引入了合规相对不批捕、不起诉、变更强制措施等机制。很显然，"合规"一词进入了当下中国企业治理的主流话语，需要对之认真研究。

国内外学术和实务界虽对"合规"的界定有不少认知和论断，不过核心都是"符合一定的准则或规则"。整体来说，现代企业的合规界定包括三个层次，国家颁布的法律和政令、企业自身制定的共同体规则和协定、自由市场所要求的一般性诚信伦理。根据这一经典划分，比较成熟的企业合规体系至少有三个部分：完善的公司治理结构；稳定、连续、可行的内控机制；明确的、被严格遵循的企业社会责任。它们分别构成企业合规管理的逻辑起点、内在保障和导向目标。

因此，"合规"不能只是"符合一定的准则或规则"，而是比法律风险管理的内涵更宽泛。显然，面对合规的进一步界定就是企业为免受法律制裁、监管处罚、财务或声誉损失，从治理结构、内控机制、责任价值建立的"全面风控"意识、标准和取向，从行为预期上又突出强调对违规的"零容忍"。在此基础上，更高水平合规还在于"借入亲和力认知界面"，潜移默化影响企业的行为模式，推动内在自动化守规的"巴塞尔式"合规文化形成。否则，唯有外在惩罚性压力的合规，仍会让短期功利性的企业对违法作业给予成本考量，当违规成本被接受又能显著推高绩效，就不排除企业择以违规实现当下增益。

不过，国内外相对成熟的合规并非对所有风控点的"平均供给"，而是会借助于绘制适合企业所在国家、地区和自身实际的"风控热力图",标识出风控点的重要性水平差异,以决定投入的关注程度或风险应对的时间和力度。根据这一思路及结合前期研究,中国商业合规的微观理论研究主要包括以下几个方面:

第一,当下中国企业治理结构的"立法性合规关注"。面对脱胎于整个经济和社会转轨的中国多数企业治理结构不太完善,不少公司存在"三会"之间相互制衡的形式化,以及相当程度的内部人控制现象,最新修订的中国公司法对之给予不断融合两大法系之长的"立法性合规关注"。一般而言,企业治理结构的合规指向四个方面:股东对公司行权中的合规;股东之间因处理股权和投资事务产生互动的合规;董事及其他高管对公司运营的合规;监事对公司经营和内部控制人监督的合规。然而,当下中国企业在投资者、经营者与监督者之间面临的以上难题,又不是简版处理的英美法系的"信托",抑或大陆法系的"代理"定位之分所能轻易解决,而是应依国情因地制宜。所以,中国公司法的修订思路没有采纳英美法系侧重于构建开放式的公司结构,让股权分散而更为突出董事会的权力,而是以大陆法系的封闭式"内控型治理"为蓝本,又引入了英美法系中的"独立董事"这样的制衡元素,尤其强调经营者的合规既不能违法又必须按照"章程约定",体现出了中国合规立法的"私法自治"这一立场。

第二,当下中国企业内控机制的"协同性合规关注"。相对于治理结构的合规对象是股东和董事、监事、高层官员,内控机制的合规对象则是企业内设部门和雇员。内控机制的合规一般包括:流程性制度不能违反法律和政令,不能悖于企业治理结构,不能让程序流于形式。但合规在内控机制上的最大难点在于,内设部门之间的目标不一致所产生的合规抵牾。比如,财务部门定位于成本控制,减少开支和降低费,缩短应收账期和延长应付账期,提高速动比率,增加资金抵御风险实力,期待资金最大限度上良性滚动;业务部门寻求快速决策和执行,完成并实现更多销售额,采取各种方法刺激外部市场,以账期、费用、履约风险等换来优质客户和主力上游原料产品;法务部门则主张控制各类风险,尤其是降低主营业务系统性的履约风险。显然,所有部门的初衷都着眼企业利益,但源于职责差异而导致目标不同。所以,在尚未建起比较完善的内控机制,合规管控的"四权管理"亟待整合,既定程序性规定较少和信息化程度不强时,当下中国企业的内设部门在共同治理中,既能合力保证不会过度偏离参与者追求,又能基于利益出发点差异而相互牵制,就成为内控机制上"协同性合规关注"的关键。

第三,当下中国企业社会责任的"责任性合规关注"。随着新经济地理学上企业要素空间分散化、网络结构化出现,以及相应由材料、生产、服务、流通等串联起来的产业链渐从集聚走向分散,企业社会责任的更多维度和利益相关方受到关注。它构建的以经济责任为基础,兼及社会和环境责任的闭环稳定结构,不仅能借助经济上的盈利对股东负责,而且可以更多体现对客户消费者、内部员工、商业合作者、供应链伙伴、同业竞争者、周边社区等利益相关方承担责任,已获得世界主流认同并被付诸实践。同样,中国所存在的不平衡、不协调和不可持续问题,也让国家治理的着眼点发生了重大变化,包括:调整经济增长质的方面、收入分配和环境指数等,不再沿袭以往的透支劳工权益、无度破坏环境等"向下竞争",强调以协调、绿色、共享等理念改变"供给侧"的竞争压力传递机制;面对企业"走出去"和 TPP 等国际规则话语权的倒逼压力,强调深化全方位开放,深度融入世界经济和培育国际经济合作新优势。当然,这里"责任性合规关注"主要指向"强制性、引导性的社会责任",不包括"纯粹道德性的社会责任"。

以上对"合规"的界定,为全方位掌控和评价中国在该领域已取得的成就提供了以趋势性判断的框架。基于此,微观理论视角的中国企业合规的热点、前沿和重大问题,才可被加以类型化及收敛于若干关键议题,以及对之深入剖析和前瞻思考。

课题研究团队成员　吴尚轩、何航、赵帅、郭宪功、彭辉、蒋海晨、谢玉洁、詹剑参与撰写相关章节。特此致谢!

是为序。

杨　力　卞传山

2021 年 9 月 1 日

目　录

第五编　商业合规的微观治理体系

第一编

商业合规的微观研究拓展

第一章　商业合规何以更好实现

第一节　基于内部视角的商业合规

商业合规一词,最早起源于金融业。安然、世通、施乐、默克的财务丑闻,让美国情绪化地高票通过了著名的《萨班斯-奥克斯利法利法案》,暂时结束了以往弥漫在企业内部的自由主义倾向。然而,强化了的政府监管机器,以及加大了的社会运行成本,并没有根本改观商业贪婪所滋生的"不合规"。随后2008年的世界金融危机的爆发,"讽刺性"使得市场信任这块商业基石又一次被周期性地动摇。同时,美国证券交易委员会(SEC)的监管定位,早已从"让投资者免受金融劫掠者的侵害"的初衷,转向"更主要是让拥有政治权势的金融劫掠者免受投资者侵扰",①又进一步加深了人们对"萨班斯法案式"商业合规监管失灵的"记忆"。换言之,无论美国的法律规定得如何细密,似乎岁月的年轮与商业周期的潮起潮落,都会将之冲刷得千疮百孔。

近年来的中国,商法的不断健全提供了规则土壤。《民法典》的出台,《公司法》不断修订打上的一个个关键性条款补丁,②《证券法》修订进程中以"放松管制、加强监管"的原则共识,③《刑法修正案》覆盖的商业反腐刑罚趋重,公司信息安全和不用滥用等条款,④《反不正当竞争法》对商业贿赂、虚假宣传、侵犯商业秘密等的"渐密式"修订,⑤尤其是国家标准化委员会在2012年、2017年,又连续专门颁布了列为国家标准的"法律风险管理""合

---

① Michael Lewis, David Einhorn. The End of the Financial World as We Know It[J]. New York Times, 2009, 1.4.

② 《公司法》在1993年首次颁布实施后,分别于1999年、2004年、2005年、2013年、2018年经历了5次修订。特别是2005年、2013年、2018年的修订,进行了涉及商业合规的关键性条款的较大程度修正。

③ 2005年修订的《证券法》已难以适应证券业的实际新需要。放松管制、加强监管是证券市场改革的思路。修订在简政放权的同时,进一步加强事中事后监管,减少了一批行政许可事项,取消部分限制性、禁止性规定,但强化了监管执法和法律责任。比如,调整了证券服务机构的监管方式,取消会计、资信评级、资产评估机构从事证券服务业务的二次审批,改为实行登记管理制度。完善了短线交易、内幕交易、操纵市场等禁止交易行为的规定,新增禁止跨市场操纵和利用未公开信息交易制度。此外,监管机构的监管执法方式、手段、措施等也得到完善,对违法行为的处罚力度也有所加强。

④ 2015年11月1日,《刑法修正案(九)》实施,对商业受贿罪、行贿罪、利用影响力行贿、泄露公民个人信息、网络信息安全、信息网络工具性犯罪等商业合规体系的构建,进行了进一步完善。

⑤ 2017年10月30日,《反不正当竞争法》修订案讨论通过,对原《反不正当竞争法》当中的混淆行为、商业贿赂、虚假宣传、侵犯商业秘密、不正当有奖销售、商业诋毁相关规定进行了修改;新增了利用网络从事生产经营活动的经营者应当遵守的规定,该条采用"定义"+"列举"的方式,将利用网络从事生产经营当中的不正当竞争行为界定为"利用技术手段,影响用户选择或者其他方式,实施下列妨碍、破坏其他经营者合法提供的网络产品或者服务正常运行的行为",并且列举了实践中曾频繁出现的三类不正当竞争行为,第四项为兜底条款。

规体系管理"两个指南,①更多使得商业合规的话语在中国,已不再只是残酷竞争的商业界"丛林规则"的附属品。

但是,中国的商业合规体系依然脆弱。一方面,商业在寻求利润的过程中,仍会重复性付出许多代价,甚至是巨额损失,去试错一些糟糕的商事规则、法律合规的漏洞,抑或妥协于部分僵硬的监管制度;另一方面,即使在商事规则高度发达的环境里,不少公司还时不时会遭遇难以预料、避之犹恐不及的商业合规"事故多发路段"。比如,中兴通讯事件等。

很显然,"外在"探讨商业合规依据的良法化,无疑是解决上述第一个问题的习惯视角。它沿袭了以往的套路,强调的是惩罚威慑模型或社会规范模型,更多是从"强化监管"角度推动反思性立法,着力于回答"基于外在制度压力"的商业合规责任承担。不过,只是一味沿循这一套路,不一定能有更大概率避免上述类似"萨班斯法案式"困境的出现,商业合规的监管失灵难免还会重蹈。

接下来从公司的"内部"视角,深入探讨"基于什么条件"的商业合规更容易、更可能实现的内在驱动机制,便成为突破这一困境十分关键的问题,至少可为商业合规的"事故多发路段"提供有效的预警标识。这种微观上的商业合规理论研究内容,主要包括:更加全面、精准识别和梳理内部合规的风险点及类型,以及动态提供内在的风险热力布局图、关键岗位的风险提示清单等,目的是建立商业合规风险的"高效认知界面";在此基础上,才能进一步分析影响公司自动遵守商业合规的行为认知影响维度,寻找到商业目标与合规底线之间的"最大公约数",为推动中国商业合规进程提供新的定位、思路与方案。本研究拟在这一问题上进行讨论。

第二节　合规、法务、内控的澄清

比较规范的商业机构内部,一般存在几个称谓近似的"守门员"职能部门:合规、内控及法务部门。不过,即使在"百年老店"的跨国公司,它们之间的功能描述和边界划分,实际上也有着较大差别,加之学术界对此的认知存在的不少误区,很有必要在讨论前予以界定和澄清。

2014 年,国际标准化组织(ISO)推出《合规管理体系指南》(ISO19600),这是世界上第一个合规管理的国际标准,其对"合规"的界定,覆盖了内控、法务、社会责任(侧重于强制性和引导性社会责任,排除了纯粹道德性的社会责任)三个方面。② 因其作为国际共识

---

① 2012 年 2 月 1 日,国家标准《企业法律风险管理指南(GB/T 27914 – 2011)》实施;2018 年 7 月 1 日,国家标准《合规管理体系指南 GB/T 35770 – 2017》实施。

② 根据国际标准化组织出台的《合规管理体系指南(ISO19600)》,合规指组织以适合其规模、复杂性、结构和运营的方式,制定"合规义务"文件。主要包括两个方面:① 合规要求。遵守立法机构、监管机构制定和发布的具有强制性的法律法规、监管条例等,以及公司内部的规章制度和规范性文件等;② 合规承诺。组织与社区、公共权力机构、客户签订的协议、组织要求、政策、程序、自愿原则、规程、环境的承诺等。

的权威性,本研究拟采用这一界定。

一般而言,法务主要是根据外部立法机关、监管机构制定的"强制性"法律法规、部门规章和其他规范性文件,推动公司法律事务的处理。典型的包括:法律跟踪及咨询、合同管理、知识产权、纠纷处理、外部律师管理,以及投融资、招投标、对外担保、劳动人事等公司治理中的法律事务性审查。

社会责任,根据国际标准组织出台 ISO26000 所达成的全世界范围内共识,清晰被定义为是面对投资者、员工、顾客、供应商、竞争者、政府、社区等利益相关方,公司所承担的效力层级不同的部分法定或道德义务。[①] 包括:① 强制性社会责任。比如,刑事商业反腐、中小股东知情权、产品质量、信息安全、反垄断、环境保护、职业健康与安全等;② 引导性的社会责任。比如,产品售后服务细节保障、消除员工歧视、不过度依赖政府专项补贴或政策扶持、利益相关方提出异议后的听证权等;③ 纯粹道德性的社会责任。比如,员工法定以外的期权奖励、供应商产品信息反馈、向政府提供资金赞助、慈善团体捐款等。

相对于法务的界定,除了纯粹道德性维度,"强制性""引导性"社会责任的性质与之有所类似,都是公司所承担的基础性、义务性、具备转化为法定负担条件的责任担当。

内控,根据所有行业中最权威的银行业内控《巴塞尔协议(修订版)》《有效银行监管原则》,强调的是"全员参与",是通过制定和实施系统化的制度、流程和方法,实现控制目标的动态过程。[②] 从本质上讲,它是包括又不限于法务、社会责任等实现的"承载形式",侧重于借助财务状况透明度、重大决策机制、股权架构、董监高和关键岗位权力配置、完整和有效的业绩报告、流动性风险和关联交易信息披露、定期内部审计和反舞弊稽查等内部多元方式,重点是在程序和机制上,告诉公司"怎么做""如何前瞻""建立公司的中长期目标"以及"避免法律责任包括刑事法律责任"。[③]

事实上,内控是从"健全市场"角度实现商业合规的另一条路径,它是借用市场约束机制来监督公司内控的改善,与那种简单的外部"强化监管"有极大不同。长期以来,国际上对银行、公司等商业机构中的重大乃至灾难性风险,到底是"强化监管"抑或"健全市场"的直觉性判断,更多是倾向于前者,不过往往陷入"萨班斯法案式"的困境,让这样的逻辑未免失之简单与失灵。毕竟赋予行政机构更多监管权限的期待,其实"预设了三个前提:存在市场失灵;监管的官僚有能力直接监督、规制和约束,缓解市场失灵;官僚有内在的激

---

①　2010 年,国际标准化组织在日内瓦推出 ISO26000 社会责任指南标准,它是在 ISO9000 和 ISO14000 之后制定的最新标准体系,恪守遵循法律法规、关注利益相关方、透明度、可持续发展、人权和多样性等五大原则,包括十个企业社会责任标准。

②　See Basel Committee on Banking Supervision, Enhancing Bank Transparency: Public Disclosure and Supervisory Information That Promote Safety and Soundness in Banking Systems, September 1998. Basel Committee on Banking Supervision, International Convergence of Capital Measurement and Capital Standards: A Revised Framework, June 2004, available at http://www.bis.org/publ/bcbs107.pdf. Basel Committee on Banking Supervision, Core Principles for Effective for Effective Banking Supervision, September 2012.

③　卞传山.传统法务如何牵头企业合规管理[J].法人杂志,2019,2.

励,修正市场失灵。"①但是,这是假设在现实中难以成立,至少是不完全成立。因为较之内部管理人、股东和其他利益相关者,外部监管所掌握的信息不全面,且其行为的内在激励也肯定不会超过股东和债权人等。所以,只是"一条腿走路",片面强调"加强监管",内控乃至商业合规目标的实现就会事倍功半。目前,政府监管者逐步淡化"管理者"的身份,而强化"监督者"的角色,已成为推动商业合规的新共识。

当然,内控仍有这样或那样的问题。② 但它是修正外部制度失灵,实现商业合规目标的低社会成本方式。内控不再是纸面上的法律文本,而是公司治理机制的健全,监管者所强调的"管内控",不应当只被狭义理解为"加强监管",同时也应当增加"健全市场"。这就是以更多的市场约束机制,激励公司主动改进内控,更多披露内控信息。如果更多公司不再是"遮羞",而是"好人举手"主动迎合投资者和债权人之需的更细致披露,那么内控的良性循环模式可望实现。

第三节　盈利与合规的最大公约数

接下来的问题,又转入如何进一步寻找到盈利与合规之间的"最大公约数"? 回应这一问题依赖于多视角的全面深度思考,构成了本研究的主要叙事框架。

一、"加强监管"还是"健全市场"

(一) 依赖和夸大合规的外部监管是不明智的

近年来,随着上市公司的整体法律风险降低,金融这一最应强调合规的产业法律风险不降反升;上市公司的违规风险下降,但反映上市公司财务报表披露合规性的非标报告风险持续上升;同时,越来越多的立法论证也进一步表明,法律监控的表现相对较弱。③ 这说明,利用法律"加强监管"即使重要,但效果并非理想。毕竟正如前述,较之公司的内部管理人、股东和利益相关者,外部监管者的信息未必更加全面,非标报告风险持续上升就是例证;同时,外部监管者的内在激励也不会超过公司的股东和债权人。因此,"健全市场"来实现商业合规才是主要方向。

(二) 防止"锚定效应"的利益集团游说劫掠

加强监管,作为健全市场的补充不可或缺。比如,近年来上市公司"受限资产"风险逐

---

① See George Stigler. The Theory of Economic Regulation[J]. Bell Journal of Economics and Management Science,1971,2.

② 比如,内控缺陷的具体构成及产生原因的分析度不足;内控评估严重缺乏全链条、细致的专业化判断;内控更多停留于机制而不敢触碰"公司治理架构"的奶酪;信息化程度不高导致内控的潜在实质性漏洞依然较多;即使是上市公司的内控披露采用的语言表述高度雷同,且"表功"的内容明显居多;内控的整改"工具箱"长期薄弱,缺乏务实管用的改进方案,等等。

③ 比如,《证券法》修订、《公司法》修订、《反不正当竞争法》修订、《商业银行法》修订、《企业破产法》修订、《保险法》修订以及《反垄断法》《网络安全法》《环保法》和《外商投资法》制订等,都涉及"加强监管",还是"健全市场"的巨大争论。

年上升,亟需警惕资金链断裂的风险。这种情况下,防止出现系统性金融风险的政治属性,肯定是加强监管的强大动力。不过,它又可能会浮现基于"锚定效应"的利益游说。因为人们在合规上常被启发认为,法律监控是不可或缺的,但往往忽略锚定离不开对偏离锚定的调整。比如,现实中不少公司因财富巨大而享有参与监管规则制订的很大话语权,同时又由于公众监督的倏忽即逝的特征,使得商业合规的监管偏离被锚定的原意,而是可能蜕变成充满不确定性、异化为表达一己之私的竞技场。其结果就是重蹈"萨班斯法案反思"的覆辙,[①]甚至会出现国家资本主义。

（三）基于类型化市场认知的精准监管合规

事实上,不同所有权、行业、领域、规模的公司之间合规风险差别很大,监管难以一概而论。需要从健全市场角度,针对市场的分类进一步让监管精准。以《公司法》为例,目前有限公司与股份公司的雷同规则过多,难以适应不同投资需求。前者的内部治理结构和规则,应以任意性规范为主,留给公司参与人更多的自治空间;后者又应继续区分"公众性""非公众性"两类,毕竟两者的投资者范围和涉及利益主体差别很大。此外,还可以允许让公司发行不同种类的普通股、优先股,以解决类似风投中"对赌协议"问题;可以让公司章程在设立机构、配置权限上有更多灵活性,而不是刻板和僵硬,允许公司参与人在更多条款上制定适合自己需求的规则,才能实现"更自觉"的商业合规。

二、风险识别、评级和关键议题敲定

（一）以合规全风险识别来干预直觉误判

商业不合规经常不是刻意违反,而是人们在情况不熟悉、风险又高,且来不及收集更多信息时的直觉性错误(见图1-1)。偶尔的错误若代价不大,那么仓促决定可节省时间和精力,只是有时不合规结果又是致命的。所以,需要以预先识别风险来干预直觉的误判。因此,排查合规风险的目的,就是建立有意识的怀疑,让决策者同时在脑中记住多种互不相容的解释,以避免"光环效应"只关注第一印象,可能忽视不明确的因素而产生误判,"毕竟眼见未必就是事实"。

图1-1　忽略不明确因素,字母"B"与数字"13"

（二）构建与风险强度匹配的合规等级体系

合规一词,与识别后的风险相对应,隐含着强度的内涵。风险水平越高,且转危为安

---

　① 罗培新.科学化与非政治化:美国公司治理规则研究述评——以对萨班尼斯-奥克斯莱法案的反思为视角[J].中国社会科学,2008,6.

或可接受性的难度越大,合规等级就越高。此时,盈利与合规的最大公约数就是界面的设计,即对那些合规问题的影响程度确认和评估,并作出动态回应。问题的确认,是通过审视所处的环境来进行的,而评估就是对责任强度进行分类,设定合规等级,甚至可能结合风险转化可能性、可接受性程度等潜在影响,进行优先次序的排列(见图1-2)。在此基础上,寻找到适当的解决问题之道。其中,事实差距可以通过提供某种程度的客观事实来弥补;一致性差距只有在其中一方调整其立场时才能缩小,比如微调行为准则;应然性差距只能通过争论、讨论和对话加以解决。

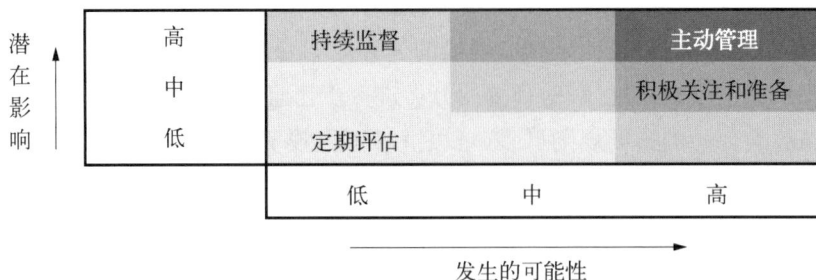

图1-2　商业合规等级和优先次序矩阵

(三) 设立关键岗位风险清单防止"后见之明"

人们都知道"轻重缓急"的重要意义,可又会高估当初预测,出现"我早就知道"的"后见之明"现象。它的危害导致了不是根据判断过程的合理性来评估好坏,只是以结果论英雄。比如,境外投资法律风险上升,不代表国际化步伐是错误的。因此,设立公司的关键岗位风险清单目的,不在于提供专家预测,而在于纠正原来的公司决策者可能发生的直觉性错误,让"过去的风险事件"与"眼见为实的当下条件"之间建立逻辑的连贯性。因此,关键岗位风险清单未必要、也不可能覆盖所有问题,而应根据重要性、关注度和可行性标准,归纳关键议题和优先顺位,减少"有效性错觉"和"技能错觉"。[①]

(四) "慢走规则式"问题的生命周期应对

慢走规则,是中国《证券法》的独有制度。[②] 有趣的是,今天违反该规则已不像立法之初,一律认定股权转让无效,而是责令违规人补充信息披露。它反映了随问题的生命周期,诠释合规立场的变化。已有许多研究表明,环保近年来进步较大,问题焦点转向环评信披力度加深,亦为同理。因此,商业合规的风险评估要遵循问题生命周期(见图1-3)。诞生期,公司会转移预期,指责政府的监管真空;成长期,当问题未被解决,又被冠以一个流行名称而转播,公司会因不满加剧防御应对;发展期,公司被要求对违规负责;成熟期,民众兴趣可能倍数增长,公司不得不提出解决方案;后成熟期,可能还会出现不稳定的新预期差距、拖延而达成均衡、问题消失的多种可能性。

---

① 参见丹尼尔·卡尼曼.思考,快与慢[M].胡晓姣,李爱民,何梦莹,译.北京:中信出版社,2012:189,192.
② 根据《证券法》规定,投资者持有某一上市公司股份达到该公司总股本5%时,应及时信息披露并报告;同时在一定期限内,禁止买卖该公司股票;以此为基础,该投资者每增减5%时,仍需履行同样的义务。

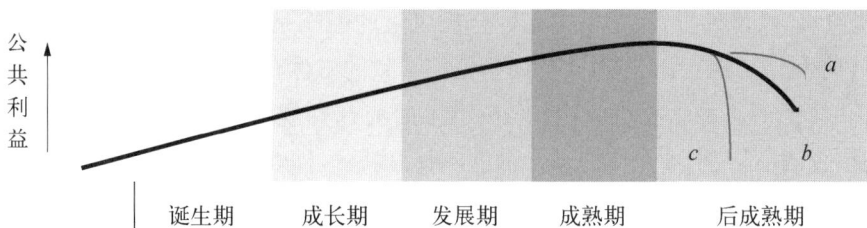

图 1-3　商业合规问题的生命周期

三、"被忽视"的合规决策方式

(一) 事前"负面评估"的设障式决策

一般而言,董事会规模下降、多元化经营会导致违规风险增大。然而,人们在作出提高效率和赢利决策时,倾向使用"愿望思维"的乐观主义:把注意力集中在目标上,只关注可行性和必要性,不关心可能的负面效应。这让决策者只盯住计划、行为、最直接的威胁和机遇,而对同业竞争、市场变化等其他的风险"选择性"忽略。但是,已建立的过度自信可被驯服,却难以被彻底改变。"从决策的认知角度,需要进一步借入设障决策的方式,让了解决策的所有人在决策前集体研判违规风险,而不是工具性、义务性的接受任务布置、敬畏或顺从上司。"[1]哪怕是领导的决策意图也应怀疑,而不是减弱疑虑;抑或因发表反对意见,被当成对领导不忠诚。

(二) 强制规则以外的"默认规则"效用

默认规则,是指主体没有明确另作约定的当然生效规则。[2] 比如,《公司法》规定,兼并须拥有表决权 50% 以上批准,那么公司章程的替代方案只能对股东更优越,才能排除这一默认规则的适用。这种作为默认条款的法律标准,被称为"公共产品"。其作为商业合规不可或缺的构件,会自动化带来公司的"信息披露"。因为它会对消息灵通一方施加信披负担,其目的是让各方通过谈判达成优于不谈判的结果。[3] 同时,这种默认规则给公司的章程等内部文件的漏洞填补,提供了合规与否的兜底判断。[4] 可以说,默认规则为公司的治理结构引入了更多的灵活性,更丰富的默认规则菜单,且不时对其加以解释和修订,以使之顺时适势更新,保证公司从不同形式选择合规且最有利决定。

(三) 基于可能性效应的"合规一票否决"

人们对结果的重视程度,与对结果可能性的重视程度是不同的。结果的可能性越大,就越会受到关注,这就是"可能性效应"。它的原理是:不可能出现的事往往受到重视。

---

① 郭晓薇.中国人的上下级关系:构念的整合及影响效应研究[M].上海:上海交通大学出版社,2018:23.
② See Kraakman R, Armour J, et al., The Anatomy of Corporate Law: A Comparative and Functional Approach[M]. 2nd ed. Oxford University Press, 2009.
③ Lan Ayres, Robert Gertner. Filling Gaps in Incomplete Contracts: An Economic Theory of Default Rules[J]. Yale Law Journal, 1989, 99.
④ Henry Hansmann. Corporation and Contract[J]. American Law and Economics Review, 2006, 8.

这对于资金周转、境外投资、竞争中立等合规风险的影响是显著的。前景理论的偏好"四重模式"(见表1-1)揭示了在风险与期望值相一致的必然获得(或损失)之间,人们是如何选择的。[①] 降低对此的敏感度,会让你在所得面前选择规避,在损失面前选择冒险。而"合规一票否决"对较小可能性的过分看重,则会战胜这种效应,产生"收益愿冒风险"的决策,即对损失保持谨慎。

表1-1　前景理论的偏好"四重模式"

	所　　得	损　　失
较大可能性 确定性效应	95%的概率赢得10 000美元 害怕失败 风险规避 接受自己不喜欢的解决方式	95%的概率损失10 000美元 希望能避免损失 冒险 拒绝自己喜欢的解决方式
较小可能性 可能性效应	5%的概率赢得10 000美元 希望能有更多的所得 冒险 拒绝自己喜欢的解决方式	5%的概率损失10 000美元 害怕有更大的损失 风险规避 接受自己不喜欢的解决方式

(四)"声明在先"的事后责任豁免

罐中10个球中有1个是红球,较之于100个球中有8个是红球,抽中红球的概率,无疑是前者高于后者。但当看到罐中8个红球在一堆白球中时,生动画面感会让不少人"忽略概率的分母",而情绪化选择后者。涉及公司违规被发现概率极小的罕见事件决策也是如此。比如,安然、雷曼、中信、葛兰素史克、西门子事件等。除非你明确想到了某个罕见事件,否则不会对违规被发现后果给予高估。因此,除了违规罕见事件发生后的生动画面重现,借助于流行于美国、英国、德国等国家商法中著名的"声明在先"的责任豁免原则,让公司全面梳理和评估重大违规的独立事件可能性,以"声明在先"进入公司规则,或进行"谨慎注意义务"的严格处理,以实现商业合规目标。

(五)避免"窄框架"的公司内部悖论

窄框架,就是在问题刚出现的时候立刻做出决策,但会带有偏见。比如,公司内部的发展部门(市场部等)与"守门员"部门(法务部等),会立足于角色分工而针对同一合规问题做出不同判断,分开都是有规则依据的,但一旦依据本身解决同一问题的标准不一致,就会出现"公说公理、婆说婆理"的悖论。发展部门可能更倾向于冒险,而"守门员"部门更喜欢规避风险。此时,避免"窄框架"的这一问题,就有两个方案:一是借入"分蛋糕"的办法,让先切蛋糕者后拿,即让先选标准者丧失先解释自己所选标准的机会;二是引入外部意见,把注意力从当前情境转移到类似情境结果的数据上,它是思考计划的宽框架,依赖信息和统计而使整体风险降低。

① 丹尼尔·卡尼曼.思考,快与慢[M].胡晓姣,李爱民,何梦莹,译.北京:中信出版社,2012:289.

第二编

商业合规的微观理论基础

第二章　商业合规的风险和责任话语

第一节　商业合规的两大兴奋点

一、法律经济学的合规关注

作为"法律经济学"这门学科的两位奠基人,罗纳德·科斯(Ronald H. Coase)与圭多·卡拉布雷西(Guido Calabresi)从各自的角度作出了重要贡献。

科斯从经济学角度切入,其面向经济学界的论述被凝练成"科斯定理",即:如果交易成本为零,且相关资源上的财产权得到明确界定,那么,处在某种外部性情形中的当事人,就会通过谈判来达致一种有效率的,以及与初始权利分配状态无关的解决方案。这里,包含两个假定和两个结论。假定一:交易费用为零;假定二:产权界定明晰。结论一:有效率的结果总会被达成(效率原理);结论二:这一结果之达成不受初始权利分配状态的影响(不变性原理)。

卡拉布雷西是从法学角度切入,提出了现代社会试图在鼓励创新与维护公平的社会秩序之间保持平衡。其从侵权法角度分析认为:"侵权法可以一方面鼓励危险的创新行为,另一方面要求创新者合理补偿那些无法从创新中直接获益的受害者。侵权法所做的事情在某种程度上就是给生命和安全定价,但做这些的方式比较隐蔽,以至于不会产生明显和直接的定价所导致的那种沉重的道德成本。"[①]

基于法和经济学,上述研究意图揭示:现实生活中的商业活动是在交易费用为正的市场中开展的;同时,完全依靠经济逻辑的通过自愿交易进行风险分配、资源配置的做法并不具备现实性。纯粹的经济逻辑固然对于思考和追寻最佳的资源配置方案有重要意义,但是,生命、人身安全价值与财产价值之间的不可通约性、谈判能力差异以及公平正义等非功利价值、道德成本也必须予以考虑。相应地,法学的逻辑和制度安排必然要在此空间内发挥效用。换句话说,公司的商业活动开展必然要以一定的法治安排为前提。

围绕商业发展的法治安排,一方面,表现为政府竞相优化的"营商环境";另一方面,则表现为围绕"依法治企",在企业内部开展的各种体制机制变革。对于营商环境,中央全面依法治国委员会第二次会议强调,"法治是最好的营商环境",提出"要用法治来规范政府

---

① 郑戈.功能分化社会的法学与经济学——圭多·卡拉布雷西与《法和经济学的未来》[J].中国法律评论,2019,2.

和市场的边界,尊重市场经济规律,通过市场化手段,在法治框架内调整各类市场主体的利益关系"。而对于商业合规,目前国内尚未形成整全的、体系化的论述。但是,商业合规确实在不断向前推进。这种推进的驱动力就来自有关企业治理的法律话语,其中尤以风险防范和责任治理两条主线最为有力。并且从目前所见资料来看,在企业治理的法律话语形成之初,风险防范更多偏向的是经济逻辑,而责任治理更多偏向的是政法伦理逻辑。目前这两条主线逐渐汇合,形成了促进商业合规的强大合力。

二、微观内部视角的合规话语

"话语"一词来自英文中的"discourse"一词。该英文术语在法学界还有另一常用译词为"商谈"。"discourse"在现代语言学中的原义,系指构成完整单位的、大于句子的语段,后被哲学、社会学、法学等学科作为一种理论工具。早期译为"商谈",更多是受到了哈贝马斯"交往理性理论"的影响。哈贝马斯的交往理性世界强调,"以语言为核心的交往活动及其三大有效性主张在社会规范建立过程中所起的重要作用,将生活世界合理结构的整复定位于交往理性的重建,并将此提升到'话语伦理学'的高度,视其为社会伦理的根本原则,主张以此来约束人的行为、人与人的关系乃至整个社会实践"。① 这种译法在哈贝马斯交往理性的理论背景下,颇能凸显基于沟通的动态意涵,但在对"discourse"本身展开研究时,往往有些不得要领。相比之下,话语作为一种语言实践,由两个相互依存的部分组成:一个是话语内容;另一个是话语形式。在社会关系网络之中,话语起到黏合剂的作用,使得每一个体得以借助关系网络而被他人认识或认可。话语中蕴含的强制力量或支配力量,就是人们常说的"话语权"。可以说,上述语词的对译会有助于分析各种独特的话语。

作为这种独特的话语之一,法律话语相当具有代表性,能够更加逻辑、内在地体现知识、话语、权力三者之间的关系。"知识伴随着人类经验的积累转化而成,离不开人类思想行为的必要趋从,而趋从惯性本身映射的就是权力的客观存在。知识的本质在社会层面上已经客观成为一种用来维护自己和自己所在利益集团,以及控制他人所在的利益集团的工具。在社会层面意义上,它只作为权力资源存在,并通过话语表达。"② 法律知识作为权力资源的表达,就是作为研究对象的法律话语。值得一提的是,法律话语并不像法律修辞那样有着固定的程式套路。相反,法律话语处在不停的流变当中。但这并非是说法律话语不可把握。相反,法律话语往往遵循明确的道德逻辑、经济逻辑等,会随着思想和社会形势的变化而变化,因而往往有一定的结构和轨迹可寻。本研究所要做的就是从"风险"和"责任"两条主线切入,描绘出驱动中国公司治理演进的法律话语版图。

---

① 刘中起.公共商谈与政治话语:哈贝马斯的交往理性世界[J].甘肃理论学刊,2012,3.
② 傅春晖,彭金定.话语权力关系的社会学诠释[J].求索,2007,5.

第二节　公司性质界定理论

在对风险和责任展开考察之前,需要对风险和责任话语作用的对象,亦即公司主体本身的性质进行界定,毕竟对于公司本质的判断影响着对于公司监管和治理路径的判断。当前,理论界关于公司本质的理论探讨主要包括以下流派:公司法的契约理论、公司法的社区理论、公司法的团体生产理论以及公司法的宪政理论。

（一）公司契约论

该理论由麦克·詹森(Michael Jensen)和威廉姆·麦克林(William Meckling)在经济学界完善并推广,认为"公司只是一系列合同连锁或默示的契约,只是一种形式的法律虚构物;公司并非主体,并没有真正独立的存在。"[①]而公司法的作用应当是作为合同法的延展,集中于提高公司内部运转的效率。相应地,这一学派认为,对于公司的目标究竟是经济利润抑或社会责任,应当交由公司参与人自己决定。而监管和改变公司行为,应当通过改变公司经营的外部环境,制定一些向某些公司行为施加经济成本的法律规则,改变其决策过程,促使其自行做出相应改变,而不是直接强制改变公司机构使其改变公司目标,进而改变经营行为。

（二）公司社区论

它是将公司视为一个整体社区,而不是像公司契约论那样,将公司解构为由契约关系连接起来的一群相互独立、自我保护的个体。公司社区论认为,公司契约论基于股东财产权保护的理念,来要求因股东追求财富最大化行为而遭受损失的第三方,通过有法律约束力的契约机制进行自我保护。但是,由于谈判力量不平等,非股东的公司利益相关者并未得到有效保护。相比之下,公司社区论强调相互信任和依赖的关系,认为这种关系的不断发展可以支撑稳定和公平的交易预期,并主张对于社会问题的解决,不能仅靠有限的市场机制,还需要其他的法律机制对契约机制进行加强和补充。

（三）公司团体生产论

这在基于股东拥有公司观念的代理理论模式之外,开辟了一种新的理论模式,即从团体生产方法出发,认为公司治理结构是为解决团体生产问题而来的"协调性层级制度"(mediating hierarchy)。从本质上,协调性层级制度要求团体成员将一些重要权力让渡给公司设立行为所产生的法律实体。团体成员自愿选择服从公司层级,将其作为一种有效的制度安排,从而促进他们自身的利益。公司协调性层级模式强调团体生产作为一种商业工具在公众公司兴起中的重要性。同时该模式也更加关注公司的政治本质,即公司实际上是在协调进行与具体企业相关的投资的不同群体和个人之间相互冲突的利益,除了

---

①　李诗鸿.公司契约理论新发展及其缺陷的反思[J].华东政法大学学报,2014,5.

经济和法律手段,这些群体不可避免地使用政治手段,以获取团体生产所产生的利润中的较大份额。基于此,公司权力在股东、董事等角色之间的转移,实际上是正在变化的经济和政治力量所诱发的。其中,政治因素的驱动主要反映的是社会财富分配的问题,而经济因素的驱动主要反映的是团体生产效率调整的问题。

(四)公司宪政论

其基本观点是,公司并不仅仅是人为拟制的法律组织(就此而言,不同于特许权理论),同时也不仅仅是经济组织(不同于公司契约论)。公司具有上述两个维度,不仅是社会企业,还是自成一体的政治组织。从这个基本观点出发,公司宪政论认为公司治理的路径资源应当既来自国家,也来自公司自身。此外,公司宪政论实际上有两层含义。公司是运行在一个宪政框架中,在此框架下,国家具有权力和责任;公司自身也是一种宪政安排,即公司是一个通过其宪政安排协调公共和私人利益和价值的组织。公司宪政论提出了一个新的公司治理监管理论,试图避免传统的公共和私人二分法,而是将两者的视角结合起来,既关注社区的价值,也关注公司内部的利益诉求。该理论的基础是将公司视为宪政安排的思想。公司宪政的目标并不是重建一个全新的公司监管体系。相反,该理论试图解决公司契约论面对的同一组问题。比如,公司应当在多大范围内可以制定自己的规则,法院在判决公司内部事务问题时应当扮演什么角色。

整体而言,不同的公司本质理论背后蕴含了经济、政治、法律及伦理等多重逻辑的颉颃较量。作为理论构建的理想型,这些理论派别固然不能完全覆盖复杂的现实,但作为思维工具,它们所拼接起来的一套多维透镜,已然可以支撑深化对于公司本质及治理结构的认识。

不过,探讨不同公司本质理论的作用不止于此。其实,不同的法律话语在尝试作用于公司的内部治理与外部监管时,必然会借助于某一公司本质的理论。换言之,不同的公司本质理论构成了风险或者责任等法律话语作用于公司治理实践的框架或渠道。当然,需要指出的是,风险或责任等不同的法律话语并不必然逐一对应于某种公司本质理论。相反,与公司本质理论本身具有的复杂性、多变性相似,风险或责任等非结构性的法律话语也是复杂、多变的。根据实务中的需要,非结构性的风险或责任等话语可以跟结构性的公司本质理论话语任意组合,形成比较丰富的商业合规理论。

第三节　风险的国内外不同语境

一、西方"风险"蕴涵的演进轨迹

根据澳大利亚学者狄波拉·勒普顿(Deborah Lupton)的梳理,在历时维度上,西方社会的风险概念经历了以下三个阶段的变迁。

(一)第一阶段

与早期农业及海商经济的生产贸易水平、政治社会的封建格局、思想文化的宗教特点等相适应,中世纪的风险观念特指一个客观危险(神的行为、自然事件等)的可能性,这种观念排除了人的过失和责任因素,人类只能粗略估计发生此类事件的可能性并采取行动减少其影响。

（二）第二阶段

17—19 世纪,随着启蒙运动和工业革命带来的大规模城市化和工业化,基于科学探索和理性思考,人类认知能力大幅提升,进而认为社会和自然界都遵循着可以被测量、推理并最终可以被预测的规律。风险被认为是系统性造成的、可在统计学上描述的"可预见"事件。借由可计算性(calculability)的神话,风险概念不仅覆盖了自然领域,也被扩展到人类自身的行为和社会关系当中,原本彻底非确定性的宇宙被改造成一个可管理的宇宙。这一时期,风险仍是基于可预见性或可知性。当某一事件不可预见或不可知时,它就不再属于风险而进入了不确定性(uncertainty)的范畴。与此同时,这一时期的风险是一个中性概念,特指某些事情发生的可能性,根据与其相联系的损失和收益规模,可以被划分为"好"的风险和"坏"的风险。

（三）第三阶段

到了 20 世纪末,风险和不确定性以及"好风险"和"坏风险"之间的细微差别逐渐消失。除了在经济投机领域获利时会提到"好风险"之外,风险常常被用于特指一个消极的不利后果("坏风险"),一个威胁、冒险、危险或者伤害,而不论这种危害发生的可能性是否可以预见;可计算的概率问题很大程度上被日常用语所忽略,风险与不确定性在概念上被等同起来。风险概念在这一时期的运用频率和范围急速扩张,以至于一套用于专家研究、知识和建议的工具已围绕风险概念发展起来:风险分析、风险评估和风险管理都是主要的研究和实践领域,用于在诸如医学和公共健康、金融、法律和工商业等尽可能多的领域衡量及控制风险。

这种当代对风险概念的迷恋,源于西方社会在从前现代到现代、再到晚期现代、后现代转变过程中内在的变化。对于个人而言,与这些变化相连的是对不确定性、复杂性、矛盾和紊乱的强烈认知,对日常生活内在威胁的不断认识。同时,与这些变化并行的则是旨在回应、解决这些问题,进而围绕风险建构的意义和策略。商业合规管理体系正是这种宏观蓝图的一个组成部分。

勒普顿还提炼了共时维度上当代社会科学领域对于风险的三种典型认识论立场。第一种现实主义者认为,风险是客观存在的损害、威胁或危险,可以脱离社会和文化进程被测量,但是可能会被社会和文化框架下的解读所扭曲或持有偏见;第二种不强硬的建构主义者认为,风险是一个客观的损害、威胁或危险,必然通过社会和文化过程被调解,并且一旦脱离这些过程就无法被理解;第三种强硬的建构主义者则认为,事物本身没有任何风险,我们所理解的风险(损害、威胁或危险)是基于历史、社会和政治的"观察方法"的产物。

二、中国"风险"话语的特征与局限

西方社会风险概念的范式变迁固然是基于其地方性经验而发展起来的,但随着近代中国深度融入全球体系,这种风险概念便具有了普遍性。不过,中国的风险概念并未经历前述西方纵向历时的变化,而是随着改革开放,出现了多元复杂的风险话语。

风险话语进入中国的时点以及此后风险话语发挥的规范性力量与中国社会的变迁密切相关。近代中国并不具备风险概念生根发芽的土壤。清末现代理性的观念尚未占据主流,在天人感应等传统观念的约束下,即便是人为造成的灾害事故,也会与命运祸福联系在一起,而不会与风险观念挂钩。到了民国及中华人民共和国前30年,革命和战争的历史主调也决定了风险更多地集中在政治社会领域,与忠诚、牺牲等概念关联到一起;唯有到了1978年改革开放之后,风险话语中的经济理性才被真正激活。然而,这也决定了赋予风险话语以规范性力量的逻辑并不健全。参照西方学者关于公民守法理由的理论,风险话语更多蕴含的是功利主义论和暴力(损害)威慑论的逻辑,而非社会契约论和法律正当论的逻辑。功利主义逻辑主要体现在个人的风险观念上。当前中国的社会生产组织形式已经高度工业化、商业化,社会整体的福利获得了前所未有的增长,但在个体层面上,自然人与社会整体的疏离程度相对较高。在企业层面上,风险防范和合规管理的逻辑更多来源于行政制裁的威慑,包括跨国企业面对的诸如美国行政制裁的威慑。这种经济逻辑在当前中国风险话语中的主导性,恰恰限制了其本身所具备的更大的规范性潜能。

在风险话语的经济逻辑下,开展合规管理工作会面临个体与组织的悖论。如果个体和组织都以经济利益最大化为目标,不仅合规要求可以被经济逻辑轻易突破,更重要的是,组织内会遭遇明显的"劣币驱逐良币"效应。合规个体会收敛到自保状态,直到公司风险集中大规模爆发。

第四节　责任团体与个体双重性

一、源于罗马法的"责任"历史脉络

相比于风险话语,责任话语的历史脉络要深远复杂得多。谈到公司/企业责任,就不得不提到一对概念,即个体责任(personal responsibility)和集体责任(collective responsibility)。提到集体责任,通常有两层面的含义:道德主体因造成损害而需要承担的结果责任,以及因导致此类损害而承受的可责性,它们一个侧重结果的归责,一个侧重基于因果的行为可责性。此处,涉及一个企业归责正当性理论基础的问题。本研究并非意在探讨漫长的法律责任理论的历史。但是,要明确责任话语的传播路径,就必须对于责任理论的历史做一个初步的描绘。

在古罗马时代,个人的道德责任与法律责任并不统一。罗马法上的责任是人格对人格的责任。这种责任的产生并非基于人格的实体道德性(彼时的人格并不具备实体道德性),而是基于个人行为对于法律秩序的挑战因而被施以的责罚。相应地,彼时的人格配置也是不分个人、团体乃至物体的,因为人格的配置乃是基于整体的法律秩序。随着宗教政治的发展，以及自然法理论的兴起，欧洲新诞生了道德实体化的人格观念。随之也才有了近现代意义上的法律责任理论。这种法律责任理论是基于自然人个体的。自由意志和道德伦理责任到了这个阶段，才开始成为整个现代法律体系的根基。在这个过程中，人格概念经历了一个从技术到实体到话语的演变过程，相应责任的概念也是如此。可以说，西方现代法律体系的根基都是建立在对于理性自然人个体的想象之上的。

想象团体的责任在罗马法上是不成问题的，因为法律人格可以赋予任何事物，而且人格与责任的概念也没有现如今那么多的道德色彩。但伴随着自然人格的兴起，尽管团体仍然像古罗马那样发挥着各种社会功能，人们对其理论认知却发生了翻天覆地的变化。一切对于团体责任的法律想象，都必须还原成与自然人个体的法律关系。（基尔克的法律实在论除外）这带来的一个问题就是，在认识团体法律责任的性质时，人们总是需要从自然人个体某方面的功能需求入手。

基于这样一种认识，团体组织的类型分化真正开始了。因为个人与团体的关系必然不是"全部对全部"的关系，毕竟这样一种"全部对全部"的关系只被允许存在于国家和个人之间，而普通的团体与个人之间的关联只能是某一方面的。基于这一背景，现代的企业/公司才真正从传统的团体当中分化独立出来。不过，这样一种历史主义的公司起源论在思想市场上很少被提及。关于公司的产生，常见的有两种说法：一种是有限责任起源论，即公司作为一种经营责任的风险隔断机制；另一种是团体生产组织论，即自然人个体基于协作完成个人无法完成的复杂社会生产才组建了公司。这两种说法都有道理，但如前所述，公司的产生必然需要人们对于团体功能分化观念的产生，即最起码人们要开始在某些团体上更强调经济功能，在另一些团体上更强调公益。公司正是从那些强调经济功能的团体中分化出来的。比如，当谈起有限责任公司的时候，也是以"责任"为基础的，但这里的"责任"更多地是偏向经济性的。

有意思的是，提起企业责任，如今人们往往联系到的是企业社会责任。似乎一般经济法律方面的责任人们已经习以为常，不需要过多重复，因而一谈到"责任"就从反向思考作为"社会责任"。其实，当今讨论企业责任还存在另一种进路，即把法律责任扩大到大合规的观念当中，从而将社会责任吸纳到合规法律责任当中。这里涉及的是一个企业社会责任的边界与思考方向的问题。这两种思考方向其实也代表了对于企业社会责任进行规制的两种不同路径。

以往研究曾经基于量化数据分析了法律渊源和企业社会责任的关系，认为"民法法系国家与普通法法系国家不同的社会需求和制度供给，采取了略有差异的社会责任落实路径。"[①]相比之下，一方面，民法法系国家的民众对于企业利他性和亲社会性的偏好更强，期望更高；另一方面，民法法系的制度供给相对充足，企业社会责任策略的约束和要求

---

① Hao Liang, Luc Renneboog. On the Foundations of Corporate Social Responsibility[J]. The Journal of Finance，2017，2.

已经在法律制度中涵盖,公司利益相关者可以更容易地行使索赔。除了满足监管要求之外,企业对社会所负的其他责任相对较少。

另一个关于企业责任的重要理论案例,就是单位犯罪的刑事责任追究问题。在西方社会,这一问题的处理大致经历了三个阶段:第一个阶段是基于自然人格的道德实体性,否认企业组织拥有犯罪能力;第二个阶段是基于近代企业规制需求,承认企业的可归责性,但严格遵守"出现危害结果或者危害行为→认定个人刑事责任→确认个人—企业关系→判断企业刑事责任"的一元逻辑;第三个阶段则根据独立的标准与基础,对个人刑事责任与企业刑事责任进行单独判断,即通过两条独立的路径认定企业的刑事责任:一是根据传统刑法理论认定个人刑事责任的过程;二是根据企业文化、经营管理以及经营活动中的缺陷来认定企业刑事责任的过程。"企业刑事责任这种从无到有、从一元模式向二元模式的转变,根本原因在于企业犯罪的发展给国家带来预防犯罪的压力,以及刑法理论对企业刑事责任本质认识的变化。"①

二、"责任"的团体和个体双重性

正如前文所述西方风险话语输入中国的情况一样,当代中国特色的社会主义法律体系兼具了民法法系和普通法系的特点,同时,中国的经济发展也呈现出时空压缩式的迅猛特征。在社会需求和制度供给上,国内各方的利益博弈仍处于变化之中,稳定的动态均衡尚未形成。因而各种社会责任的落实路径都在思想市场上有所体现。

尽管前文已经花了较大篇幅讨论法律人格理论历史变迁背景下企业责任的变化,但是,仍有必要探讨一下"企业团体责任"和"企业个体责任"的关系问题。前文讨论的更多是对于企业责任的法治配置的理论基础及其可能路径的问题,也就是说,更加侧重于结果归属意义上的责任。但回到问题的根源,责任所涉及的其实并不只是企业经营行为所产生的后果由谁来承担责任的问题,还涉及一个过错、罪责层面上的可责性问题。企业作为一个实体固然可以作为一个责任节点,但由于企业行为归根结底是通过个人之间的协作完成,因而如何处理个人责任不仅关涉结果承担的合理性,更关涉守法伦理的构建。毕竟,道德伦理的因素已经进入了法律体系。也就是说,整体法律体系的目标已经不再单纯是法律性的,而更应当是具备一定的道德伦理性,即是促人向善的。

一位美国比较法学者曾经用现代公司法类比中国古代的家族法,以解释作为伦理实体的传统家族所具有经济逻辑。反观之,"随着家庭的核心化、原子化以及生产方式的高度组织化,企业作为现代人的主要工作生活场所,其属性也在日渐超越传统上以营利为目的的经济领域,进而介入到政治、社会、伦理等诸领域。这仿佛是历史上企业从其他社会团体当中分化独立出来的'时光倒流'。并且这一'时光倒流'而来的企业比历史上开始出现的其他社会团体具备更强的政治社会性,乃至于可能超越了作为团体的国家,出现了公

---

① 周振杰.企业刑事责任二元模式研究[J].环球法律评论,2015,6.

司主权的说法——公司宪政论的兴起就是一例"。[1]

以上是从法学的角度梳理了责任观念的变迁,社会学角度对于责任观念的历史流变也有一番叙述。在经典社会学中,责任是指一种"约定俗成"的个人责任,这种责任在价值观和已经稳定的道德的范围内体现出来,并且为某个特定的制度共同体所共有。随后经哈贝马斯之手,出现了另一种责任概念,认为个人的责任义务源自拥有社会生活特定领域的特殊知识、技能、判断力和权力。这种责任概念意味着负责任的行为并不遵循已经规定好的行为模式,它源自个人寻求与他人和谐相处的观念,和谐则是通过持续地参照某种理想的交往共同体实现的。前述这两种责任观念都需要一种道德的、个人主义的概念来维系。与这两种传统责任观念相对的是一种社会性的责任观念。基于社会关系自成一格的现实,社会责任是作为几个行为体之间的一种关系起源和发展的,或者说,是作为被赋予社会意义并经过互惠交换的一系列特定的行动起源和发展的,这些行动的结果不能归因于单个个体的行动,而是体现了相同的关系进程的"新出现特性"。"责任观念从一种'天真的'个人责任观,转向一种更具有社会意义的更宽泛的责任概念,也就是不同行为体的一种承诺和自觉,这些不同的行为体通过对话和互惠交往,使基于分享用于调节社会的新规范的行为和政治有可能化为现实。"[2]

在此背景下,个体与企业如此深度地纠缠在一起,以至于责任就不仅具有了结果主义的视角,也增添了行为主义的视角;不仅要有事后的被动追责,也要强调事前的规训与防范机制建设。与此同时,企业的个体责任不仅仅成了一种重要的商业伦理问题,更加成为了普遍意义上的现代伦理。

第五节　风险与责任关联度分析

风险与责任话语的连接,共同推动了中国依法治企的实践发展。前文已经梳理了风险和责任话语的历史脉络。接下来,需要进一步描述风险与责任的关系。

表面看来,责任与风险之间的关联似乎一清二楚:当风险突然变成事实时,也就是说,"当损害得到证实时(这是一种'后顾责任',也称事后、溯源和追溯性责任),或者当风险可以避免或防止时(这是一种'前瞻视角',也称事前或前瞻性责任),就得有人为风险承担责任。"[3]这种关于风险与责任关系的看法是比较单一的,即认为风险和责任都是可以清晰地归结某个具体个人的。从风险的历史变迁来看,这种看法中体现的风险观念是单

---

[1]　任启明.重构公司的公共性——一个宪政主义理论的视角[J].经济法研究,2013,12.
[2]　巴巴拉·塞纳,王爱松.风险与责任之间的社会学联系:一种批判性评述和理论建议[J].国际社会科学杂志(中文版),2017,3.
[3]　巴巴拉·塞纳,王爱松.风险与责任之间的社会学联系:一种批判性评述和理论建议[J].国际社会科学杂志(中文版),2017,3.

一的,没有认识风险的社会弥散性;从责任的历史变迁来看,这种看法中体现的责任观念也是单一的,仅仅注意到了自然人个体层面的责任,而未能注意制度性层面的责任。

现代社会风险区别于传统自然风险的特征,不仅是其人为性,更是因为此等风险的责任很难被归结到某一个或某一群确定的人身上,即是一种"多双手造成的问题"。因此,必须超越前述的一种单线风险归责逻辑,超越简单基于自然个体伦理道德的研究方法,实现从个人责任到集体责任的视角变化。这一变化凸显了风险不再只是一个或多个的个人责任问题,而且也是创造了风险处于其中的系统的集体行为体(机构、政府等)的责任问题。同时,对于风险的应对也应当超越基于风险分析的防范,走向风险治理。这种风险治理应考察"行为体、规则、成规、过程和机制的复杂网络,涉及如何收集、分析和交流相关信息,如何落实管理决策,特别是在没有任何单一权威机构落实有约束力的风险管理决策,而风险的特征又要求广泛的不同利益相关者之间进行合作和协调的场合。"①

风险与责任的关系也有着复杂的历史变迁。不同的责任伦理观对于风险应对的不同需求可以给出不同程度的回应。在当今时代背景下,秉持风险治理的观念,区分外在风险和内在风险,应当将风险观念内化到企业的责任伦理当中,在个体层面落实为商业/职业伦理,在企业层面落实为企业治理结构的法治化。

基于此,围绕风险与责任两条主线,商业合规的法律话语有着丰富的排列组合的可能性,它为当前中国思想和制度市场上商业法律话语权的割据提供了基础。在当代中国,商业法律话语的运作也存在某种程度的割据。这种割据受到商事主体的性质与规模、法律职业群体的分化、知识生产与传播的路径等多种因素的影响。

外资企业有着先进的管理经验,且同时受外资母国监管,因而往往拥有较为强大的法律事务部门,很早就开展了风险防控、内部控制以及公司治理等方面的工作。此外,还有很多外资背景的咨询公司、律师事务所进驻国内,在中国企业走向世界的过程中发挥重要的知识供给作用。就此而言,外资企业可以说是早期商业法律话语的重要生产者和传播者。与此同时,国企公司治理话语的变迁很大程度上代表了中国对于公司治理话语的理解和运用水平。从建立全面风险防范体系到构建总法律顾问制度,再到出台合规管理指引,国资委领导下的国企一直在不断提升公司治理的水平。

相比之下,本土民营企业在商业法律话语版图的角色并不明显。其主要原因是,很多中小民营企业难以支撑高昂的法律服务费用。当然值得一提的是,很多民营企业由于自身业务的拓展也走在了商业法律话语版图的前沿。一方面这些公司国际化程度高,最大限度地吸收了先进的合规管理经验,另一方面这些本土民营企业能够基于自身需求,将国内一些本土性的监管要求转化为自身发展动力。可以说,随着市场化改革的深入推进,以及跨境、跨领域的企业治理主体的深入交流,商业法律话语权割据的情况正在走向融合、统一。

---

① 田炜,邓贵仁,武佩剑.基于复杂网络与演化博弈的群体行为策略分析[J].计算机应用研究,2008,8.

第三章　商业合规的外部和内控治理

第一节　营商法治"特拉华州现象"

"风险"与"责任"话语,形成了以商业合规话语版图的"经线";同时,经由公司本质争议衍生而来的外部和内控治理,构成了版图"纬线"。前章借助于风险和责任等话语介入公司治理的讨论,已对公司治理的合规理论进行初步介绍。基于此,由之延伸的外部营商和内控治理架构探讨,则是本章论述重点。

一、讨论的框架

且不论基本议题划分的粗细程度不同,由于公司本质理论的差异,以及前文所述商业合规话语权的割据,导致了在不同的商事主体那里,基本议题的重点与排序必然有所不同。可以说,尝试划分并阐述公司治理的基本议题,乃是一项"吃力不讨好"的事情。因此,虽说外部营商和内控架构维度是本章的论述重点,但所论并非确切指代某类具体问题,毋宁说,借由基本议题所要传达的,其实是一种借助外部营商和内控治理,让商业合规话语权得以展开的基本理路。通过揭示这一基本理路,商事主体一方面得以批判性认识和吸收商事合规话语权的有价值部分,避免为之裹挟,另外,也得以生成一套适合于自身的商事合规话语体系,以推进自主自觉的进步性变革。

有鉴于此,需要先论述作为营商环境基石之一公司法的演化生态,毕竟这构成了内控治理得以展开的法律前提。在此基础上,才能讨论公司本体存在的结构性问题,即所有权结构与代理问题,抑或称股东和管理层的关系问题,这是公司作为一个实体存在所要面临的问题。紧接着是对公司非股东利益相关者的保护,毕竟公司说到底只是一个拟制的法律实体,其实际运行依赖于利益相关者的协作互动。最后则是软法问题,经由软法概念讨论企业实际生存所需的另一个不可偏废的规则体系。相比于公司法构建的商业合规大生态,内控架构软法的小生态在原生性、稳定性和可靠性上都更强,同时也是公司法构建大生态的底层支撑。

二、特拉华州公司法与 MBCA 的竞争

前文述及,商事活动以一定制度安排为前提。此处的制度安排,既包括了企业外部的

营商环境,也包括了企业内部的治理结构。值得一提的是,这种内外的区分只是知识与认知层面上的,在实践中并不存在清晰分明的内外界限;相反,企业的外部营商环境与内部治理结构是紧密勾连在一起。

关于这样一种勾连关系,系统性研究相对稀缺。相比之下,国内学界更偏好于沿袭公司自治与法律干预的博弈视角。涉及公司自治与法律干预的关系,基于对公司本质所秉持的不同观念立场,存在多种不同观点。对于这些理论观点不再详加讨论。但不少学者结合商事实践指出,公司自治与法律干预的关系类似于一个正态分布曲线,法律对企业低干预,反而会驱离企业;法律对企业的过度干预,又会让企业灵活性衰减。这种现象可以称作公司自治与法律干预的"两重困境"。

然而,尽管这种两重困境的现象能够展示治理者(不论是政府还是公司)面临难题时的直观感受,但这种直观感受并不能帮助细化对于商事合规话语运作的理解。比较而言,从法律制度的供给运作情况与公司治理水平的关系角度,深入考察这一现象才真正有助于深化理解。在此方面,以特拉华州公司法与美国模范商事公司法(Model Business Corporation Act,以下简称"MBCA")的竞争为例,颇能做一有效说明。

美国特拉华州是上市公司设立的首选地,但并非一直如此。在特拉华成名前,新泽西是商业实体(包括上市公司)设立市场的领跑者。事实上,当20世纪初现代公司法在美国得到发展后,新泽西、缅因、纽约等州在美国商业实体设立市场具有领先地位,特拉华居次要地位,规模较小但保持发展。

1899年,特拉华借鉴新泽西州公司法制定了《特拉华普通公司法》。之后,新泽西又对其公司法进行一系列修改,限制了公司开展合并的能力。这些修改由时任新泽西州长的伍德罗·威尔逊通过新泽西立法机关推行而成,导致了公司律师和其他各方对新泽西的政治和法律环境提出质疑。当时,特拉华公司法律与新泽西法律具有相同吸引力,但却没有新泽西新出台的各项限制。特拉华也比其他各州具有更高的立法稳定性,这是因为1897年的特拉华宪法规定,修改特拉华普通公司法需要在立法各院取得2/3议员的同意。这些法律特征使特拉华与其他各州相比,在公司设立市场更具优势。此后,一致性、可预见性、稳定性和高质量的特拉华法律以及卓越的特拉华司法体系,使特拉华州一直保持着营商领域内的优势。

特拉华州公司法优势地位的确立,代表了一种公司法演进模式的稳定。这样一种公司法演进模式仰赖于公司法成文规则的开放性、不确定性和稳定性,以及公司法、司法体系的专业性、回应性和渐进性。这种演进模式虽然并非特拉华州所独有(正如前文所述,特拉华也是从新泽西习得),但在这种模式中优势地位一旦确立,就会形成司法者、律师、企业利益团体等多方参与的"生态网络体系"。

但是,这种公司法演进模式的优点本身,也构成了其最大缺点。作为一个局部生态,特拉华要保持足够的先进性,就必须有源源不断的最新企业治理需求输入,并在既有治理体系当中得到反馈修改。然而,特拉华在实现这一目标的道路上面临两个阻碍:一是已经进入到特拉华局部生态的公司,很可能会利用利益团体和专业司法体系阻碍不利的变革,而特拉华的公司法成文规则修改起来又难度极高;二是在特拉华的公司法局部生态之外,新的企业治理需求往往可以在其他州,通过其他的公司法演进模式得到反馈,从而可能截断特拉华与公司法最新治理需求率先接触的契机。在此方面,美国模范商事公司法构成了一项重大威胁。

尽管特拉华州公司法一度成为其他州,以及其他致力于商业发展的国家(地区)学习的对象,但这一风向在 20 世纪后半叶发生微妙变化:截至 2008 年,有 24 个州完全采用了 MBCA,26 个州部分采用了 MBCA,就连哥伦比亚特区也部分采用了该法。当然,也有学者指出特拉华公司法与 MBCA 之间的共生关系,"尽管 MBCA 最初的起草者批判特拉华州的公司制定法,但在 MBCA 与特拉华公司法(包括其制定法)之间,的确存在一种建设性的共生关系:任何一方的制定法都深受另一方立法与判例经验的影响,尤其是特拉华的立法和司法实践引发的新的公司法变革元素都相继被 MBCA 吸收,而 MBCA 更为深刻审慎的风格,也为特拉华公司法带来了有益的改进。"①

三、竞争对营商法治的启迪

不过需要指出的是,MBCA 代表的是一种新的公司法演进模式。MBCA 由美国律师协会商事法律分部公司法委员会(the Committee on Corporate Laws of the Section of Business Law of the American Bar Association)起草,属于一部"民间法",本身并不具有法律效力。若要具备法律效力,必须要经过州立法机关采纳。这决定其编纂修订的开放性与灵活性,同时其编修主体也保障其专业性与可靠性。一方面,基于法律实务经验,由律协起草的成文法,能够最快反馈出整个法律共同体所接触到的最新公司法变革需求;另一方面,由于起草主体的开放性,各方利益关切也可以通过各种形式得到反映,在专业性和政治性上取得适当平衡。经由 MBCA 编纂修订、推广采用实践等形成的知识共同体覆盖面更广,对于各州特殊性的关照也更为均衡。这种新型法律知识生态有力助推了美国整体公司法治理水平的提升。即便这样一种公司法生态模式与特拉华的公司法生态模式存在某种程度的兼容共生,其根本上的竞争则不容忽视。

从法律制度的供给运作情况与公司治理水平的关系角度深入考察这一现象,可以看到,美国公司法规则供给已经形成了以特拉华为代表的州级局部生态,以及 MBCA 为代表的联邦级整体生态。这种公司治理的生态体系在当下中国有一种耳熟能详的名称——"营商环境"。

前文提到过,围绕商业发展的法律安排,一方面,表现为地方政府竞相优化营商环境;另一方面,则表现为围绕依法治企在企业内部开展的各种体制机制变革。要用法治来规

---

① Gorris Jeffrey M, Hamermesh Lawrence A, Strine Leo E. Delaware Corporate Law and the Model Business Corporation Act: A Study in Symbiosis[J]. Law and Contemporary Problems, 2011: 107.

范政府和市场的边界,尊重市场经济规律,通过市场化手段,在法治框架内调整各类市场主体的利益关系。在此基础上,营商环境法治化的具体表现,就是公司合规规则供给生态的形成。唯有在稳定成型的生态环境当中,公司治理实践才是有可能的。否则,具体公司治理实践只能套用外部生态形成的规则来表达自己,结果是一方面外部规则难以完全贴合既有实践,另一方面又无法有效因应变革,导致公司治理实际上处于"无法"的状态。

换言之,在对其他内控架构维度深入讨论之前,需要明确这些基本问题的展开是以体系化、法治化的营商环境为前提的。没有这种公司合规规则的供给运作体系支撑,任何关于公司治理的讨论都是无根之木。了解公司治理赖以展开的公司合规规则供给运作,不仅有助于识别风险,更有助于在现有规则框架下最大限度地实现公司自治,并助推公司法治体系的发展。

当代中国在多大程度上拥有成熟的公司合规规则供给运作体系,颇值一番讨论。中国公司法的历史变迁中,"梁启超曾经围绕中国实业发展现实困境,聚焦于法律和股份公司得以有效运行的基础条件,认为由于缺少法治、国民责任心不足、欠缺证券交易所、银行等配套制度以及缺乏专门人才,股份有限公司无法在中国得到发展。但是,对于梁启超所述的诸多因素在如今有多大程度的改变及其意义,还有待进一步商榷。"①这种研究是径直一股脑地将古今中西的各种知识资源汇集到不同专题,并应用到对中国商事实践的分析当中。这种"教科书式"的编写方法,颇能体现当今中国公司法学界知识积累与传播应用的现状,即当前中国公司合规规则的生成、供给与运作仍然处于大规模的吸纳学习阶段,国内的立法、司法、学界等法律共同体尚未完全形成自给自足、吐故纳新的自主性的阶段。因此,下文对其他公司内控治理基本议题的讨论,也难免要在以比较成熟的公司理论为主体的基础上,结合中国国情进行论述。

第二节　所有权结构与高成本代理

除了以上的外部营商法治,指向公司内控治理的理论问题,必然聚焦于公司本体的存在上。相比于从公司本质出发来观察公司本体的存在,本研究更加看重从公司运行出发的视角。毕竟公司作为拟制的法律存在,唯有真正运行才能产生法律效果。而对于公司的运行,关注点则有结构和关系两个不同侧面。

一、内控运行结构和关系

围绕公司的运行结构,西方的公司理论构建了一套所有权与经营权、所有权与控制权两权分离模型。一方面,随着投资和管理关系的复杂化,公司的实际所有权与经营权开始

---

① 王军.中国公司法[M].北京:高等教育出版社,2015:25.

发生分离,公司的所有者不得不依赖于专业的经营者进行公司管理,形成一种代理关系,并由此产生代理效率、代理成本及代理约束的问题,以及经理人员的有效激励与约束机制问题、内部人控制问题、经理人员与所有者的目标不一致问题等;另一方面,进一步还产生了公司所有权与控制权的分离。所有权表现为企业总收入扣除所有固定契约支付后,对剩余金额的索取权,也被称作剩余索取权。而控制权是雇用和解聘公司高管人员和决定高管人员报酬的权利,并据此主导企业的经营与决策。理论上,剩余索取权是由全体股东共同所有,但实践中企业剩余分配方案是企业控制权意志的体现,在不同的股权结构下,被不同的股东团体所掌控。因此,便产生了所有权结构、大股东与中小股东利益均衡等问题。

与所有权和经营权分离相对应,代理关系问题的核心通常被归结为代理成本问题,即管理者投机取巧、牟取私利,通过卸责与转移等诸多途径降低公司价值。但代理成本其实只是问题的一方面,所有权和经营权的分离在很多情形下是企业所有者主动做出的选择。例如,即便是独资公司,所有者为更好经营,也会聘任专业管理者。为此,佐哈·戈申、理查德·斯奎尔提出了"被代理人成本"问题,并补全了代理人与被代理人基于利益冲突和能力局限而产生成本的四个维度。[①] 这也揭示了代理问题中一个更加本质的命题,即信息不对称。良善决策的前提,是要有充分有效的信息以及客观中立的立场。在企业运行过程中,能力不足、沟通不足和立场偏见等都可能诱发信息不对称问题,导致错误决策。所以,高成本代理问题也在很大程度上会被化约为一个信息不对称问题。

与所有权和控制权分离相对应,所有权结构、大股东与中小股东利益均衡等问题对企业治理的影响也受到了广泛关注。所有权结构是企业产权安排的基础,它决定着企业产权的具体分配方式和分配比例,以及所有者行使各种相关权利方式。现代企业由于规模较大,其投资者人数众多,不仅有大量的个人投资者,还有大量的企业法人、机构投资者和政府部门。所有权结构很大程度上决定着企业控制权结构,影响其决策方向。

围绕企业的运行关系,西方的公司理论又构建了交易成本理论。这套理论很大程度上被用来解释企业的本质,但也对企业治理产生了深远影响。交易成本理论认为,价格机制在市场运行中是有成本的。这种成本被分为广义交易成本和狭义交易成本两类。其中,狭义交易成本包括经济活动中的所有成本,即为了冲破一切障碍,达成交易所需要的有形和无形的所有成本。狭义交易成本是指市场交易成本,包括度量、界定和保障产权的成本、发现交易对象和交易价格的搜索成本、讨价还价订立合同的谈判成本、督促合约条款严格履行的履约成本等。由于交易成本的存在,在市场中的资源配置并非是最有效率的,企业组织被看成内部一体化的市场组织的替代物,这一理论有力解释了企业存在和发展的原因。反过来,交易成本理论也指出了企业存在的边界:在企业内部组织协调生产

---

① 佐哈·戈申,理查德·斯奎尔,林少伟,等.被代理人成本:公司法与公司治理的新理论(下)[J].交大法学,2017,3.

也存在"内部交易成本",亦即组织费用。当组织费用和管理失误导致企业内部交易成本大于外部市场交易成本时,企业就丧失了存在的合理性。这从更大的格局上为企业治理提出了一个更加根本的议题,即如何通过组织结构和管理体制等手段,最大限度地降低企业内部的交易成本。考虑到企业作为一种层级结构(hierarchy)的事实,这一议题也可以表述为如何克服公司内部的官僚主义与机会主义等问题。

二、"公司应为谁所有"的回答

可以看到,企业内控治理问题诞生的理论根基,乃是对"公司应为谁所有"这一问题基于个体式想象的回答。在介入这一领域的西方学者看来,企业属于股东所有似乎是毋庸置疑的前提。表面上看,交易成本理论似乎更为去政治化,较为成功克服了这一意识形态的前见,更为聚焦于资源配置效率问题,但作为一种抽象理论模型,它仍未克服个体经济主义的底色。

西方公司理论提供的话语固然可以作为有效工具,帮助认识和分析发生在中国的商事实践,但是,西方公司理论下的基本议题只是西方语境下问题的展现。回到中国,不能否认普遍规律的作用,同时也不得不面对普遍规律发生作用的前提环境。针对这一环境,指的正是所谓的自由市场。西方理论假设中存在一个自由市场,在这样的自由市场中存有相应的价格机制。正是这样一种价格机制,从根本上决定了西方公司理论的基本议题。在抽象层面可以说,价格是由供给和需求的关系决定的。但是,供给和需求关系在不同环境当中表现是不同的,更准确地讲,供给和需求关系在很大程度上是由政治文化环境决定的。[①] 因此,西方社会价格机制在相当程度上不同于中国,进而导致中国市场机制也不同于西方。然而,这并不意味着中国市场是不自由的。毋宁说,一种价格机制只对应一个自由市场,另一种价格机制在此种价格机制看来必然是不自由的。

相比于西方社会对于"公司应当为谁所有"这一问题,主要是基于个体想象的、清晰的股东式回答,中国社会对此问题的回答有自己的特色。这种企业治理的差异决定了两者在表面上相似的一些问题,其实有着不同的逻辑链条。在政治文化环境方面,中国具有一种总体性政治领导力量,即党政力量。这种力量在政治、经济、文化系统之上构建了一种可通约的价值系统,从而带来一种结果。那就是在微观上中国严格遵循普世的价格规律,但在宏观上总体性力量可以在相当程度上界定需求的种类和重要程度。基于这种价格和市场机制,中国企业治理的核心议题更具特色。关于代理成本问题,由于国企管理者政府本身都是民众的代理人,因此,代理问题是弥漫于整个系统的。所以,与其说是代理问题,倒不如说是行政治理的问题;所有权结构和中小股东利益保护问题,与其说是国有股权的问题,倒不如说是营商关系的问题。当然,政治、经济和文化等之间的利益转换关系东西

---

① 关于这一点,只要考虑定价发生的本质就可以理解了。基于同意的物物交换并不能算作可靠的定价机制。唯有基于第三方强制的货币定价才是真正的定价机制。而第三方强制的强度和可接受性都会因政治文化环境而异。

方都有,但是相比之下,西方各领域的分化似乎更加分明,转换也更加隐蔽;而中国各领域的关系紧密,转换较为明显。因此,在中国企业治理当中,如何加强和改进党政领导会成为一个至关重要的治理问题。

第三节 非股东利益相关方的权益

上一节讨论的公司治理基本议题,更多是从企业本体治理结构和运行角度提出的一些议题。接下来,需要更多关注围绕公司本体存在的人的利益关系协调问题。因为如果把公司仅仅看作一个人为拟制的存在,那么它的存在本身,其实更多体现为围绕这个虚拟存在而活动的真实的利益相关者。

一、非股东利益相关者所起的作用

对于"如何界定利益相关者"这一问题答案的探索,存在一个较长历史过程。20 世纪 60 年代,西方学者最初是在"股东"(shareholder)概念的对立面,提出了"利益相关者"(stakeholder)的概念,并将之界定为对于企业存在状况具有影响力的利益群体。此时,利益相关者概念中相关关系的方向是单向的,由利益相关者指向公司。到了 80 年代,利益相关者的概念获得了拓展,涵盖了"能够被企业实现目标的过程影响的任何个人和群体"。利益相关者概念中的相关关系变成了双向的。随后西方学者进一步认识到,"不同类型的利益相关者对于企业管理决策的影响,以及被企业活动影响的程度是不一样的,并进而发展出了'多维细分'的利益相关者界定方法。"[①]不管是引入是否存在交易性关系、是否自愿担负相关风险还是是否与企业活动存在社会性连接等界定方法,总的来说,不同维度的界定标准乃至基于不同要素给各种可能相关者做出的量化评分,均旨在分出利益相关者所涉利益的重要性和紧迫性程度,以协助企业管理者正确决策。

在认识到利益相关者对于企业成长的关键作用,并围绕特定行业特定企业进行了利益相关者识别之后,如何处理好公司与利益相关者的关系便成为一个重要课题。所谓利益相关者治理指通过一套包括正式或非正式的、内部的或外部的制度或机制,来协调公司与所有利益相关者之间的利益关系,以保证公司决策的科学化,从而最终维护公司各方面的利益。围绕利益相关者治理,目的在于通过利益相关者参与公司治理来实现公司和利益相关者的双赢。那么,到底如何形成一套行之有效的利益相关者参与治理机制?"一是要在公司治理的理论基础上,由传统的基于静态资源观点的治理制度安排,转向以创新为导向(或者以知识为导向)的治理理念,坚持从综合、历史和动态的视角来回答'谁应该参与公司治理'的问题,尤其从有利于企业能力培育和提升的角度,界定好参与公司治理的

---

① 贾生华,陈宏辉.利益相关者的界定方法述评[J].外国经济与管理,2002,5.

利益相关者主体;二是在对利益相关者参与治理的制度机制进行设计时,要兼顾经济合理性以及历史路径依赖的特征,选择更加合适的路径;三是实施渐进性、试验性的改变,通过探索、试验、评估和改进的方式逐步提升。"[1]

二、国外利益相关方权益保护的制度化

从历史角度看,对利益相关方的理论和实践都经过了一个长期过程。过去数十年里,企业、政府、民间社会和意见领袖就负责任的、道德的商业行为进行了广泛而深入的对话,由此改变了相关的国际框架、原则和指导方针。[2] 在联合国、经济合作与发展组织、国际劳工组织、国际商会等国际组织层面,陆续产生了一系列针对跨国企业商业行为的国际规范。它们主要表现为自愿性、引导性的规范和自律规则。20世纪80年代以来的社会责任运动,起始于企业层面对劳工权益保护的实践,可持续发展起始于跨国公司时代国家及国际间对环境问题的关注和实践。伴随全球治理与可持续发展理论的演进,两者在联合国平台上融合发展,形成了一系列基于 Bellagio STAMP 原则的可持续发展指标体系。[3] 包括经济、社会、环境三类实质议题,及以利益相关者方法为核心的"驱动力—状态—响应指标"(DSR)体系,并经由《联合国工商业与人权:"保护、尊重与救济"框架指导原则》和《2030 可持续发展议程》,实现了国家义务与企业责任的衔接,使得企业成为推进可持续发展目标实现的重要力量。

在国家层面,对利益相关者的权益保护制度化,源于政府对现代大企业经济外部性和权力滥用的限制。在立法和公共政策上主要涉及四个方面:围绕企业自身代理问题的公司法和公司合规制度群;围绕市场主体间竞争问题的竞争法制度群;围绕企业与社会、环境之间外部性问题的劳动与社会保障、环境与生态资源的制度安排;以及针对企业悖德行为、不正当竞争行为、对利益相关者造成侵权或损害行为的一般民事、刑事和行政法律救济的制度安排。随着更负责任理念的传播和 ESG 投资市场的崛起,重点针对上市公司环境、社会和治理的非财务信息披露逐步进入监管视野,信息披露制度在环境保护、公平竞争等方面得到广泛应用。目前,全世界有近 400 个 ESG 信息披露标准,[4]制定和发布主体主要包括政府、国际组织、交易所和专业评级公司等。美国早在 1934 年通过的《证券交易法》确立了证券市场的持续信息披露制度。"欧洲主要国家的非财务信息披露制度经历了比较长的动态修订和渐进完善过程,遵照《欧盟非财务信息披露指令》(2014/95/EU)相关

---

[1]　李维安,郝臣.公司治理手册[M].清华大学出版社,2015:284 - 285.

[2]　根据《SDGs 企业行动指南》,国际劳工组织《关于跨国企业和社会政策的三方原则宣言》、联合国全球契约和《联合国工商业与人权:"保护、尊重与救济"框架指导原则》是普遍适用于所有企业的原则,ISO 26000 社会责任指南和 OECD《组织跨国公司指南》等都可以作为企业贡献 SDGs 的指导方针。

[3]　1996 年,由国际可持续发展研究所(IISD)在意大利 Bellagio 会议上提出可持续发展评价的指导原则,包括指导前景与目标、整体的观点、关键的要素、适当的尺度、实际的焦点、公开性、有效的信息交流、广泛的参与、进行中的评价、制度能力等 10 个方面。

[4]　根据 KPMG《2016 年可持续报告准则与政策的全球趋势》,截至 2016 年全球已发布的 ESG 信息披露标准有 383 个。

要求,欧盟 28 个成员国已于 2017 年完成了在国家层面的立法。"[1]"南非在 King III 公司治理准则率先提出了'综合报告'的概念。"[2]"加拿大把环境与可持续发展作为一项基本国策,通过环境核算账户建立起一个联系环境数据与经济数据的框架,从而反映各种经济活动对环境造成的影响。"[3]此外,巴西、新加坡、中国香港等交易所都较早发布了 ESG 信息披露指引,并采用了"不遵守就解释"的准强制性规则。总体来说,各国的 ESG 信息披露制度反映两种取向:一种是关注 ESG 信息对投资者决策的影响;另一种是关注公司行为对外部影响的显著性。

ESG 信息披露制度的构建与绿色金融和责任投资相辅相成。2003 年,国际金融公司(IFC)联合花旗银行、巴克莱银行、荷兰银行等发起建立了商业银行绿色信贷标准——赤道原则,成为国际项目融资行业准则。2006 年,联合国责任投资原则组织(UN PRI)成立,帮助世界各地的资产所有者、投资管理人和服务提供商理解环境、社会和公司治理等要素对投资价值的影响,并支持签署机构将"责任投资六项原则"融入投资战略、决策及积极所有权之中。目前,全球 84 家证券交易所都加入了联合国可持续交易所倡议组织(UNSSE)。该组织旨在通过各国主要交易所发布 ESG 相关原则和指引,提高 ESG 的信息披露程度,对金融市场可持续发展提供有益的助力。创立于 1990 年的多米尼指数(Domini 400 Social Index)和 1999 年的道琼斯全球可持续发展指数(Dow Jones Sustainability Indexes,DJSI),乃是全球最早的 ESG 指数。近年来,资本市场评级机构如富时罗素、明晟、标普 & 道琼斯、汤森路透、斯托克(STOXX)等推出一系列的 ESG 指数,世界各地越来越多的投资者将 ESG 风险纳入决策。

可见,虽然国际社会缺少像主权国家那样以强行法、义务法等方式,把公司对利益相关者的权益保护披露列入法定范畴的空间,但是,以综合性的社会资本工具方式,将之列入公司应当遵循的制度框架,正在取得更广泛共识。

三、合规内涵的利益相关者权益保护

现代公司制度发展由科学管理到企业法治,监管方式大致可以归纳为三种:问责性监管是基于制度环境中的强制性、规范性压力,以风险导向的违法违规后果作为威慑手段,最强力的威慑就是法律风险;合规性监管是基于合法性的方法,以技术治理导向的规则、标准遵从作为指引手段;激励性监管是基于声誉机制,以价值原则导向的道德框架、评级、排名等作为评价手段。就世界各国的实践和理论发展来看,"公司正被鼓励向合规方向发展。针对合规性实施治理结构是政府权力的一种新行使,相当于由执行机构从外部

---

① 吴康宁,徐若秋扬,巩文群等.欧盟非财务信息指令实施进展研究[J].WTO 经济导刊,2018,11.
② 蔡海静,汪祥耀.实施整合报告能否提高信息的价值相关性——来自第一个强制实施整合报告的国家南非的经验证据[J].会计研究,2013,1.
③ 毛艳云,苏多杰.加拿大环境与可持续发展政策的新动向[J].攀登(哲学社会科学版),2005,6.

强加给公司的内部治理结构"。① 为了控制风险,适应现代法治社会,合规从管理科学进入公司法和公司治理领域,形成一个包含内控治理在内的概念群和制度群,并日益从自主的商业实践走向行业自律和政府监管。

在 20 世纪 70 年代,对利益相关者的权益进行有效保护的理论,从伦理哲学观向社会回应观转向,"回应"的概念试图代替"责任"的概念,从实际层面关注企业如何更负责任地回应周边环境的有形压力。② 利益相关者的视角引入导向了责任管理和战略融入,在经济、社会和环境三大指标之外更多的内控治理维度,透明度与问责成为核心理念。事实上,"企业合规的本质在于'全面风控',而不只是法律风控,它包括对利益相关者的权益保护在内的内控机制等维度"。③

从对利益相关者权益保护的首要之义信息披露形式来看,公司在实践中通过可持续发展报告、ESG 信息披露报告、价值总览报告(Integrated Reporting,又称"综合报告")等方式沟通其在社会责任方面的绩效及影响。④ 全球报告倡议组织(GRI)制定的《可持续发展报告标准》是国际公认和通行的对利益相关者权益保护的报告标准。其核心是建立一套非财务信息披露的全球通用语言,以更灵活与面向未来的结构,确保 GRI 标准的内容是最新和最相关的;协助可持续性相关政策更好地融入世界各地的政府和市场立法;提供一个通用框架和标准披露,以满足从全面报告到针对具体议题披露的报告需求。⑤ 在公司良好实践形成市场影响力和责任竞争力,社会责任自律规范和信披指引日趋完善的基础上,国际成熟资本市场推行 ESG 框架下强制信息披露日益成为大势所趋。强制性 ESG 信息披露可以提高利益相关者和公众知情权,改善资本市场投资策略,引导商业合规管理和绿色金融创新,有利于提升公司和市场的长期竞争战略优势。

四、中国对利益相关者的制度变化

中国在改革开放和加入 WTO 之后,根据国际主流变化,不断完善现代公司制度和证券市场法律法规体系,在对利益相关者的权益保护制度化,以及相应的 ESG 信息披露机制上,已迈出了坚实步伐。2002 年,中国证监会颁布了《上市公司治理准则》,包括"利益相关者"在内的相关条款与公认的国际基准保持了同步。以此为开端,中国开启了 ESG 信息披露的制度推进:2003 年环保部发布《关于企业环境信息公开的公告》,2006 年深交所发布《上市公司社会责任指引》,2007 年环保部制定《环境信息公开办法(试行)》(已废

---

① Sean J. Griffith, Corporate Governance in an Era of Compliance[J]. William & Mary Law Review,2016,6.
② William Fredderik, From CSR1 to CSR2: The Maturing of Business-and-Society Thought[J]. Business & Society,1994,2.
③ 杨力.中国企业合规的风险点、变化曲线与挑战应对[J].政法论丛,2017,2.
④ 响应联合国《工商业与人权"保护、尊重和救济"框架指导原则》,部分企业也开始发布企业人权报告。
⑤ 1997 年,全球报告倡议组织(GRI)由美国非营利环境经济组织 CERES 和联合国环境规划署 UNEP 共同发起,核心业务是面向全球提供公开、免费的可持续发展报告指南(Guidelines)和标准(Standards),供组织报告其对经济、环境和(或)社会的影响。可持续发展报告的十条原则,即:利益相关方参与性、可持续发展背景、实质性、完整性、平衡性、可比性、准确性、时效性、清晰性和可靠性。

止），2008 年沪交所发布《公司环境信息披露指引》，2015 年《环保法》修订增设"信息公开和公众参与"专章，同年环保部规章《企业事业单位环境信息公开办法》正式施行，2017 年证监会修订《定期报告披露要求》，2018 年证监会修订《上市公司治理准则》。

与信息披露同步推进的还有内部治理等相关规范性文件和国家标准。比如，财政部、证监会、审计署在 2008 年联合发布的《企业内部控制基本规范》和配套指引等部门规章和规范性文件等。在这些规范性文件和自律规则中，都不同程度地纳入了对利益相关者的权益保护条款等内容，部分经由政府法案和标准化的途径成为监管规则，并且成为公司内控治理的行为规范。以上规范性文件和自律规则，共同构成了中国公司对利益相关者的权益保护进行内控治理的立体化体系。

由此可见，在以上这些国内外的公司内控法律、标准和文件里，公司尤其是上市公司的信息披露已成为必须完成的制度性要求，而不是简单的道德或伦理责任。正是在这个意义上，《上市公司治理准则》修订为 ESG 信息披露纳入"合规性"要求建立了制度接口。由此，针对合规性实施对利益相关者的权益保护治理，已演化成为公司的"守法"义务，进而改变和重塑了公司的内控治理行为方式。

第四节　原生性软法的内控生态

前文在讨论公司所有权结构与高成本代理问题时，通过对"公司为谁所有"这一问题的批判，已经把公司作为政治经济文化之间的转换载体或代码。总的来说，对于前述几个基本议题的讨论，主要仍然是将公司作为经济实体加以讨论。然而，正如前文所述，一方面，公司对于当今世界的治理方式、生活方式等等的影响和介入如此之深，以至于纯粹以一种经济自由主义的眼光来看待公司，已经不切实际；另一方面，现代社会风险的形态发生了剧变，内控治理不再只是一个或多个个人的责任问题，而且也是创造了风险处于其中的系统的集体行为体（机构、政府等）的责任问题。因此，"固守自由主义的公司观念，只会加剧企业的卸责行为，并威胁可持续的长期发展这一首要的公共利益。"[①]

一、"软法"对微观生态的功能独特性

以往将公司视为单纯经济体的观念中，公司带来的外部风险被经济学解读为外部性问题。[②] 为了应对这种问题，西方学界发展出了一套社会责任的理论话语体系。然而，用非经济逻辑的社会责任来应对经济逻辑的外部性问题，从一开始就遭到了强烈的抵制。这一做法虽然已在实践中取得了可观的成就，但仍然无法解决社会责任概念浓厚的道德色彩。

---

① 大卫·西普莱,高臻,曾志敏.超越公与私：向公司政治理论的发展[J].国外理论动态,2016,5.
② 阳建勋.风险社会中市场主体责任社会性的外部性理论阐析[J].河北法学,2012,9.

相对于外部性和社会责任的概念,使用一套更加融贯的描述问题和解决问题方案更加适宜。通过从抽象公司治理的理论模型走向现实的公司运作实践,从单一的经济视角迈向多元的政治文化视角,需要超越以传统经济自由主义为中心的公司观念,将公司还原为一个真正有血有肉的政治、经济、文化与伦理等的综合有机体来看待。这样的综合有机体并非上述相对抽象的理论模型所描述的那样棱角分明;相反,其内外各方面都存在一定的模糊性与社会连带性。这种模糊性和社会连带性为"有组织的不负责任"(organized irresponsibility)提供了成长空间。"所谓有组织的不负责任,系指行动人能够集体性地制造风险且由于难以将特定结果分配至特定个人而能够避开被追责。其产生的根源在于,前述模糊性和社会连带性背景下,个人与团体辩证统一关系的失灵:团体组织虽然获得创建,但个体并未实现有效的整合融入,当问责发生之时,个体能够回复到其个人身份,进而拒绝为其基于团体职务的所作所为担责。不过,有组织的不负责任并非完全不可控的。"①针对这一问题,需要进一步选择软法责任的应对方案。

所谓"软法",并无明确定义,一般只是在规范效力的谱系意义上使用这个术语。也就是说,软法是介于硬法与道德之间的一种中间形态。软法理论的直接知识来源,是经过改造的法律多元主义。软法理论研究的一个重要特点是承认法律形式的多样化,但是,在法的实质问题上,坚持国家认可是判定软法与其他社会规范之区别的主要标准。同时,在法的强制性问题上,软法理论认为软法所具有的软约束力,固然不是正式的法律制裁和惩罚,也不是司法裁判强制执行的依据,但是,却是属于国家认可或者默许的外在强制力,而不是出于道德内省和公序良俗的内在约束。这就使得软法理论研究既承认法律多元主义的描述性基础,又秉承国家中心主义的规范性实质,弥合了两种对立理论的隔阂与对立,消除了两者之间的矛盾与张力。从这个意义上讲,"软法的知识基础是在描述研究的角度坚持了法律多元主义的原理,同时又在规范研究的角度秉承了国家中心主义的进路,借鉴双方之长处弥补彼此之短处,实现了实然研究与应然研究的协调与统一"。②

经由软法的概念,公司治理得以摆脱理论模型的约束,进入到公司身处其中的现实微生态当中。这种微生态是动态的、千变万化的,会随着公司的所有权属性、地域、行业、规模、员工构成等而有所不同。同时,软法也是弥漫于公司当中的个体之间的。围绕公司运行而存在的个体,也是这种生态的重要构成。这就要求企业要有对于软法微生态的自觉,要具备一种与软法互动沟通、共同演化的法治能力。这种能力能确保企业把未知转化为已知,将社会资源导入自身发展;同时,又不过多冒犯其赖以生存的社会根基。相应地,个体与集体责任可以通过软法实现真正结合,最大限度地避免"有组织的不负责任"。更进一步讲,正是公司所处的无数个微生态,支撑起了社会整体层面公司法规则演化的宏观生态。由此,对于公司治理或者公司法治的研究在这里就分出了两条路径:一种是宏观

---

① See Bittle S, Snider L, Tombs S, et al. Revisiting Crimes of the Powerful: Marxism, Crime and Deviance [M]. Routledge, 2018: 322 - 331.

② 梁剑兵,张新华.软法的一般理论[M].北京:法律出版社,2012: 36.

层面自上而下的；另一种是微观层面自下而上的。两者相互协同，不可偏废。

二、公司内控治理的软法构建要素

"就公司内控治理的推进而言，硬法路径对应责任的法律化，指向的是道德底线。"① 亦即运用法律强制手段来约束企业，避免公司行为损害利益相关方的基本权益。而"软法路径对应责任的'社会化'，主要针对公司内控治理所应承担的积极责任，运用多元参与的力量引导和激励公司，提升和促进包括股东与非股东在内的利益相关方的合法权益。"② "内控治理的软法，主要包括政府监管的软法规范、行业自律规范和公司内部治理规范三个方面，作用于公司外部环境的规范和内部环境的优化。"③软法的核心在于共识基础上的多元治理，责任的最终实现落实在公司的内控治理层面，寻找更为符合公司选择偏好的动力机制成为制度设计的关键。内控治理的软法范式选择始终与特定的社会和历史语境内在关联，一如上市公司的信息披露制度理念在美国主要与公司法领域的代理成本问题相关，而在欧洲主要与竞争法领域的公平竞争问题相关，制度经济学和秩序自由主义的思路各有其价值。因而，中国在内控治理上的软法体系构建，需要融入更多中国社会和历史的"过程"视角和关系性存在的"建构"视角。

内控治理的观念与理论构建呈现伞形概念的模糊、交叉的特点，相应责任的制度化过程兼具外在结构和内在建构的双重属性，在这个意义上，话语理论可以成为理解和把握内控治理软法建构的一种路径。话语理论在法哲学源头上，可以追溯到法国哲学传统下福柯的"权力/知识"理论、德国哲学传统下哈贝马斯的交往商谈理论，以及英国哲学传统下奥斯丁的言语行为理论和分析实证主义法学。全球跨境交易的频发和私人规制的扩张，经济活动的语境从追求个体主体性和自由的市民社会，扩展至政府、企业和社会关系视角的领域，现代企业以其经济力量和理性能力成为强有力的行动者和公众参与者，都为公司的内控治理赋予了超越个体利益视角的公共性立场。话语式内控治理假设"在多元的社会中，对于对错或者公平与否这类问题的一般基础只能通过不同行为主体之间的相互交流而获得"。④ 借鉴政治学话语制度主义的"观念""话语"和"修辞"研究取向，⑤公司内控治理的软法建构基本可以观照到权力要素、程序规则和理性基础三个方面。

三、权力要素：利益相关者权利和话语权

转型中国随着混合所有制改革推进，外商投资法的颁行以及社保基金和养老基金入市的提速，中国上市公司的投资者结构正在发生重大转变，中小投资者权益保护在上市公

---

① 杨力.企业社会责任的制度化[J].法学研究,2014,5.
② 张宪丽.企业社会责任的硬法与软法之治[M].北京：中央编译出版社,2018：102-105.
③ 杨力.企业社会责任的制度化[J].法学研究,2014,5.
④ Andreas. G Scherer, Guido Palazzo.企业社会责任的政治性概念：从哈伯马斯视角看待企业与社会关系.企业社会责任前沿文献导读[M].北京：中国电力出版社,2013：110-145.
⑤ 马雪松.观念、话语、修辞：政治科学中建构制度主义的三重取向[J].湖北社会科学,2017,6.

司治理中的地位更加凸显。《上市公司治理准则》修订的重要背景之一,就在于提升对中小投资者的权益保护水平、增强投资者信心,为上市公司获得更多融资机会,以及助推混合所有制改革。

"利益相关者"在 ESG 报告中至少有三种不同角色和涵义。第一,利益相关者理论,"基于股东至上主义与利益相关者主义的不同定位和理论模式,公司法以及公司治理实践的发展在很大程度上突破了产权逻辑,从私人契约向公共干预演变。"①透明度提升,成为公司治理改进的核心,信息披露从财务报告转向风险报告,进而扩展到 ESG 信息披露。第二,利益相关者方法,这是识别责任议题和确定尽责目标的关键方法。第三,作为主体的利益相关者,实际包含两类对象。一类是对公司利益和绩效造成影响的利益相关者,公司治理准则将这一类对象作为独立的议题展开,承认其对公司的贡献和作用,并积极发展合作;另一类是受到公司经营和商业行为影响的利益相关者,他们往往处于相对的弱势地位,在参与公司治理、权益受到尊重和保护方面,相对于第一类群体处于弱势地位。所以,可持续发展、ESG 框架在内涵上相互融贯,又在外延上相互交叠。在实践中,其涵盖了从企业到国家,从商业行为到投资行为,从公司严格意义上的内控实践到利益相关方参与治理的多个角度和不同层面。

利益相关者从有利于公司利益的工具性角色,到参与公司治理的主体性地位,其间经过了一个认知转化和理论建构的过程。在制度经济学的思路下,"现代法人制度将社会责任和经济利益分离,'外部性'将经济活动引起对社会和环境的负面影响的责任,从原来经济实体转移给了政府部门,对利益相关者尤其是非股东的利益相关者的权益保护,变成了公司自愿的社会活动。"②随着公司治理兴起,利益相关者条款进入负责任商业行为准则,以及公司治理原则等自愿、自律性规范体系。OECD《公司治理准则》指出:"公司治理的一个关键方面,是关于确保外部资本以权益和债务两种形式流入到公司。"因此,公司治理中的"利益相关者关系",实际上着眼在"鼓励公司各类利益相关者对公司进行最经济的人力和实物资本投资"。随着公司公民理论、可持续发展理论将利益相关者从管理方法上升到治理理念,涉及的信息披露和积极所有权,已使得利益相关者的主体性地位得以确立,在公司治理层面与利润最大化抗争的利益相关者,最后经由 ESG 评价制度,已经获得了更具实质性的话语权。

由此,公司内控治理的软法,可被视为一个话语建构的过程:行动者在特定的语境下,运用语言要素和权力要素对公司内控治理体系,赋予自己所关注和倾向的各种意义。话语过程中,某一方的主张获得"优势",抑或各方在博弈中达成"最大公约数"共识。随后,"优势"或"共识"的话语将进入立法或公共政策议题,并且获得制度化地位。可以说,员工参与、机构投资者积极所有权行使等,将利益相关方推向公司治理的前台。环境法的公众参与理论、反垄断协商执法、生态环境损害赔偿磋商等,在法律框架下为利益相关者作为主体的出场铺就了道路。然而,从利益相关者角度出发展开内控治理,还难免出现企

① 蒋大兴.论公司治理的公共性——从私人契约向公共干预的进化[J].吉林大学社会科学学报,2013,6.
② [澳]苏哈布拉塔·博比·班纳吉.企业社会责任:经典观点与理念的冲突[M].柳学永,叶素贞,译.经济管理出版社,2013:6.

业的内控向强势话语倾斜的问题。为此，需要一种系统的机制，能够维护利益相关方话语的自由表达，又要调谐不同主体话语权之间的平等。

四、程序规则：基于 ESG 信息披露的商谈共识

公司与利益相关方的沟通机制包括单向沟通、双向沟通和程序性商谈三种形式，分别为公司主导的内控报告发布、投资人主导的投资，以及公司与投资人双方在 ESG 框架下实现的内控绩效与资本激励的程序对话。以负责任投资为契机，内控治理的沟通由企业发布责任报告的单向、延时沟通，转变为公司与投资人的双向沟通。进入资本市场的公共场域，ESG 信息披露与 ESG 投资策略相互印证，使得公司与投资人基于信息对称条件下的商谈共识成为可能。从实践来看，第三种方式可以更好解决信息对称和规模交易的问题，追求利润至上的"经济人"理性与追求影响力投资的"负责任"内控价值取向，得以在 ESG 投资实践中完美融合。

从纯粹的内控治理向 ESG 投资、可持续发展转变的理论和实践过程来看，全球化背景下的自由贸易、跨国投资、WTO 改革、多边贸易协定等问题越来越多聚焦于竞争政策，并在实质上指向市场主体、国有企业、产业政策、竞争中立，以及更深层次的劳工标准、环境标准、工会制度、社会保障等涉及政治和法律制度的问题。在全球主义和企业公民语境下，公司在某些情境下承担了政治、社会管理这些传统上属于政府的任务，并以公民权利和公共产品的新的提供者角色运营。随着全球治理成为话语实践的场域，理论与实践的合力都支持了现代公司的"内控治理"职能由私法向公共领域的迈进。ESG 框架下的内控治理商谈程序涉及两个层面的共识。一是宏观层面在全球治理、公共治理意义上，就公司应承担的公民角色和履责议题，达成了政治性内控责任的共识；二是微观层面在公司治理、代理问题上，公司与投资人就内控的责任价值创造，达成了投资策略意义的共识。

从宏观的政治性内控责任共识，到微观的资本市场内控责任创造价值的共识，外部的绿色金融和责任投资扮演了重要的转换器角色。投资金融机构积极响应 ESG 框架，促成了 ESG 披露、评价和投资相互衔接的闭环，使得 ESG 投资从内控责任倡议走向投资实践，并经由评估、评价和市场价值检验，已成为资本市场广为认可的投资策略。国际资本市场形成了相对成熟的 ESG 评价体系，以明晟、富时罗素、标普-道琼斯、汤森路透等为代表的 ESG 评价指标，已在国际范围内广泛应用，并快速接轨到中国资本市场。实践表明，健全的信息披露制度有助于吸引长线资本和保持策略投资者信心，提高资本市场的价值发现能力。

中国资本市场参与国际竞争的大环境下，与国际标准保持同步衔接的规则体系和有效实践，有助于中国在国际监管竞争中获得优势。证监会有关上市公司治理的规范性文件和沪深交易所的相关准则，形式上不属于法律、法规、规章等"硬法"形式，执行中对企业却具有强行性效力。它们可以通过上市公司信息披露合规，提升企业外部环境的规范性，为企业创造正向的责任生态；又可以通过对上市公司治理结构、内控机制等的规范性调整，促使企业优化内部环境，提升履责能力。可以预期，ESG 信息披露框架纳入上市公司

治理准则之后，ESG 管理与信息披露指引的软法性质在市场加持下将不断增强。同时，ESG 信息披露的强制性合规，需要建立在相关部门法、行业标准、信息披露指引、责任绩效核算和审计标准与上市公司治理准则融贯衔接的基础之上。2018 修订的《上市公司治理准则》仅确立了 ESG 信息披露的框架，后续还需要证券交易所、相关协会等制定自律规则细化的操作规定，形成相对完善的规则体系。

五、理性基础：调整利益平衡向调整竞争转变

公司内控的软法治理，也是公司与利益相关方争夺规则话语权的竞争过程。从公司法角度，过去几十年内控治理话语在制度层面有所进击，推动了以负责任投资和 ESG 信息披露为抓手的履责实践，由自律走向更具约束力。在公司与利益相关者的话语利益博弈中，围绕中小投资者保护，先后出现了累积投票权、异议股东股权回购请求权、股东代表诉讼等一系列法律制度的创新和完善。然而，在基础理论方面，虽有进步式公司法、新政治企业内控体系、公司二元本体论、企业社群主义等理论突破的尝试，但是，制度经济学主导的公司法话语，还是始终牢牢守住了公司法人制度的私法底线。纵观国际经验不禁要问，为什么美国公司内控治理在实践中更多与战略管理、价值共创结合，而欧洲更多与公平竞争、可持续发展结合？要破解公司与利益相关方围绕公司治理的"经理人应该对谁负责"的困局，需要将问题焦点从利益分配，溯源到价值创造这一公司的根本性质。唯有把观察的焦点从公司个体为中心，放眼到法律与竞争的关系视角，放在维护公平竞争秩序的框架下重新审视，公司内控治理的软法构建问题方可以破茧。

在美国竞争法语境下，肇始于《谢尔曼法》的内控治理及相应的社会责任制度化，与美国历史上的并购浪潮亦步亦趋。限制大公司权力的核心理念是保持股权高度分散，保护市场自由，保护股东和利益相关者权利，主要通过私法诉讼实现。自由主义市场理念下的公司契约理论贯彻了现代公司法制度的始终，企业所有权安排、代理成本、激励机制、投资者权益保护等问题都围绕这一中心展开。公司内控治理贯彻"董事会中心主义"，对于股东权利保护主要借助于资本的退出权。20 世纪 80 年代恶意并购浪潮之后的美国"内控治理"立法，初衷是作为经理人对股东代理问题诉讼的一种抗辩，特别授权公司决策层可以更多考虑股东之外利益相关方的问题。

就法律与市场竞争关系的理念而言，欧洲竞争法对秩序的关切，一如美国竞争法对自由的尊崇，两者同样深刻地塑造着两种不同的内控治理传统和制度体系。在 20 世纪后半叶以来的欧洲竞争法语境下，对于公司内控治理的认知与美国具有明显的差异。美国注重法律对个体权利的保护，欧洲注重用法律来保护整个市场的秩序，前者的自由放任主义与后者的秩序自由主义形成鲜明的对比。在欧洲法律更倾向于通过保护公平竞争秩序维护市场自由，内控治理责任更多体现在员工董事、工会等利益相关方参与公司治理，以及竞争法对于公平竞争秩序和社会公正目标的追求。在如何克服竞争限制的问题上，欧洲更加强调对竞争问题的"建设性的"和"合作的"回应。

第四章　商业合规的微观关键议题

第一节　风险识别标准与类型

风险贯穿企业经营和管理的始终。根据 2011 年《企业法律风险管理指南》(GB/T 27914 - 2011)，企业法律风险，是指基于法律规定、监管要求或合同约定，由于企业外部环境及其变化，或企业及其利益相关者的作为或不作为，对企业目标产生的影响。

对企业来说，法律风险受多种因素的影响。这些影响大致可以分为两大类：一类是外部环境变化带来的影响。比如，国际、国内、区域或地方的文化、社会、政治、法律法规、技术、经济、自然以及竞争环境的变化，以及企业与外部利益相关者的关系，抑或他们的感知和价值观的变化。另一类是企业内部环境变化带来的影响。比如，企业的目标、方针、战略，以及为实现它们所形成的治理模式、组织机构；企业作为团体聚集的资源和知识(包括资本、人力、技术)，在运用这些资源和知识的过程中形成的"决策—执行—反馈—执行—……"决策流，在这个过程中形成的组织文化，内部利益相关者的范围，以及它们的感知和价值观。内外环境是处在不断变化、发展和相互影响过程里。

一、法律风险的识别标准

法律风险必然对企业产生影响，但是这些影响对企业来说有利有弊。比如，2018 年 5 月 31 日国家发改委、财政部、国家能源局联合发布《关于 2018 年光伏发电有关事项的通知》(发改能源〔2018〕823 号)，对光伏产业降规模降补贴，对 2018 年光伏企业的发展产生了重创。2019 年 3 月 20 日，财政部、税务总局、海关总署联合发布《关于深化增值税改革有关政策的公告》，推进增值税实质性减税，将降低企业的税务成本，又对企业来说是极大利好。但是，无论外部环境将会带来何种影响，对企业来说全面认识和把握在当前环境中面临的法律风险都极为必要。法律风险识别是法律风险评估的重要环节，只有全面细致地识别企业面临的风险，才能进一步对风险进行分析和评价，为商业决策、实现企业目标和平衡相关者利益提供帮助。

法律风险识别是发现、确认和描述风险的过程，包括对风险源、事件起因和潜在后果的挖掘和发现。法律风险的识别，需要查找企业各业务单元、各项重要经营活动、重要业务流程中存在的法律风险；在此基础上，对查找出的法律风险进行描述、分类，对其原因、影响范围、潜在的后果等进行分析归纳，最终生成企业的法律风险清单。

法律风险受内外部环境等多种因素影响。一方面，对法律风险的判断依据，源自外部的经济形势、产业政策、融资环境、资源供给、社会的安全稳定、文化传统及社会信用等因素。这些因素反映于各项成文的和不成文的规则、规范，如法律、行政法规、地方性法规、规章、条例、有权机关的解释、案例、国家标准、行业标准、行业惯例及企业内部的规章制度中。这些规则或规范对企业具有不同程度的影响。比如，法律中包含强制性规范和任意性规范，企业违反强制性规范，将会导致行为或决策在法律上无效，从而引发一系列的法律风险和责任，而任意性规范往往给了企业一定的自主决策空间。又如，企业违反刑事法律和违反民事法律、行政法规给企业带来的结果也截然不同。另一方面，对企业法律风险的判断，除要依据各项成文的和不成文的规则，还要综合考量企业自身的经营管理需求。企业所处的行业类型、经营目标、机构设置、经营方式、业务流程、财务状况、信息技术运用及利益相关者的认知，都会影响对企业法律风险的识别和评估。

二、法律风险的类型划分

基于此，根据对不同因素的侧重点，可以初步完成对企业法律风险进行"分类"识别。根据对"风险源、事件及其原因和潜在后果"的识别，可以从两个角度考虑企业法律风险问题：一是风险源、事件出现的原因，风险源、事件的出现可能是外部规则的要求、变化，也可能是内部运行存在问题，还可能是两者共同作用的结果；二是风险源、事件的发展将会引发的后果，包括这种后果的性质、影响、可控性以及企业的风险承受度。当然这两者通常相互影响，无法截然分开。

从这两个角度出发，可以建立多种法律风险识别的框架。① 从外部规则的角度出发，可以根据法律风险源，即通过对法律环境、违规、违约、侵权、怠于行使权利、行为不当等梳理，发现企业存在的法律风险；也可以根据不同法律领域，涉及对合同、知识产权、招投标、劳动用工、税务、诉讼仲裁等的梳理，发现不同领域内存在的法律风险；还可以根据法律法规，通过对与企业相关的法律法规的梳理，发现不同法律法规中存在的法律风险。如果从企业内部运行出发，可以根据企业主要的经营管理活动，包括对生产活动、市场营销、物资采购、对外投资、人事管理、财务管理等的梳理，发现每一项经营管理活动可能存在的法律风险；也可以根据企业组织机构设置，即企业各业务管理职能部门/岗位的业务管理范围和工作职责的梳理，发现各机构内可能存在的法律风险；还可以通过对本企业或本行业发生的案例梳理，发现企业存在的法律风险。② 从风险源、事件发展将会引发的后果出发，可以根据法律风险发生后承担的责任梳理，即通过对刑事法律风险、行政法律风险、民事法律风险的梳理，发现不同责任下企业存在的法律风险。对于企业来说，法律风险的识别还与企业自身对风险的承受度紧密相关。风险承受度，是指企业能够承担的风险限度,包括整体风险承受能力和业务层面的可接受风险水平。如果某一法律风险出现概率高,且潜在后果严重,那么,企业应投入较多的成本防控这一风险;如果某一法律风险出现的概率低,潜在后果在企业可接受的范围内,那么,企业可以选择投入较少成本,甚至不投入成本来防控该风险。

综上,企业法律风险识别的类型有两种划分方式:一种是以风险源、事件出现的原因为标准,将企业法律风险粗略地划分为内控治理风险、外部政策等环境风险;另一种是以风险源、事件发展将会引发的后果,以及企业的风险承受度为标准,将企业法律风险划分为底线法律风险和软法治理风险。

本研究将以按照第一种划分标准,股东和管理层作为企业所有者和经营者处在企业较为核心的位置;企业员工通过劳动合同与企业发生法律关系,处在稍外层的位置;企业的供应商、客户/消费者通过买卖合同与企业发生法律关系,企业债权人通过购买公司债券与企业发生法律关系,处在更外层的位置;同时,企业还受到公权力部门的强制性规定的约束,这些规则具有兜底性质。之所以不采用第二种划分标准,是因为对不同类型、不同行业、处在不同发展阶段的企业,同一风险源或事件对企业的影响是不同的,很难一概而论。第一种标准则不同,从企业的特性出发,企业构造存在共性,都通过各种类型的合同和内外主体发生法律关系,抓住这些法律关系的共性对于把握风险很有帮助。

第二节　社会责任的引入与边界

随着后金融危机时代到来,当下中国在产业提振、经济滞胀、基尼警戒和环保底线等之间的抵牾显现相当程度的"蝴蝶效应"。当作为世界加工厂的许多企业陷于资源过度透支、污染黑色水图、食品安全频发、劳工血汗工厂等令人触目惊心的泥淖尚未拔出。又有更多棘手难题接踵而来。比如,雾霾之祸诟病、大股东占款、消费信息不对称、供应链信用下降、土壤辐射污染、贸易摩擦加剧、证券内幕交易、侵占社区资源、上市虚假报告、偷逃避税丑闻等许多乖离现象的出现比例呈上升趋势。可以说,目前的不少中国企业不仅是"风险广布",而且还有很强的"风险导向"。

一、企业社会责任的引入及复杂性

中国政府和许多企业已意识到:① 亟待调整经济增长质的方面、收入分配以及环境等,不能再沿袭以往依赖于透支劳工权益、无度破坏环境等"向下竞争"的方式获取红利,而是应该尽快改变产业链布局和竞争压力传递机制,尤其是把更多关注重点移向产业升级和信息化领域。② 面对产业升级和信息化带来的主体间交互性越来越强,作为体量迅疾膨胀的现代产业网络核心的企业,已越来越难以离开生产和雇佣等更多要素的社会与环境"嵌入"。因此,更多强调企业肩负起社会责任,不仅成为企业融入全球产业网络的准入门槛,①而且开始被提升为国家产业振兴的新一轮战略元素。2012 年 12 月,中央经济工作会议更是前所未有地第一次明确提出尽快强化大企业的社会责任。③ 需要更多借助于制度的约束力,来缩减风险导向下隐患无处不在的复杂性和不确定性,而且对于企业承担社会责任这样存在较大弹性空间的议题,更加有必要加以制度规约,以保证切实践行。很显然,当下和今后相当长一段时间内,重点对作为中国未来经济发展风向标的产业和信息化领域企业,做比较全面和深入的社会责任调研,逐步探索和实现企业社会责任(Corporate Social Responsibility,简称 CSR)的制度化,日益成为十分重要的问题。②

目前,已有越来越多的人意识到,除了借助于技术升级、品牌形象、客户压力等市场机制的倒逼,只依赖于"自愿"难以推行企业社会责任。③ 无论是加强国家监管,还是寻求更多主体共管,以制度化方式而不是放任自流,对于中国推行企业社会责任不可或缺。然而,以往企业社会责任研究集中于管理学和伦理学领域,交叉法学的成果不多,而且即使少量的法学研究,更多是责任制度化的框架设计,相对缺乏制度化文献的归纳梳理、专门指向制度性要素的调研和进一步落实制度实现的方案。当然,本研究所指的责任制度化,不仅是指具有法律约束力的法律本身,还包括不具有法律强制约束力的软法、政策以及行业组织、与公众沟通对话机制等。所以,这里制度化的含义指的是一种国家、行业组织、企业自身和社会参与的整体制度安排。

毫无疑问,责任制度化是一个极为复杂的系统问题。毕竟对这个连概念仍备受煎熬的领域,除了当下聚焦更多的责任评估标准,④还应扩展到责任的内容归纳、履行顺位和治理方式等一系列问题。本项研究拟在完成专门指向"制度性要素"的国内外文献和经验整理基础上,寻找责任制度化的理论共识,借此归纳分析制度化的问题和矛盾。同时,根据"责任最佳实践"和"责任实践顺位"两大目标,甄选和敲定当下中国推动企业社会责任走向制度化的关键议题。在此基础上,探讨责任制度化可能来自国家、行业和社会的层级约束机制及相应的多元治理模式。

责任制度化的讨论,最基本的前提仍为企业是否应在盈利之外承担社会责任,否则更谈不上责任制度化。可以说,发轫于 20 世纪 30 年代发表在美国《哈佛法律评论》上

---

① 近年来,诸如欧盟 SWITCH - Asia 促进机构、美国信息产业机构(USITO)、日本电子信息技术产业协会(JEITA)、韩国电子信息通信产业振兴会(KEA)等机构,都纷纷与中国各地的工信部门、商务部门和行业组织紧密合作,以及提供资助,从生态效益、环境安全、职业健康等角度推动能力建设和评估活动,在遍及中国的企业集群与公共利益相关方之间扩大影响,借此选择融入世界产业链的 CSR 合格供应商。

② 根据最新的 ISO26000 国际标准,已把社会责任从商业企业延展到其他不同类型的组织,广义称之为组织社会责任。但出于人们对企业社会责任的概念更为熟悉,本研究仍沿用这一概念。

③ 张宪初.全球视角下的企业社会责任及对中国的启示[J].中外法学,2008,1.

④ Aleix C,Juan G,Gerard L. Regulation,Corporate Social Responsibility and Activism[J]. Journal of Economics & Management Strategy,2007,3.

的那场著名论战,已对此做出了奠基性贡献。① 即使此后的争议不断,②甚至迄今影响犹在,③但越来越积极地推动企业社会责任,已成为世界主流的趋势所在。④

二、国外责任制度化的研究与经验

随着新经济地理学意义上企业要素的空间分散化、网络结构化出现,⑤以及相应由材料、生产、服务、流通等串联起来的产业链逐渐从集聚走向分散,涉及更多的承担责任的维度和不同利益相关方,"三重底线"(triple-bottom-line)⑥和"利益相关方"(Stakeholder Corporate Government)⑦这两个经典学说逐渐受到重视。它们构建的企业以经济责任为基础,兼及社会和环境责任的闭环稳定结构,不仅能够借助经济上的盈利对股东负责,而且可以更多体现对客户消费者、内部员工、商业合作者、供应链伙伴、同业竞争者、周边社区等利益相关方承担责任,获得了主流认同并被付诸实践。⑧ 很显然,涉及对企业社会责任问题的认识,已从以往沿着经济维度只考虑指向股东利益的"内部"成本和绩效,扩展到社会和环境维度更多考虑"外部"利益相关方。据此根据科斯定理,一旦企业的内部要素外部化而产生市场交易成本,制度的功能就有了更多的功能发挥空间,这为走向责任制度化提供了初步理论依据。

从实践角度来看,国外企业社会责任走向制度化经历了较长的演进历程。20世纪初,产业革命以来的企业活动产生了严重后果。比如,残酷血汗剥削、严重环境污染和极度社会动荡等,反过来又制约了企业自身的存在和发展。基于这一背景,美国学者谢尔顿(Oliver Shelton)最早提出了企业社会责任概念。此后,美国通用电气的欧文(Owen Young)在演说中指出,不仅股东、而且雇员、顾客和民众在公司中都有一种利益,而且公司的经理们有义务保护这种利益。这是企业应对利益相关者承担社会责任观念的最初经典表述,也是利益相关方理论的发端。这一理念对于推动企业社会责任后来被纳入公司治理范畴加以制度安排,产生了深远影响。

---

① Berle A. For Whom Corporate Managers Are Trustee: A Note[J]. Harvard Law Review, 1932, 8. Dodd M. For Whom Are Corporate Managers Trustees? [J]. Harvard Law Review, 1932, 7.

② Friedman M. The Social Responsibility of Business is to Increase Its Profits[J]. The New York Times Magazine, 1970, 13.

③ Godfrey P C, Hatch N W. Researching Corporate Social Responsibility: An Agenda for the 21st Century[J]. Journal of Business Ethics, 2007, 1. 张维迎. 正确解读利润与企业社会责任[N].经济观察报,2007-8-19(3).

④ Smith N C, Ward H. Corporate Social Responsibility at a Crossroads[J]. Business Strategy Review, 2007, 1.

⑤ Parker C. Meta-Regulation: Legal Accountability for Corporate Social Responsibility[J]. University of Melbourne Legal Studies Research Paper, 2007, 2.

⑥ Parker C. Meta-Regulation: Legal Accountability for Corporate Social Responsibility[J]. University of Melbourne Legal Studies Research Paper, 2007, 2.

⑦ 利益相关方理论的核心观点是,企业必须对员工、供应商、消费者、投资者、债权人、社区、环境和政府等利益相关方承担一定的CSR,并且对每一个利益相关方都有特定的社会责任。同样,只有企业对他们承担起足够的CSR,企业的发展才能顺利,在竞争中才能更强大。Boatright J. Ethics and the Conduct of Business[M]. Upper Saddle River: Prentice Hall, 2000: 145.

⑧ Korhonen J. On the Ethics of Corporate Social Responsibility: Considering the Paradigm of Industrial Metabolism[J]. Journal of Business Ethics, 2003, 4.

20世纪60年代以来,随着企业发展和对社会影响力的扩大,西方社会各界日益关注劳工、环境等社会问题。面对各方压力,企业不得不关注应承担的社会责任,美国的商学院也开始设置企业社会责任课程,以让更多企业家全面了解这一议题。同时,1957年欧共体签订的罗马条约,70年代巴黎国际商会发表的《日益增长的社会责任》报告,以及1973年日本针对"反企业运动"掀起的企业社会责任入法浪潮,都进一步对推动责任制度化,奠定了更为广泛的企业认知和舆论基础。

到了20世纪80年代,企业社会责任思潮终于开始具体化为立法运动,因而朝着责任制度化迈出关键一步。比如,1983年,美国宾夕法尼亚州率先立法,特别授权公司决策层可以更多考虑股东之外利益相关方的问题。截至1989年,全美已有25个州出台了类似的法律。其中,康涅狄格州的立法更加明确要求,企业应该更多考虑其他的利益相关方。这就为企业承担社会责任提供了法律依据,也促使企业强化了社会责任意识,逐步把企业社会责任当成企业发展战略,并在管理运营中体现出来。

20世纪90年代初,世界范围内形成了声势浩大的企业社会责任运动,并且日益与国际贸易相结合。尤其集中表现为许多跨国公司在面对工会、消费者团体和其他非政府组织的压力后,开始着手制定"责任行为准则",以及重点在公司供应链上予以实施,以显示对社会责任的承诺。无疑,这里的行为准则不同于一般企业生产操作流程方面的规则,而是指跨国公司自行制定的,以国际劳工组织核心公约为基础,侧重于保护跨国公司影响力所及范围内劳工权益的行为规范。比如,沃尔玛、迪斯尼、耐克等公司都制定过自己的类似标准。不过,跨国公司对行为准则的实施往往有着绝对控制权,缺少外部监督,因此更多只是形式上推行这些标准,以此赢得社会各界的信任,而不一定是真正关心供应商是否达标。当然,借助于制定和实行企业"行为准则"来推行社会责任的做法,使得责任制度化终于在企业落地生根,因而得到国际社会的充分认可并得以迅速推广。

然而,即使是跨国公司这样的巨型企业,在单独制定和推行CSR准则中,逐步暴露出缺乏必要的知识和经验,制定的相关标准也缺乏社会公信力。于是,从20世纪90年代中后期至今,企业社会责任的发展除了延续表现为跨国公司借助于供应链推行自身的行为准则,同时又开始出现新的制度推行方式。不少发达国家的商业机构和社团组织,纷纷推出各种独立的第三方企业社会责任标准,用于企业的"认证"(verification)。其共同点都是以相关国际标准为依据,将保护工会和集体谈判、禁止童工和强迫劳动、反对就业歧视、实行法定工时和工资、促进职业安全卫生以及推动节能减排和环保作为基本原则和目标。在此基础上,随着全球一体化进程的深入发展,国际上企业社会责任的制度性安排逐步为更多国家和企业所接受,终于演变至今产生较大的影响力。

三、中国责任制度化的探索及短板

近年来,中国政府和越来越多的企业同样认识到,企业社会责任绝不只是责任而是发展战略。它涉及的风险类别和风险点几乎覆盖现代企业运作的所有环节,乃至影响到当下中国产业升级和信息化的进度及程度。同时,类似于 SA8000、ISO26000 等这样一些国际通行的标准,已在相当程度上不再被视为是对发展中国家抑制的"贸易壁垒"或"人权标准",而是更多国内企业完成产业升级转换,以及顺利进入海外市场的牌照。因而即使推动 CSR 可能让企业暂时面临额外成本,中国政府充分认识到势在必行。

可以说,中国对企业社会责任的探索虽然起步较晚,但迅速积累了不少有益成果。从2006 年《公司法》修订时将企业社会责任原则性入法后,国务院国资委、商务部等先后发布政策文件,[①]浙江、上海、深圳、长沙等地方政府、沪深两地证交机构,以及工业、纺织、金融、电子行业等领域,不仅像雨后春笋般地发布地方版或行业版规范,[②]而且实际上不同程度地推动着以企业社会责任评估为主的若干特色项目。[③] 此外,以央企为主的许多内资企业开始关注发布社会责任报告,[④]并选择性参加专项年度评选,甚至还出现了首只社会责任投资(SRI)产品。[⑤] 不过,许多研究把当下中国 CSR 发展概括为:整体水平低下,只有少数行业处于领跑地位,多数企业刚刚起步,仍有相当数量的企业还在旁观;央企CSR 指数遥遥领先于其他国企、民企和外企;围绕客户、员工、环保等的责任实践领先于刚刚兴起的责任管理理念等。这种上下不统一、平行差异大、前后不一致的整体状况,决定了推动 CSR 需要进一步寻找适当的切入口。

事实上,从这一概念自 20 世纪 90 年代初引入后,[⑥]国内出现了不少针对某一区域或行业的研究成果,[⑦]而且整体上是沿着将之纳入公司治理、[⑧]强调责任效力层次化,[⑨]以及

---

① 2008 年,国务院国资委出台《关于中央企业履行社会责任指导意见》后,同年,商务部相继发布《外资投资企业履行社会责任指导性意见》。

② 主要包括:《浙江省企业社会责任指导守则》(2008)《上海市浦东新区企业社会责任导则》(2007)《长沙市人民政府办公厅关于加强企业社会责任建设的意见》(2012)《深圳市委、市政府关于进一步推进企业履行社会责任的意见》(2007)《深圳证券交易所上市公司社会责任指引》(2006)《上海证券交易所上市公司环境信息披露指引》(2008)《中国纺织企业社会责任管理体系》(2005)《中国银行业金融机构企业社会责任指引》(2009)《中国工业企业及工业协会社会责任指南》(2008 第 1 版,2010 第 2 版)等。

③ 比如,上海浦东新区的"区域责任竞争力指数报告"项目(2012)、上海质量管理科学研究院的"劳动密集型企业社会责任核心要素及其评价"项目(2012)等。

④ 2006 年,国家电网发布了国内企业第 1 份社会责任报告,之后几乎所有央企都开始年度性地发布 CSR报告。

⑤ 2008 年,兴业基金管理有限公司通过建行、兴业银行、工行等 8 家银行及其他券商推出兴业社会责任投资基金,其最大特色是将聚焦投资一些有社会责任感的上市公司。

⑥ 2008 年,兴业基金管理有限公司通过建行、兴业银行、工行等 8 家银行及其他券商推出兴业社会责任投资基金,其最大特色是将聚焦投资一些有社会责任感的上市公司。

⑦ (1)区域研究的代表成果包括:辛杰.企业社会责任价值观研究——以山东省 2200 家企业调查为例[J].华东经济管理,2008,11;刘正义.责任竞争力:浦东新区企业社会责任建设的创新[M].上海:上海社会科学院出版社,2011;工业和信息化部政策法规司.浙江:推进企业社会责任工作的实践与思考[J].研究与参考,2012,2.行业研究的代表成果包括:顾庆良,臣淑君.纺织服装产业集群的企业社会责任(CSR)现状调查[J].企业家天地,2006,11.陈佳婧,张明泉.石油企业社会国责任评价体系结构分析[J].科技创新导报,2008,7;侯晓红,岳文.中国煤炭企业社会责任绩效评价体系设计[J].煤炭经济研究,2008,6;华立群,朱蓓.中国银行业企业社会责任评价指标体系研究[J].南方金融,2009,2.

⑧ 刘俊海.企业社会责任[M].北京:法律出版社,1999.

⑨ 卢代富.企业社会责任的经济学和法学分析[M].北京:法律出版社,2002;朱慈蕴.公司的社会责任:游走于法律责任和道德准则之间[J].中外法学,2008,1.

提出赋予外在约束力，①进而把企业社会责任逐步推向制度化的轨迹发展，这为找准新的切入口提供了方向。显然，走向制度化被视为是中国以后推动企业社会责任的趋向所在。然而，国内研究对此呈现两个短板：一是虽然不少研究把社会责任作为企业发展战略，②但比较少地专门进行过指向"制度性要素"的实证调研，以及进一步探讨企业社会责任制度化何以更好实现；二是政府、行业和学者相对更热衷于林林总总的报告指南和测评工具开发，③缺少涉及制度性要素的多元变量回归分析，以及深入探讨推动企业社会责任制度化的统一规划。显然，中国进一步推动企业社会责任，需要以制度化为突破口，初步设计完成推动企业社会责任制度化的整体方案。

第三节　法务风险管理

一、合同订立、履行和纠纷处理

企业在合同订立、履行和合同纠纷处理方面均面临全周期风险，需要企业建立完善的合同管理制度和合同风险控制制度。

（一）合同订立

1. 合同主体

企业订立合同时在主体方面的风险体现在：因合同订立前，对合同相对方的签约资格、资信能力等调查不足，导致合同主体不适格或合同履行出现困难。主要包括：① 合同主体不具备相应的民事权利能力和民事行为能力。根据《民法典》规定，限制民事行为能力人订立的合同，除了纯获利益的合同，或者与其年龄、智力、精神健康状况相适应而订立的合同，其他必须经法定代理人追认后，该合同有效。② 无权代理、越权代理。主要体现为公司业务人员超越权限签约、离职后对外签约。行为人没有代理权、超越代理权或者代理权终止后以被代理人名义订立的合同，未经被代理人追认，对被代理人不发生效力，由行为人承担责任。行为人没有代理权、超越代理权或者代理权终止后，以被代理人名义订立合同，相对人有理由相信行为人有代理权的，该代理行为有效。③ 法人分支机构、组成部门对外签订合同。公司可以设立分公司，分公司不具有法人资格，其民事责任由公司承

① 史际春，肖竹，冯辉.论公司社会责任：法律义务、道德责任及其他[J].首都师范大学学报（社科版），2008，2；蒋建湘.企业社会责任的法律化[J].中国法学，2010，5.

② 胡贵毅.企业社会责任理论的基本问题研究——基于企业价值创造与利益分配的视角[D].2010 上海交通大学博士学位论文；陈留彬.中国企业社会责任理论与实证研究——以山东省为例[D].2006 年山东大学博士学位论文；赵林飞.全球产业网络下的企业社会责任和产业升级[D].2010 年东华大学博士学位论文；叶祥松，黎友焕.2004 广东企业社会责任蓝皮书[M].广州：广东经济出版社，2004.

③ 比如，CSC9000T（中国纺织工业联合会，2005）、DZCSR30000（浙江鼎尊商务咨询有限公司，2013）《中国企业社会责任推荐标准和实施范例》（北大光华管理学院，2006）《宁波市企业信用监管和社会责任评价办法》（浙江省宁波市政府，2012）《企业社会责任指标体系研究》（科技部软科学项目，2008）。而且仅在上海地区，就有《上海市企业社会责任地方标准》（上海市质检局，2009）、SEO－CSR2.0（上海市经团联，2013）两个标准。

担。但根据民事诉讼法,依法设立并领取营业执照的法人分支机构虽然不具备法人资格,仍可以作为民事诉讼的当事人。与分公司签订合同时,应特别注意查看分公司的营业执照和分公司的经营范围,防止出现分公司未经总公司授权对外签合同。④ 公司对外提供担保的行为也要受到约束。根据公司法规定,公司可以向其他企业投资或者为他人提供担保,只是必须依照公司章程的规定,由董事会或者股东会、股东大会决议,公司章程对投资或者担保的总额及单项投资或者担保的数额有限额规定的,不得超过规定的限额。公司为公司股东或者实际控制人提供担保的,必须经股东会或者股东大会决议。前款规定的股东或者受前款规定的实际控制人支配的股东,不得参加前款规定事项的表决。该项表决由出席会议的其他股东所持表决权的过半数通过。法人分支机构对外担保也受到限制,根据担保法司法解释,企业法人的分支机构未经法人书面授权提供保证的,保证合同无效。企业法人的分支机构经法人书面授权提供保证的,如果法人的书面授权范围不明,法人的分支机构应当对保证合同约定的全部债务承担保证责任。企业法人的分支机构经营管理的财产不足以承担保证责任的,由企业法人承担民事责任。⑤ 特殊行业资质要求。有些合同签订对合同主体的资质有特殊要求。比如,建设工程合同要求施工方具有相应的资质,同时,禁止承包人将工程分包给不具备相应资质条件的单位,禁止分包单位将其承包的工程再分包,建设工程主体结构的施工必须由承包人自行完成。

2. 合同形式

形式上的风险点表现为:① 根据《民法典》规定,一些合同应该采用书面形式订立。包括:借款合同原则上采用书面形式,但自然人之间借款另有约定的除外;租赁期限六个月以上的,应当采用书面形式,当事人未采用书面形式的,视为不定期租赁;建设工程实行监理的,发包人应当与监理人采用书面形式订立委托监理合同;其他应当采用形式的合同还有融资租赁合同、建设工程合同、技术开发合同、技术转让合同等。如果未按照法律、行政法规规定,或者当事人约定采用书面形式订立合同,但若能够证明已经履行主要义务,对方也接受的,合同成立。② 在给合同加盖印章时没有加盖骑缝章,导致对方换页、添加页。③ 在签订合同时未核对,合同主体名称与公章不一致。④ 在签订抵押合同后未及时到相关部门办理登记手续,导致抵押未生效。签订动产质押合同后未及时办理交接手续。签订股权质押合同后未及时办理登记手续。⑤ 企业采用格式合同和对方签订合同,但是未按照法律规定尽到提示义务。根据《民法典》规定,采用格式条款订立合同的,提供格式条款的一方应当遵循公平原则确定当事人之间的权利和义务,并采取合理的方式提请对方注意免除或者限制其责任的条款。⑥ 公司企业公章无使用审批制度,尤其是分公司、办事处公章使用混乱。

3. 合同条款

该问题上的风险主要有:① 合同主要内容欠缺或不明确。根据《民法典》规定,合同条款包括:主体、标的、数量、质量、价款、履行期限地点和方式、违约责任、争议解决条款。

② 合同含有无效条款。根据《民法典》的规定,合同中含有造成对方人身伤害的、因故意或者重大过失造成对方财产损失的免责条款,这些条款无效。存在以下情形之一的,合同无效:恶意串通,损害国家、集体或者第三人利益;以合法形式掩盖非法目的;损害社会公共利益;违反法律、行政法规的强制性规定。

（二）合同履行

相对于合同签订之前,合同履行过程中的风险易被忽略。风险点主要表现在:企业在签订合同后,未按照合同约定全面履行合同义务,抑或在对方未全面履行义务的情况下,不及时行使先履行抗辩权,导致企业损失扩大;合同变更、转让或解除时没有履行相关法律程序;合同发生变更时双方未及时签订书面变更协议,或者变更协议中约定不明确,被推定为未变更;债权债务转让未履行相应的程序,即债权转让时未按照法律规定通知债务人,导致转让对债务人不发生效力;债务转让时未经债权人同意,导致债务转让无效;在履行合同过程中和对方沟通时,未采用书面方式进行沟通,导致后续证据缺失。

（三）合同纠纷处理

一般而言,常见的合同纠纷处理风险包括:未及时主张权利导致超过了诉讼时效,根据《民法典》的规定向人民法院请求保护民事权利的诉讼时效期间一般为 3 年,诉讼时效期间自权利人知道或者应当知道权利受到损害以及义务人之日起计算;履约不规范,证据缺乏或灭失,未保存合同签订和履行相关的发票、送货凭证、汇款凭证、验收凭证,在磋商和履行过程中形成的电子邮件、传真、信函等资料;对方当事人破产或转移资产、无法执行。

二、招标与投标

（一）必须进行招标的项目

必须招标项目是指国家为了保证涉及社会公共利益、公众安全项目的建设安全,在《招标投标法》和《必须招标的工程项目规定》(国家发展和改革委员会令第 16 号)中,对大型基础设施、公用事业项目,全部或者部分使用国有资金投资或者国家融资的项目,使用国际组织或者外国政府贷款、援助资金等项目,从招标范围、规模等方面加以规定,从法律和规章等层面上对相关责任主体和人员的建设行为进行了约束,确定流程需按照国家相关规定流程严格执行。

必须招标的工程建设项目应同时满足招标范围和规模标准两方面条件:根据《招标投标法》和《必须招标的工程项目规定》(国家发展和改革委员会令第 16 号),涉及大型基础设施、公用事业等关系社会公共利益、公众安全的项目;全部或者部分使用国有资金投资或者国家融资的项目;使用国际组织或者外国政府贷款、援助资金的项目三类项目,包括项目的勘察、设计、施工、监理以及与工程建设有关的重要设备、材料等的采购,如达到下列标准之一的,必须进行招标:施工单项合同估算价在 400 万元人民币以上的;重要设备、材料等货物的采购,单项合同估算价在 200 万元人民币以上的;勘察、设计、监理等服务的采购,单项合同估算价在 100 万元人民币以上的。

上述三类建设项目的具体范围界定:① 根据《工程建设项目招标范围和规模标准规定》规定,关系社会公共利益、公众安全的基础设施项目的范围包括:煤炭、石油、天然气、电力、新能源等能源项目;铁路、公路、管道、水运、航空以及其他交通运输业等交通运输项目;邮政、电信枢纽、通信、信息网络等邮电通讯项目;防洪、灌溉、排涝、引(供)水、滩涂治理、水土保持、水利枢纽等水利项目;道路、桥梁、地铁和轻轨交通、污水排放及处理、垃圾处理、地下管道、公共停车场等城市设施项目;生态环境保护项目;其他基础设施项目。② 关系社会公共利益、公众安全的公用事业项目的范围包括:供水、供电、供气、供热等市政工程项目;科技、教育、文化等项目;体育、旅游等项目;卫生、社会福利等项目;商品住宅,包括经济适用住房;其他公用事业项目。③ 使用国有资金投资项目的范围包括:使用各级财政预算资金的项目;使用纳入财政管理的各种政府性专项建设基金的项目;使用国有企业事业单位自有资金,并且国有资产投资者实际拥有控制权的项目。④ 国家融资项目的范围包括:使用国家发行债券所筹资金的项目;使用国家对外借款或者担保所筹资金的项目;使用国家政策性贷款的项目;国家授权投资主体融资的项目;国家特许的融资项目。⑤ 使用国际组织或者外国政府资金的项目的范围包括:使用世界银行、亚洲开发银行等国际组织贷款资金的项目;使用外国政府及其机构贷款资金的项目;使用国际组织或者外国政府援助资金的项目。

(二) 招投标程序及边界

1. 招标

① 招标代理机构。招标人有权自行选择招标代理机构,委托其办理招标事宜。招标代理机构必须满足以下资质:有从事招标代理业务的营业场所和相应资金;有能够编制招标文件和组织评标的相应专业力量。如果招标人具有编制招标文件和组织评标能力,也可以自行组织招标。② 招标公告和招标邀请书。招标人采用公开招标方式的,应当发布招标公告,招标公告应当载明招标人的名称和地址、招标项目的性质、数量、实施地点和时间以及获取招标文件的办法等事项。招标人采用邀请招标方式的,应当向三个以上具备承担招标项目的能力、资信良好的特定的法人或者其他组织发出投标邀请书。③ 不得以不合理条件限制、排斥潜在投标人或者投标人。④ 不得向他人透露已获取招标文件的潜在投标人的名称、数量以及可能影响公平竞争的有关招标投标的其他情况。⑤ 招标人对已发出的招标文件进行必要的澄清或者修改的,应当在招标文件要求提交投标文件截止时间至少十五日前,以书面形式通知所有招标文件收受人。

2. 投标

① 投标人的资质。投标人应当具备承担招标项目的能力;国家有关规定对投标人资格条件或者招标文件对投标人资格条件有规定的,投标人应当具备规定的资格条件。与招标人存在利害关系可能影响招标公正性的法人、其他组织或者个人,不得参加投标。单

位负责人为同一人或者存在控股、管理关系的不同单位，不得参加同一标段投标或者未划分标段的同一招标项目投标。② 投标人应当按照招标文件的要求编制投标文件。投标文件应当对招标文件提出的实质性要求和条件作出响应。③ 投标人根据招标文件载明的项目实际情况，拟在中标后将中标项目的部分非主体、非关键性工作进行分包的，应当在投标文件中载明。④ 联合投标。联合体各方均应当具备承担招标项目的相应能力；国家有关规定或者招标文件对投标人资格条件有规定的，联合体各方均应当具备规定的相应资格条件。

3. 开标、评标、中标

① 招标人应当采取必要的措施，保证评标在严格保密的情况下进行。② 国有资金占控股或者主导地位的依法必须进行招标的项目，招标人应当确定排名第一的中标候选人为中标人。

4. 不合规操作

① 围串标。投标人不得相互串通投标报价，不得排挤其他投标人的公平竞争，损害招标人或者其他投标人的合法权益。以下情况都属于或被视为投标人围标：投标人之间协商投标报价等投标文件的实质性内容；投标人之间约定中标人；投标人之间约定部分投标人放弃投标或者中标；属于同一集团、协会、商会等组织成员的投标人按照该组织要求协同投标；投标人之间为谋取中标或者排斥特定投标人而采取的其他联合行动；不同投标人的投标文件由同一单位或者个人编制；不同投标人委托同一单位或者个人办理投标事宜；不同投标人的投标文件载明的项目管理成员为同一人；不同投标人的投标文件异常一致或者投标报价呈规律性差异；不同投标人的投标文件相互混装；不同投标人的投标保证金从同一单位或者个人的账户转出。以下情况属于招标人与投标人串标：招标人在开标前开启投标文件并将有关信息泄露给其他投标人；招标人直接或者间接向投标人泄露标底、评标委员会成员等信息；招标人明示或者暗示投标人压低或者抬高投标报价；招标人授意投标人撤换、修改投标文件；招标人明示或者暗示投标人为特定投标人中标提供方便；招标人与投标人为谋求特定投标人中标而采取的其他串通行为。② 骗标。投标人以低于成本的报价竞标，或者以其他方式弄虚作假，骗取中标。③ 以他人名义投标。使用通过受让或者租借等方式获取的资格、资质证书投标的，属于以他人名义投标。

三、商业秘密和知识产权

运营中涉及著作权和版权的风险点包括：在作品完成后应及时到版权部门进行著作权登记，应当注意对软件、文字、图片、图案、花形等作品著作权的保护；注意对他人著作权的尊重，避免在产品上以及产品说明书、广告宣传册、企业网站上，使用他人享有著作权的产品图片、文字说明等内容。网络服务企业还应注意避免侵犯他人网络信息传播权，不要擅自提供在线影视、音乐作品的播放、下载服务等；企业的办公软件等应使用正版软件；利用法人或者其他组织的物质技术条件创作,并由法人或者其他组织承担责任的工程设计图、产品设计图、地图、计算机软件等职务作品由法人或其他组织享有著作权,作者享有署名权;受委托创作的作品,著作权的归属由委托人和受托人通过合同约定,合同未作明确约定或者没有订立合同的,著作权属于受托人。

涉及商标的风险点包括:培育商业标识过程中应及时进行商标注册,取得商标专用权;在申请注册商标时,应当尽量避免使用地名、产品通用名称等作为商标的文字;商标的设计应当具有显著性特征且便于识别;在申请注册商标或登记企业字号前,务必注意对在先商标注册信息以及同行业企业字号进行检索,注意避免权利冲突,切忌"傍名牌"。

涉及专利和商业秘密的风险点包括:在产品研发立项前,对已有信息进行充分检索,避免出现自主研发的成果可能早已是公知信息或早已由他人申请知识产权保护的情况;在产品研发过程中注意对商业秘密的保护,避免他人利用企业的研究成果抢先完成产品研发或抢先申请专利;在产品研发完成后,及时通过申请专利或采取保密措施进行商业秘密保护,可以根据不同产品特点,同时考虑采取专利、商标、著作权、知名商品特有包装、装潢等方式进行全方位的知识产权保护;企业在生产过程中对涉及商业秘密的技术信息资料以及生产流程加以物理隔离,以防因保密意识不强,任凭他人参观、拍照、摄像遭受不必要的损失;委托他人加工时,注意与对方签订保密协议等。

四、消费者权益保护

此类法律风险点包括:企业作为经营者,向消费者提供商品或者服务,恪守社会公德,诚信经营,保障消费者的合法权益;不得设定不公平、不合理的交易条件,不得强制交易;经营者保证其提供的商品或者服务符合保障人身、财产安全的要求;对可能危及人身、财产安全的商品和服务,向消费者作出真实说明和明确警示,并标明正确使用商品或者接受服务的方法,以及防止危害发生的方法;宾馆、商场、餐馆、银行、机场、车站、港口、影剧院等经营场所的经营者,对消费者尽到安全保障义务;企业发现其提供的商品或者服务存在缺陷,有危及人身、财产安全危险的,立即向有关行政部门报告和告知消费者,并采取停止销售、警示、召回、无害化处理、销毁、停止生产或者服务等措施。

五、产品质量与品牌

经营者应当保证在正常使用商品或者接受服务的情况下,其提供的商品或者服务具有的质量、性能、用途和有效期限。常见的经营者不合规行为有:提供的商品或者服务不符合保障人身、财产安全要求;在商品中掺杂、掺假,以假充真,以次充好,或者以不合格商品冒充合格商品;生产国家明令淘汰的商品或者销售失效、变质的商品;伪造商品的产地,伪造或者冒用他人的厂名、厂址,篡改生产日期,伪造或者冒用认证标志等质量标志;销售的商品应当检验、检疫而未检验、检疫或者伪造检验、检疫结果;对商品或者服务作虚假或者引人误解的宣传;拒绝或者拖延有关行政部门责令对缺陷商品或者服务采取停止销售、警示、召回、无害化处理、销毁、停止生产或者服务等措施；对消费者提出的修理、重作、更换、退货、补足商品数量、退还货款和服务费用或者赔偿损失的要求，故意拖延或者无理拒绝。

六、劳动用工的全周期

根据《劳动合同法》规定，公司必须保护职工的合法权益，依法与职工签订劳动合同，参加社会保险，加强劳动保护，实现安全生产。公司应当采用多种形式，加强公司职工的职业教育和岗位培训，提高职工素质。

该类型的风险主要包括：企业劳动规章制度的制定、修改未遵循劳动合同法的民主程序，未向劳动者公示；企业劳动规章制度内容不符合法律规定；企业未在规章制度或员工手册中对严重违纪、重大损害等情形作出明确量化的规定，未注意保留职工严重违纪、对企业造成重大损害、严重影响的事实依据；未保留职代会或者全体职工讨论、协商规章制度的书面证据，以及员工手册签收记录、规章制度培训签到记录、规章制度考试试卷等书面证据。它的全周期涉及两个阶段。

（一）入职前

这一阶段的风险以形式和外观瑕疵为主。比如，招聘过程简单化、形式化，不注重入职审查应聘人员的有效身份证件、学历证件、等级证书、资格证书及技能证书等；未按照劳动法履行告知义务，未让员工签收规章制度；员工入职未签订或迟延签订劳动合同。尤其值得关注的是，在入职过程的"试用期"风险较为集中，包括：试用期随意解除劳动合同；试用期不给员工入保险；口头约定试用期不签劳动合同，试用期合格就签劳动合同，不合格就不录用；未明确界定录用条件并通过发送聘用函、在劳动合同中约定、在规章制度中规定等方式向劳动者公示录用条件。

此外，入职过程中的劳动合同签订风险有：未在用工之日起1个月内订立劳动合同；劳动者拒不签订劳动合同的，未保留向劳动者送达要求签订合同通知书等相关证据；劳动者符合订立无固定期限劳动合同情形的，未按其意愿订立无固定期限劳动合同；未与高级管理人员、高级技术人员和其他负有保密义务的人员约定保守商业秘密和与知识产权相关的保密事项，并同时签订竞业限制条款，明确竞业限制的范围、地域和期限。

（二）入职后

履职中的重点风险包括：未缴纳或拖欠员工社会保险费；涉及员工变岗、变薪、变工作地点，未通过书面劳动合同、工资单、岗位变化通知书等书面形式，将变更内容予以文字记载，并经劳动者确认；派遣孕期员工出差；员工自行加班，或用人单位安排加班的，未支付加班工资。此外，从公司角度来看，离职需关注的重点领域包括：劳动合同终止后未在1个月内续订合同；未按照法律规定的情形及程序解除或终止，未依法及时向劳动者支付经济补偿；未保留劳动者提交的辞职书等书面证据等。

鉴于劳动用工法律风险极为复杂,涉及法律、法规和政策,以及指向诸多利益相关方,且在合同制、劳务派遣、临时用工等不同劳动用工条件下,相关的权利和义务又会呈现较大差异,所以仅做简略介绍,不再展开。

第四节　企业社会责任

一、责任议题的筛选标准

国际上流行的责任管理议题筛选机制,乃是根据已有 ISO26000、DJSI、FTSE4Good、SA8000 等最主要的责任指数和责任规则,以及多元丰富的企业社会责任评估测量工具,根据"责任立法指向"进行管理议题的甄别、权重设置和体系修正,筛除过于理想、不考虑适用可行性的成分;同时,需要特别考虑企业社会责任的关键议题和要素一旦敲定后,对企业的发展战略、绩效、财务、合规及商誉等方面有全方位的综合影响。

基于这一筛选机制,再根据利益相关方的问卷调查、国内外同行的关注梳理、媒体监测的公众关注点和商誉信用的比对调查,对于国际和国内不同层级企业责任管理的关键议题进行收集。在此基础上,充分考虑利益相关方关注度(综合媒体分析结果、全球标准、同类企业报道和企业商誉调查结果等)以及议题对企业影响度(企业战略相关度、财务影响、风险程度和商誉影响等方面综合评估),进行关键议题的评估,是否拥有足够的理由加以管理。然后,再根据初步拟定的管理关键议题,是否确实强调和反映的是社会责任核心维度的重大问题、利益相关方关注度高和影响大的问题、所在行业责任战略的主要发展趋向问题,以及责任管理定义上一致的口径、便于横向对比的问题等,进行关键议题的最后敲定。

此外,随着新技术革命,世界经济体系已建立在连接、网络和节点的逻辑之上,企业需在"流的空间"以更多责任承担关注利益相关方可持续发展,产生了新兴议题。比如,产业替代后的排斥和分利、淘汰、富余劳力消化转移、迁入地的"责任赤字"、潜伏的"扒粪运动"可能性、接轨国际惯例的"保留条款"、品牌与全球价值链地位等,同样需要认真对待和考量。

当然,中国的责任管理议题考量,除了以上国际通行的筛选标准外,还有一些值得特别关注的特定标准。因为当下的欧美发达国家,已经意识到与新兴市场国家的力量对比正在发生深刻变化,从而抛出了中国威胁论,以及认为中国只是搭了国际规则的便车等论调;提出中国企业在客观上存在许多承担社会责任的短板,却获得了极为明显溢出的红利。于是,一些发达国家借助于多哈谈判陷入僵局,提供了把 WTO 这一国际多边制度安排推向新的台阶,抑或借助于中美、中欧 BIT 谈判,抛出 TPP、TIPP 等,借助于知识产权、公平竞争、劳工标准、环境保护等企业社会责任问题来挤压和排挤中国。说到底,欧美国家的核心战略,就是在有条件的多边主义或者干脆以单边主义,重新构建起包括成为世界性共识的企业社会责任价值观在内的一系列新的"联盟"或多边安排。因此,如何正确处理企业社会责任管理与国际接轨之间的关系,对于关键议题的进一步敲定至关重要。

二、议题识别的技术路线

概言之,国外企业社会责任管理关键议题的最终敲定,依赖于根据以下技术路线对利益相关方关注度(主要利益相关方、次级利益相关方),以及对责任管理关键议题对企业的影响度(公司层面、组织层面、管理层面)的评估(见表4-1,表4-2,表4-3)。

表4-1　责任管理关键议题的利益相关方关注度评估

利益相关方		关 注 方 式	专属界面		
			部门	国家	公司
主要利益相关方	客户	B2B 咨询会、参与研发、参与制定战略	×	×	
		B2C 调查(趋势调查、客户满意度调查、应用研究),解决投诉、小组讨论			
	供应商/伙伴	参与研发、行业会员、尽职调查	×		
	金融提供者	不间断地特别参与,财务评级			×
	雇员	雇员参与调查、员工绩效管理体系、合规管理体系、雇员协商会议	×	×	×
	社会投资者	调查			×
	主流投资者	路演、分析员(面对面)会议、评级			×
次级利益相关方	学术界	联合研发、交换项目、本地网络		×	×
	非政府组织	调查、项目开发、特别参与		×	×
	社区	集中于教育和健康的社会投资活动			
	监管机构	参与咨询机构、社区项目合作、业务驱动		×	×
	竞争者	行业会员关注	×	×	
	媒体	本地网络、调查	×	×	×

⇩

表4-2　责任管理关键议题对企业影响度评估

	计 划	执 行	检查/改进	主 流
公司层面	责任承担与战略、能力结合	—	将错误当作改进企业责任政策的机会	—
	官方正式化责任愿景	主要利益相关方参与企业社会责任实施	—	企业关键人物责任承诺

续表

	计 划	执 行	检查/改进	主 流
组织层面	建立现有组织结构、流程之上	确保组织内技能足以完成改革、责任培训	将错误当作改进企业责任政策的机会	关注新的组织行为与成功之间关系
管理层面	思考问题考虑长期参与而非短期解决方案	围绕企业社会责任建立积极性和可信度	—	奖励在企业社会责任方面有成就的人

⇩

表4-3 企业社会责任管理关键议题的敲定

责任立法关键议题的敲定	重要性	关注度	针对性	可行性

其中,对于有标准衡量的数据,其指标赋值将直接参照标准决定,即采取标准数据型的定量指标赋权方法;对于无标准衡量的数据,主要通过与历史数据进行比较来反映其关注水平;对于单因素指标如责任是否融入企业战略等,赋值方法是根据其指标行为阐释的清晰程度而定;对于多因素指标如雇员对议题的关注方式等,涉及多个因素,对每个因素有不同级别的描述,评价者在赋值过程中,需要结合所掌握的能反映评价因素的信息进行赋值。

三、责任管理要素的样板对标体系

接下来,根据"责任管理指向",国外不少研究又会根据已有的 ISO26000、DJSI、FTSE4Good、SA8000 等国际主流社会体系或指数,以及将之结合不同国家的国内行业性或区域性企业社会责任测量方式,对于企业社会责任立法的要素、权重进行设计,过滤过于理想的成分,深入分析产生的责任议题和要素一旦入法后,对企业的发展战略、绩效、财务、合规及商誉等方面的全方位综合影响;在此基础上,进一步以"责任最大化"和"责任优先顺位"进行样板责任企业对标,才能根据以上的关键议题和国内元素最终敲定责任管理的相应要素。

国外的企业社会责任管理研究,通过与国际上的企业社会责任竞争性指数、企业社会责任标准等对标,其切入的着力点又主要包括哪些呢? 以下将以中国元素为例,予以说明。

（一）国际对标后的国内企业社会责任管理差异包括哪些

比如,虽然中国在深改方面已推动了一系列关键举措,但对标美国 2012 年 BIT 协议范本、TPP 协议为代表的国际高标准的压力,中国以高水平开放应对国际高标准、新规则,同时也倒逼了国内深改的内部驱动力量。从企业社会责任管理的角度来看,中国依靠土地成本、人口红利、环境洼地形成的"透支时代"已经结束,内外资平等、摆脱社会责任赤字、不强制技术转让、信息更公开、劳工标准提高、社会征信体系建设、法规透明度和一致性等议题,正在成为国家治理的主导地位。因此,中国企业社会责任管理要对接国际上的高标准和顺应中国实际情况。

（二）中国企业社会责任管理对支持和引领 RCEP 有什么影响

中国加入和支持推动 RCEP 区域全面经济伙伴关系协定，国际战略意义十分重大。相较于 TPP 和 BIT，RCEP 拥有较大的弹性空间，它充分尊重各成员国之间在环保和劳工标准、竞争中立问题、知识产权保护等指向企业社会责任承担方面的国别差异性，又期待于借助逐步缩小与欧美标准之间在企业社会责任上的标准差距，以实现这一更大范围的 FTA 良性健康发展。无疑，中国企业社会责任管理的一系列重大问题，实际上已不是简单的国内制度化问题，还涉及如何借此引领中国未来主导的 RCEP 的基本方向。接下来的问题就是，从 RCEP 的角度，中国企业社会责任管理的"引领性"内容究竟包括哪些，亟待仔细考量。

（三）融入中国元素的国际对标后企业社会责任管理特定内容

在我国《外商投资法》落地之后，中国企业社会责任管理还要进一步探索劳工标准、环境保护、知识产权、竞争中性等新兴议题的研究和实践。比如，责任管理中基于这一立场的环保议题，是否可以进一步对"间接征收"澄清认定的标准，尤其东道国在国家安全、资源环境、生命健康等"敏感"或"半敏感"问题上的非歧视性障碍，不能认定构成"间接征收"等。因此，融入中国元素对企业社会责任管理的重大影响在于，既要利用靠拢"欧美高标准"所带来的高水平开放压力，借助深改不断提高管理水平和拉升监管的效率；又不能让外资与内资的竞争过度扭曲，反过来造成对公众利益和国家利益的伤害。

（四）国内对标的区别差异性管理要素如何克服以下重点问题

目前，关于责任管理的议题存在以下重大问题：① 社会责任越来越受重视，但存在政出多门，一哄而上各自制定责任标准、建立评估机制和推出发布平台的混乱情况；同时，制度化的内容缺少重点突破口，因而亟待形式和内容上统筹协调。② 大型国企和跨国公司以极为优越的条件和实力，不仅作为先进科技和管理技能的表率，一般也更会在树立更高责任标准上作出承担，但能结合中小企业、外向型企业和特定行业特征的责任样板示范机制尚未形成。③ 许多企业社会责任的指标趋同，只是社会责任的推动方式有所不同。要么不对行业的特性加以思量，导致责任的实现标准在可比性上较差；要么考虑到了行业的特殊性，但是指标又过于理解和简单。到底是择一使用还是另起炉灶，以及采取何种制度化推动模式，仍需加以考虑。

第五节　内控治理体系

一、资本运营

（一）股东出资

2015 年，《公司法》修改之后，公司注册资本从实缴制改为认缴制，给公司注册带来极大便利。根据现行《公司法》，除非法律、行政法规，除非国务院对有限责任公司注册资本实缴、注册资本最低限额另有规定,否则公司的注册资本为股东认缴的出资额。

不过,虽然有了以上规定,股东出资仍然面临一定风险。主要表现在:① 股东出资不实或出资不足。如果股东用作出资的非货币财产的实际价值,显著低于公司章程规定的价值时,属于出资不实。股东必须补足差额,公司设立时其他股东也要承担连带责任。公司财产不足以清偿债务时,债权人可以主张未缴足出资的股东以及公司设立时的其他股东或者发起人,在未缴出资范围内对公司债务承担连带清偿责任。公司解散时,股东尚未缴纳的出资均应作为清算财产。② 股东出资完成后,利用控制公司财务便利,将出资挪用或抽逃。常见做法有:制作虚假财务会计报表虚增利润进行分配;通过虚构债权债务关系将其出资转出;利用关联交易将出资转出等未经法定程序将出资抽回的行为。股东抽逃出资,公司或者其他股东有权要求其向公司返还出资本息,协助抽逃出资的其他股东、董事、高级管理人员或者实际控制人对此承担连带责任。抽逃出资的股东在抽逃出资本息范围内对公司债务不能清偿的部分承担补充赔偿责任,协助抽逃出资的其他股东、董事、高级管理人员或者实际控制人对此承担连带责任。公司的发起人、股东在公司成立后,抽逃其出资的,由公司登记机关责令改正,处以所抽逃出资金额5％以上、15％以下的罚款。

股东未履行或者未全面履行出资义务或者抽逃出资,都会造成以下法律后果,股东的利润分配请求权、新股优先认购权、剩余财产分配请求权等权利受到相应的合理限制。经公司催告缴纳或者返还,股东在合理期间内仍未缴纳或者返还出资,公司有权以股东会决议解除该股东的股东资格。

（二）股东个人资产与公司资产混同

这一风险在人合性较强的公司比较常见。主要表现为公司股东的个人资产和公司的资产混同,股东利用公司的有限责任损害公司和公司债权人的利益。根据《公司法》规定:公司股东滥用股东权利给公司或者其他股东造成损失的,应当依法承担赔偿责任。公司股东滥用公司法人独立地位和股东有限责任,逃避债务,严重损害公司债权人利益的,应当对公司债务承担连带责任。这就是公司法人的人格否认。尤其是公司法对于一人有限责任公司做出了专门规定,一人有限责任公司的股东不能证明公司财产独立于股东自己的财产的,应当对公司债务承担连带责任。

二、重大决策

公司重大决策往往产生于股东会和董事会这两大公司机构,重大决策的风险通常有两个方面。

一方面,股东会或者董事会内在程序或议事规则设定不合理,导致重大决策产生过程出现障碍。主要包括:公司股东会或者股东大会、董事会的决议内容违反法律、行政法规,决议无效;股东会或者股东大会、董事会的会议召集程序、表决方式违反法律、行政法规或者公司章程,或者决议内容违反公司章程,股东可以申请撤销决议;股东会、董事会职权不明确,议事规则不清晰,无会议决议记录或决议具有随意性,如公司合并、分立、解散、清算或者变更公司形式需要由股东会作出决议;股权设置不合理,重大事项难以决策,公司陷入僵局;公司机关设置不到位或臃肿,职责不清晰,工作流程不明确;监督机构履职缺位。

另一方面,股东会和董事会之间的利益出现了冲突与矛盾,董事会成员的选任,董事会作为公司的经营管理层,未尽到忠实和勤勉义务,损害公司和股东利益。其主要包括以下内容:

(1) 公司的控股股东、实际控制人、董事、监事、高级管理人员利用其关联关系损害公司利益。

(2) 董事、监事、高级管理人员利用职权收受贿赂或者其他非法收入,侵占公司的财产,表现为:挪用公司资金;将公司资金以其个人名义或者以其他个人名义开立账户存储;违反公司章程的规定,未经股东会、股东大会或者董事会同意,将公司资金借贷给他人或者以公司财产为他人提供担保;违反公司章程的规定或者未经股东会、股东大会同意,与本公司订立合同或者进行交易;未经股东会或者股东大会同意,利用职务便利为自己或者他人谋取属于公司的商业机会,自营或者为他人经营与所任职公司同类的业务;接受他人与公司交易的佣金归为己有;擅自披露公司秘密。

(3) 高级管理人员的选任方面。违反《公司法》,选任不具有资质的人员作为高级管理人员。比如,公司选任具有下列情形的人员担任公司的董事、监事、高级管理人员;无民事行为能力人或者限制民事行为能力人;因贪污、贿赂、侵占财产、挪用财产或者破坏社会主义市场经济秩序,被判处刑罚,执行期满未逾 5 年,或者因犯罪被剥夺政治权利,执行期满未逾 5 年的人;担任破产清算的公司、企业的董事或者厂长、经理,对该公司、企业的破产负有个人责任的,自该公司、企业破产清算完结之日起未逾 3 年的人;担任因违法被吊销营业执照、责令关闭的公司、企业的法定代表人,并负有个人责任的,自该公司、企业被吊销营业执照之日起未逾 3 年的人;个人所负数额较大的债务到期未清偿的人。

三、中小股东利益保护

中小股东虽然持股比例较少,但作为公司股东,仍享有股东应有的知情、参与权、表决权、利润分配权等各项权利。实践中这一风险表现为大股东利用优势地位,损害小股东权益,导致小股东在企业的经营决策过程中缺乏话语权。例如,在召开股东大会会议之前,未按照《公司法》规定将会议召开的时间、地点和审议的事项提前通知各股东,导致小股东未能参与决策;或是在实际操作中小股东持有的股权比例无法对公司的经营决策产生实质影响,这可能是由于公司的决议程序设置不合理。公司可以在董事和监事的选任方面采取"累积投票制",即每一股份拥有与应选董事或者监事人数相同的表决权,股东拥有的表决权可以集中使用,缓解大股东和中小股东之间的矛盾。

四、商业贿赂

企业在日常经营中不得采用财物或者其他手段贿赂交易相对方的工作人员、受交易相对方委托办理相关事务的单位或者个人、利用职权或者影响力影响交易的单位或者个人。常见的涉嫌违法犯罪的商业贿赂方式有：直接贿赂财物；给予回扣，回扣是指经营者销售商品时在账外暗中以现金、实物或者其他方式退给对方单位或者个人的一定比例的商品价款。比如，现实中不记入财务账册、转入其他财务账册或者做假账等行为，均属于"账外暗中"的行为；支付手续费等各类名义的费用，通过赌博，以及假借促销费、宣传费、广告费、培训费、顾问费、咨询费、技术服务费、科研费及临床费等名义给予、收受财物或者其他利益，以提供、获取交易、服务机会、优惠条件或者其他经济利益的，属于商业贿赂；支付佣金、中介费等劳务报酬式商业贿赂；在商业交往中的附赠行为，如超过合理限度，也可能被认定为商业贿赂。

五、隐瞒收入和规避税收

公司应按照法律法规规定设立法定的会计账簿，不得另立会计账簿。对公司资产，不得以任何个人名义开立账户存储。公司不得在依法向有关主管部门提供的财务会计报告等材料上作虚假记载或者隐瞒重要事实。企业实施其他不具有合理商业目的的安排而减少其应纳税收入或者所得额的，税务机关有权按照合理方法调整。

六、虚开增值税发票

根据刑法规定，单位虚开增值税专用发票或者虚开用于骗取出口退税、抵扣税款的其他发票，以及其他发票的，构成犯罪，要对单位判处罚金，并对直接负责的主管人员和其他直接责任人员，处 3 年以下有期徒刑或者拘役；虚开的税款数额较大或者有其他严重情节的，处 3 年以上 10 年以下有期徒刑；虚开的税款数额巨大或者有其他特别严重情节的，处 10 年以上有期徒刑或者无期徒刑。

第三编

商业合规的行业微观研究

第五章　行业重点法务风险的识别

第一节　以交通行业为切入点

改革开放以来,"中国依赖于对内改革和对外开放的有力支撑,取得了以持续高速经济增长为典型特征的显著成就"。① "通过深入引进和利用外商投资,中国迅速融入经济全球化,以其禀赋要素成为世界经济不可或缺的重要一员;"②同时,"基于系统推进制度改革和机制创新,市场在资源配置中的作用日趋不可替代,以其历史积淀和改革成果驱动国家发展持续向前"。③ 在此过程中,中国交通基础设施的迭代进化是"中国模式持续前行的极佳脚注"。④

为了对商业合规的探讨更有针对性和精准性,避免泛泛而谈,本研究以交通行业为切入点,作商业合规理论的纵深剖析和研究。

"交通基础设施的迭代进化与中国改革实践休戚相关。"⑤改革开放之初,"主要是中国各级地方政府通过架桥修路,推动招商引资和发展地方经济。随着改革步入深水区,在政企分离的现代化浪潮里,交通基础设施迭代的推动者已逐渐转变为各级交通投资、建设和运营企业,各级交通类企业渐进式以'现代企业组织形态',承担起交通类'准公共产品'供给之责。"⑥尤其是在省域范围内,省级交通类企业已成为辖区内的高速公路、铁路、港口、机场等大型交通基础设施项目的投资主体和建营平台,成为地理上和经济上连接融合省内重要城市和产业集聚的重要一环。⑦ 依托于省级交通项目的支撑,市级和县级投融资平台又进一步成为各自行政辖区内道路、桥梁、港口等关键交通坐标建设的主力,省市县三级交通投资企业共同构建起中国域内交通基础设施投"投、建、

---

① Chenggang Xu. The Fundamental Institutions of China's Reforms and Development[J]. Journal of economic literature,2011,4.

② Shujie Yao. On Economic Growth,FDI and Exports in China[J]. Applied Economics,2016,3.

③ 樊纲,王小鲁,马光荣.中国市场化进程对经济增长的贡献[J].经济研究,2011,9.

④ 董焰,樊桦.中国的交通基础设施,增长与减贫.世界银行大规模增进减贫成效上海会议案例文件.

⑤ 刘冲,周黎安.高速公路建设与区域经济发展:来自中国县级水平的证据[J].经济科学,2014,2.

⑥ 马德隆.交通基础设施投融资基本经验与未来展望[J].宏观经济管理,2019,8.

⑦ 在国有企业改革中,各省逐渐整合资源,建立起省级交通基础设施投融资平台企业,如2000年成立的江苏交通控股,2001年成立的浙江交投,2008年挂牌成立的广西交投等大型国有企业集团,负责对接本区域内的交通基础设施投融资事宜。

营"网络状格局。①

整体而言,根据相关数据统计和经验研究,中国各级交通企业具有产权清晰单一、体量巨大、资本密集、主业突出和产业延伸多样等主要特征。② 以近年来资产总量和净利润规模排名国内前15的省级交通企业为例,15家企业均为省属国有大型企业,旗下员工达数万人,其资产总量均超1 000亿元人民币,净利润从数亿元至逾百亿元不等,位列前3位的江苏交控、浙江交投、云南交投等企业更是已成为国内交通基础设施建设投资的主干力量。此类省级交通企业往往聚焦于全省重点交通基础设施的投资和建设,不少还同时负责省内高速公路系统的运营和管理。值得关注的是,深受各地历史因素和产业特点差异影响,各地交通企业逐步在与主业相关的业态中进一步延伸,更多具有多元化特征,涉及金融投资、工程养护、经营开发、交通科技、新型能源、客运物流及维保建设等领域。

当然,"对中国交通基础设施投资和建设主体的讨论,离不开其所处的历史背景和时代特征。"③作为国有企业重要代表,"中国交通投资、建设和运营企业在中国法律体系重构进程中探索建立了现代企业治理框架,在实用主义法律移植和本土法律实践试验的融合张力里,初步实现了从旧有计划经济工厂体制,到现代企业治理结构的初步转型。应对重构法律体系的时代大潮,诸多有关企业发展转型的实践,已为相关立法提供了试验素材和经验证据,相当数量的商业合规实践被内化为立法所确认的法律制度,进而又对行业标准和商业合规实践产生了重要影响。"④同时,以交通投资、建设和运营企业为代表的国有企业,并非在完全市场经济体制下运行,"计划经济时代的企业精神内核在现代企业治理的包裹下得以部分沉淀留存。"⑤换言之,国有企业形式上颇为完备的现代治理框架与旧有精神内核之间存在内生性冲突,政企分离的持续探索,并未完全将传统国有企业的"甲方优势思维"荡涤尽净,为持续探索转型的国有企业带来颇多阻力与挑战。

基于现代企业治理结构与旧有计划经济治理思维间冲突碰撞,考虑法律体系重构进程中本土实践与实用主义域外移植间的显著张力,加之中国交通企业所具有的显著甲方优势地位,导致中国交通企业体系在法律风险防范、合规内控实践和社会责任履行等维度上,仍然普遍存在较大进步空间。在法律风险防范层面,中国交通企业在合同管理、招标采购、知识产权管理等领域暴露出较多风险;在企业合规内控实践维度,相关交通投融资

---

① 随着国有企业建立起现代公司治理外观,市级和县级投融资主体逐步探索公司化运营,成为省级交通投融资大平台框架下的重要支撑。

② 目前,中国省级交通投融资平台企业所有权结构以国有独资控股为主要存在形式,相当比例系省属重点企业,排名靠前的省级交通基础设施投融资平台资产体量往往在千亿元以上,且在交通基础建设投资融资主业之外,往往在交通产业上下游、金融、交通科技及投资运营等领域重点布局。

③ 国企改革始终是中国经济体制改革的重要组成部分,通过变革原有企业架构,建立现代公司治理形式,中国省级交通投融资企业已初具现代企业内核与外观。有关中国国有企业改革的背景与回顾,参见黄速建,胡叶琳.国有企业改革40年:范式与基本逻辑[J].南京大学学报(社会科学版),2019,2;Cindy A. Schipani, Junhai Liu, Corporate governance in China: then and now[J]. Columbia Business Law Review, 2002, 1.

④ 李建伟.中国企业立法体系的改革与重构[J].暨南学报(哲学社会科学版),2013,6;刘俊海.深化国有企业公司制改革的法学思考[J].中共中央党校学报,2013,6.

⑤ 金碚.论国有企业改革再定位[J].中国工业经济,2010,5.

平台在刑事合规、投资融资、公司架构与治理、财务管理、资产处置、信息安全等具体议题上存在较大不足；从企业社会责任履行来看，各级交通企业又在环境保护、运营安全和经营开发等细化领域面对一系列挑战。

概而言之，作为本研究重点讨论对象的中国各级交通企业，在商业合规实践中面临较大挑战和风险，甚至还曾被以往的持续经济高速增长所虚化和掩盖。但是，"随着中国传统发展模式遭遇的瓶颈，这一问题开始逐渐显现。"①尤其是 2008 年之后受到全球经济危机影响，"西方世界单边主义抬头，加之本国人口红利衰减，在消费、出口和投资'三驾马车'驱动的中国经济增长模式中，出口与投资两项均受到显著影响，中国经济增速首次出现放缓迹象。"②旧有经济发展模式陷入瓶颈，无疑将暴露过往所积累的一系列问题，中国交通投资在商业合规遭遇的挑战因而无可回避，只有正视挑战与风险，并通过深度融入对内改革和对外开放，方能寻求破解之道。

基于交通平台企业"准公共产品"供给属性③，"国有资本现阶段在中国交通企业中仍处于强势支配地位。"④同时，"由于中国国有企业参与竞争尚未完全服膺于市场资源调配机制，在参与'一带一路'海外投资等完全市场化竞争情境中并不占优，既往商业经验往往难以填补此类空白。"⑤一言以蔽之，在认识到深度融入对内改革和对外开放必要性的前提下，中国交通企业深化合规建设主要集中在两个问题上。一方面，中国交通企业在"走出去"的探索过程中难以有效把握海外投资法律风险，"在传统法律风险防控、企业社会责任履行、合规内控实践等维度颇感左支右绌，"⑥这可能与过往国内竞争实践仰赖甲方地位存在一定相关性；另一方面，在往现代企业深度转型过程中，"计划经济理念内核与现代企业经营形式间的内生性冲突对转型探索颇多掣肘，导致在法律防范体系完备性和意识转换广泛性存在不足。"⑦

作为行政区划内不可忽视的大型国有企业，在经济新常态下发展交通基础设施投资和建设事业，转型发展是各级交通企业必由之路，需通过系统求变，来回应"人往何处去，钱从何处来，险从哪里防"等关键问题。本研究尝试从传统法律风险、企业社会责任与内

---

① 基于改革开放前 30 年中国人口红利积累，中国经济在出口导向模式下实现持续高速增长，但在 2010 年后，人口红利渐趋衰减，原有依靠出口、投资与消费三驾马车的增长模式日益受到挑战。See Fang Cai, Demographic transition, demographic dividend, and Lewis turning point in China[J]. China Economic Journal, 2010, 2.

② Fang Cai, Lu Yang, The End of China's Demographic Dividend, China: A New Model for Growth and Development[M]. ANU E Press, 2013: 55 - 75; Yang Yao. Double Transition and China's Export-led Growth: China's New Role in the World Economy[M]. Routledge, 2013: 65 - 88.

③ 刘秉镰，刘维林.准公共物品私人供给机制的博弈分析[J].中国软科学，2007,8.

④ 如前所述，中国资产总量和营收居于前列的交通投融资平台如中交集团、浙江交投、广西交投、江苏交通控股等企业集团基本为国有独资控股重点企业，非国有资本较难参与进来。

⑤ Norman Sze, Flora Wu. One Belt, One Road, The Internationalization of China's SOEs[J]. Deloitte Perspective, 2016, 5.

⑥ 张炳雷.国有企业海外投资的困境分析：一个社会责任的视角[J].经济体制改革，2011,4; Jin Sheng. Analyzing the Risks of China's "One Belt, One Road" Initiative[C]. Proceedings of the 8th International NASD Conference on Economic and Legal Challenge, 2018, 14.

⑦ 洪功翔.国有经济与民营经济之间关系研究：进展、论争与评述[J].政治经济学评论，2017,6.

控合规实践三个维度系统讨论交通企业"险从哪里防"这一核心议题,并充分考量交通投资企业"主业突出,延伸广泛"特点,以风险防控和责任履行来带动对员工安置保障、盈利模式转型和融资渠道拓展等相关问题的解决。

第二节 投 资 与 融 资

作为各自所在行政区划内交通基础设施的投融资主体,交通企业中投融资模块往往占有突出地位。"基于政企分离、事业分离、管办分离的深改,原来单一由公共财政预算支撑基础设施建设的局面正在逐步转变"[①];"交通建设平台的投融资作为重要补充,融合了政府公共财政与企业投融资两个方面。"[②]范围上涵盖公路、铁路、航空、航运等几乎所有形态的交通基础设施建设。

在改革进入深水区之前,"特定交通企业所开展的项目建设的投融资逻辑较为直观,以企业组织作为公共财政出资的承载主体,抑或以未来建成项目稳定收益作为保障吸引非公共资本参与投入。"[③]上述项目投融资模式的逻辑,"主要是依赖于相应政府公共财政充盈,以及作为融资担保的在建项目未来收益可预期性,尤其是后者一般建立在拟建设项目的相对短缺性上,因通行产品相对稀缺,造成对未来通行流量的积极预期。"[④]但随着改革开放渐趋深入,"新建项目的短缺性逐步降低,从'低成本、高流量'转向'高成本、低流量',项目对于社会资本的吸引力趋于衰减;"[⑤]结合交通基础设施投资规模大、回收周期长的特征,公共财政对于交通企业支持力度有时会显得捉襟见肘。因此,"改变方式激励传统的商业银行和政策性银行等传统融资渠道拓宽投资来源,且在市场化条件下供给准公共产品,已成为交通企业面临的重要挑战。"

一方面,"国务院在现代综合交通运输体系的发展规划持续发力,铁路和公路投资的存量和增量不断扩大。"[⑥]随着铁路和公路网络建设成为相当数量交通投资企业的工作重点,优化与相应政府合资铁路建设企业融资能力,已成了全新议题。考虑中国不同区域在地理特征、地区发展、设施需求等方面存在显著差异,提升特定交通企业主干项目融资能力,理应被纳入企业自身现代化转型中加以讨论;同时,兼顾国防安全、民生需求和经济效益平衡之间引入社会资本参与项目建设,并保障项目建设质量和权属风险全程可控,也是不可忽视的重要风险认知维度。

另一方面,考虑路桥主业通行流量增长放缓,铁路项目盈利周期漫长的现实,在合理

① 周国光.中国公路建设投融资体制思考[J].社会科学家,2011,8.
② 周国光,卫静.中国公路投融资体制改革探索[J].经济问题探索,2009,6.
③ 贺琼.交通基础设施投融资方式及管理创新研究[J].武汉大学学报(社会科学版),2001,4.
④ 戴东昌,徐丽.收费公路的融资之道[J].中国公路,2002,14.
⑤ 刘瑞波.我国高速公路融资方式的局限性及其创新[J].财经问题研究,2005,11.
⑥ 参见中华人民共和国国务院《"十三五"现代综合交通运输体系发展规划》.

把控建设投资成本前提下,增加交通延伸产业投资收益,成为了与企业现代化转型相统合的关键问题。中国交通企业在交通延伸行业所布局投资项目,可以分为"域内"和"域外"两个维度。其中,"域外投资主要集中在'抱团'实施建成项目收购,通过持有股权获取相应项目持续现金流;"[①]域内投资更具多元化特征,涵盖风险投资、股权投资、项目投资及金融租赁等投资实践,法律风险集中体现在此类实践。此外,相当数量的交通企业还建立了财务公司,用以协调企业内部成员单位资金调配及融资需求。

一般来说,中国相当数量的交通企业通过设立投资实体等形式,开展股权和项目投资。其中,股权的"直接投资"主要集中在盈利前景好、现金流充裕的金融机构,较为关注能够通过股权投资谋取董事会席位;同时,通过创设和参与投资基金,交通企业对地产、医疗、教育、金融等行业也进行"间接投资",主要通过获取基金分红形式实现盈利。[②] 当然,基于交通企业的国有控股或参股这一产权特征,这类企业在探索间接风险投资的业务上更为审慎。基于此,交通企业的投资尚处于风险投资的初步阶段,投资之前都会提高风险评估门槛,测量实施风险投资的可行性和安全性。对于涉足风险投资的相关企业,投资前项目评估、投资后跟进管理、投资后资本退出,均可能面临较大风险与责任。此外,相当数量交通企业通过介入金融租赁业务,拓展了交通投资的延伸业务内涵,并通过投资经营金融租赁产业,探索国有产权引入社会资本与基于延伸产业获取投资利润的深度融合。

基于上述逻辑,交通企业的投资与融资存在内生性联系,作为域内交通基础设施建设的筹资和出资主体,各交通企业在融资实践上面临较大压力,作为融资业务重要支撑的投资业务在具有较大增长潜力同时,也存在相当之大的风险性,实践中也是问责的重灾区,值得高度关注。

第三节　招标与投标

一般而言,"交通企业的核心业务在于铁路、公路、桥梁、港口等交通基础设施的建营,以及代表政府承担投资主体职责。因此,招标对交通企业的重要性明显高于投标。"[③]加之采购与招标的内在联系,本部分将聚焦交通企业体系内的"招标和采购"风险。

交通企业往往是当地资产体量较大的国企,其招标和采购风险与体量和产权的这一特性紧密联系。因此,讨论投标和采购风险不应逸脱国企市场化转型的背景。实际上,相当比例的交通企业历史不长,往往具有交通建设投融资资源的重新整合职能。[④] 这种"重

---

① 梁将.中国企业海外资源性投资损失原因探析及对策[J].亚太经济,2012,1.
② 此类直接投标的通常指向体量大、现金流充裕、盈利能力强、商业模式成熟的大型企业,通过较大资本投入谋求获得目标企业董事会席位,进而保障一定话语权。
③ 康玮.高速公路工程施工招投标的现状分析及对策研究[J].工程建设与设计,2017,1.
④ 基于经验证据,中国现阶段体量入围前15位的省级交通基础设施投融资平台企业基本成立于2000年后,在很大程度上,是在持续国有企业改革大背景下,系各省在集中整合交通基础设施投融资资源的产物。

整为交通企业在形式上搭建起完整的现代企业的框架,但'工具理性'基础上的治理形式移植,只是为交通企业装备了现代性的外观,传承于计划经济的传统经营思维内核并未被完全取代。"①由此催生出一系列难题,交通企业的招标和采购风险便是其中之一。内嵌于现代企业治理形式上的传统经营思维集中体现在过度依赖"甲方"优势地位,供应商信息化系统管理缺位,招标停留于"外观主义"审查,以及招标环节的权利义务认知不清晰等方面。

基于此,下面论述将结合交通企业的经营实践,聚焦于围标串标、拆分标的规避招标、供应商评价缺位、供应商管理机制不足等关键议题。

一、围标、串标风险

围标、串标风险,主要是指"投标人基于各项不合规途径和手段,在特定投标项目的竞争中获得不当优势。"②具体而言,围标是指围标组织者对所有或绝大多数投标参与者的报价方案进行控制或调整而中标的违规行为;串标则是主要涵盖投标方通过与发标方、投标代理机构、部分投标方等主体中的一个或数个进行不正当串通而获得中标资格的违规行为。一言概之,"围标和串标的实践都是建立在复杂的利益链条上,涉及招标人、招代机构、评标人、围标人、串标人、被挂靠人、付押人等投招标过程中的诸多利益相关方,展现了他们之间复杂的利益协调和串联博弈。"③

结合围标与串标的目标共同性和实践多样性,串标与围标间往往不存在严格界限,能够相互转化。基于经验证据,中国交通企业易遭遇的串围标风险主要体现为四类:① 交通企业的招标工作人员为了追求非法利益,与投标人进行的违规串联;② 交投集团总部为了对控股、参股企业经营的倾斜性扶持,对参与投标的关联企业的特殊关照;③ 特定的投标方凭借与剩余全部或绝大多数投标方的利益协调,达到中标的目标,具有较强的隐蔽性;④ 投标方借助于招标中介机构、挂靠方、其他投标方之间的协调,不正当地获取投标资质。上述串标、围标风险的形成,不仅与串围标过程中勾连的隐蔽性和多样性密切联系,更与招标监督制衡机制的不完善显著相关,部分又是由于交通企业缺乏市场化的锤炼所致。

为了有效应对串标、围标的风险,构建全面串围标风险防范框架理应从监管、激励、惩处等关键要素入手。需要在交通企业体系内全面推动市场化改革,通过逐渐消除内部倾斜支持,提升控参股企业市场竞争力,进而消除母公司与子企业之间的不合规现象;需要在招标过程中严格规范工作流程,降低因流程短板所致违规发生概率,规范对投标方资质审核,增强对隐蔽问题挖掘深度;需要规范对招标中介机构的使用,建立供应商的动态评价机制,对不合格的中介机构及时终止合作,并设置暂停合作的时长标准;需要增强对招标条线雇员监管,完善违法违规操作惩处机制,营造交通企业招投标业务的合规氛围。

① 蔡爱民.工程招投标中不正当竞争行为及原因探讨[J].现代商贸工业,2016,11.
② 程铁信,刘文涛,王朝阳,等.工程招标中的围标串标预警模型研究[J].天津大学学报(社会科学版),2018,1.
③ 周其明,任宏."围标"经济行为分析[J].土木工程学报,2005,7.

二、规避招标风险

与串标、围标风险相比,"规避招标的风险展现的是招标采购工作面对挑战的另一重要侧面。"[①]即不仅存在诸多正面接战的非法策略,而且"暗度陈仓"式的违规操作同样不容忽视。随着经济和社会发展,基于解决招标规避问题而构建的规则体系日趋完善,为规避招标这一风险的全面规制提供了基础框架。比如,国家发改委最新发布的《必须招标的工程项目规定》:"对于施工单项合同预估总价在达到 400 万元、重要设备、材料等货物采购单项合同预估总额达到 200 万元、设计、监理服务采购单项合同总额达到 100 万元,规定必须启动招标程序。"[②]而依据《招投标法》第 4 条规定:"任何单位和个人不得将依法必须进行招标的项目化整为零,抑或以其他任何方式规避招标。"

根据交通企业的管理经营实践,不少交通企业在养护维修、货物采购、改建扩建等重点领域,借助于拆分合同、压低合同预算、界定技术特殊性等手段,规避招标的现象仍然较为普遍存在。① 合同拆分式的规避,广泛存在于工程施工、货物采购和服务购买等项目分类中,主要体现为:将单一建设施工项目拆分为低于强制招标金额之若干子项目;将全年备品备件采购清单拆分为分季度进行的阶段性购买;将特定养护服务拆分为若干碎片化短期养护合同等。② 压低合同预算的操作,则与后续的项目预算调整等变更紧密联系。比如,在年初以 A 总价($A < 200$)向 B 企业定向采购路桥养护易耗品备件,又在年中通过调整预算追加 B 金额($A + B > 200$),通过形式变换绕开了公开招标环节,具有较强的违法隐蔽性。③ 界定技术特殊性,主要指向因特定种类供应商数量有限、产品具有高技术壁垒等,导致的竞争性谈判、单一来源采购等情形。

为了应对上述细化的风险,需要"从审计监督、合同监管、专业审查等维度加以审慎应对。"[③]包括:充分利用内外部审计功能,对潜在的员工寻租或操作违规进行约束监督,并将审计问题与纪检督察部门联通,提升规避招标违规成本;在交通企业体系内推进合同信息化管理,基于关键流程节点设置与合同抽查比对,对近似种类采购合同不仅进行形式审查,严格采取实质审查,通过严格监督降低该风险发生概率;对于专业技术性较强的单一来源采购、竞争性谈判等评估结果,尝试引入第三方机构复核机制,降低浑水摸鱼可能性;结合交投产业经营特点,应正视单一来源采购、邀请投标、竞争性谈判等在特种设备采购等情境中的正当性,不宜"一刀切"致使正常运营受到影响。

三、招标流程管理相关风险

对交通企业而言,"招标采购不是一个孤立环节,而是形成了闭环的逻辑链条。因而,

① 惠国辉,王学东.代建制模式下政府投资项目招标风险及规避[J].辽宁工程技术大学学报(社会科学版),2008,3.
② 参见国家发改委依据《中华人民共和国招投标法》第 3 条制定的《必须招标的工程项目规定》,该规定已于 2018 年 6 月 1 日期施行。
③ 刘建美.公路施工企业项目成本管理的对策措施[J].辽宁交通科技,2009,5.

实施招标与组织投标仅是流程的开端,后续流程涉及中标方确定、合同订立、合同履行、供应商评估与管理等关键议题,与全周期合同流程管理、供应商管理体系构建等工作相互交叉。"①中国交通企业在遭遇串围标困境和招标规避风险的同时,还普遍存在招标后续管理不足、供应商管理评估机制缺失等短板,使得其在招标采购链条的两端均遭遇挑战。

"涉及招标采购全流程管理风险,主要涵盖'供应商管理'和'合同管理'两大维度。"②基于合同管理实践与招标采购工作的深度嵌套,招标采购后端的风险在合同维度上,又主要体现为合同要素完备性和合同履约保障问题。① 合同要素完备性风险,主要体现在日常养护、应急抢修等常规情境中大宗备品备件采购合同中品类、单价、数量、期限等关键要素缺失,导致特定合同不满足合同成立基本要件。② 合同履约保障风险,主要是基于完成了中标和合同订立等流程后,合同相对方的资质、信用、负债等关键要素始终处于动态变化,对此缺少履约能力的动态跟进与评估。

相较之下,与招标采购相关的供应商管理体系更具独立性,主要体现在供应商评价交流机制建设和续签时长设置上。① 供应商评价交流风险,主要体现在特定交通企业内供应商评价制度化程度不足,以及特定交通行业体系内缺乏供应商评价数据交流机制。上述风险是由于交通企业对供应商缺乏统一的客观评价标准所致,交通企业内的不同控参股单位各自供应商评价数据缺少流动也是重要原因。② 中标后特定供应商续签管理,不同交通企业之间的实践差异较大,且特定交通体系内不同企业间在供应商续签次数、时长等要素上存在较大差异。

基于上述讨论,为了有效防控此类风险,需要在合同相对方的履约能力评估、供应商客观评价和供应商管理标准化等关键节点上寻找破解之道。① 把控采购合同关键要素,避免基本要件缺失所致的合同难以成立,且在合同履行过程中严格规范相对方履约能力监测评估机制,在评估实践中加入对供应商重大经营和股权变动数据追踪和预警。② 在交投体系内探索建立健全横向和纵向"矩阵化"供应商负面清单交流机制,以减轻不合格供应商可能造成的各类风险。③ 基于探索降低交易成本和压缩经营风险间的平衡,对于特定供应商的使用总时长设置适度弹性,同时,基于优化供应商续签实践管理规则,对于不同种类、不同评级供应商进一步设置适度差异化的续签标准。

第四节　合同全周期管理

基于法经济学经典理论,"企业本身是一系列合同的联结,通过系统内化企业组织与员工、股东、经营者、债权人、供应商等利益相关方间合同关系而形成商业经营实体,并通

---

①　周佩.企业物资采购招投标管理研究[J].社会科学家,2012,12.
②　田磊.公路工程建设项目物资管理信息化思考[J].设备管理与维修,2015,S2.

过内化生产经营活动来有效降低交易成本。"①作为准公共产品供给方的交通企业,建立并保障全周期合同风险管理体系,是全面防控法律风险最具优先级的内容之一。

一、多层面的合同风险认知

鉴于交通企业的体量和业务特征,建立和健全全周期合同管理体系的必要性和迫切性毋庸赘言。"全周期合同管理体系的构建是一项系统工程,在业务流程上,涉及合同的立项、起草、审查、修改、批准、履行、纠纷救济、维护等关键要素;在时间跨度上,涵盖合同订立前、合同签订后、合同履行中、合同履行后等基础阶段。"②基于交通企业现代企业治理形式与滞后企业经营理念的内生性冲突,现阶段各级交通企业在合同管理工作中普遍具有较大的优化空间,具体表现为其合同管理全链条的管理机制、管理组织、管理技术等环节上均存在显著风险。

(一)制度实践层面的合同风险

制度类风险主要由现有制度规范执行缺陷,以及部分关键议题防范机制内生性和制度化程度不足造成,集中体现在公司决策制度、合同管控制度、信息化建设及企业改革试验等议题风险防控上存在较大可优化空间。③ 在上述风险点中,以合同管控制度、企业改革试验和信息化建设进度最为突出。① 对于合同管控议题,合同审查实践、合同变更审批、网签合同复审、合同专用章使用、风险防控人员专业化、外部法律咨询服务供应制度化等业务实践都存在一定风险。② 围绕企业改革试验,相当比例交通企业在落地企业管理层配股试验中,遭遇国有资产流失和经营者有效激励冲突的双重困境。③ 面对企业信息化建设,各级交通企业在风险防范配套信息化建设上相对滞后,相当比例控参股单位仍旧采用线下合同管理体系,不利于法律和内控风险的追溯和有效监管。

(二)监督管理层面的合同风险

管理类风险主要由风险防控实施技术路径和认知深度不足产生,主要体现在合同管理机制、工程质量保障、合同履行保障等关键领域效益有待提升上。④ 在本类风险点中,以合同履约保障与合同管理效益维护最为关键。① 围绕合同管理效益维护,合同管理主体分散化和多元化困境的突破、合同专用章有效掌控、合同台账的及时更新都存在相应阻

---

① Richard A Posner. Ronald Coase and Methodology[J]. Journal of Economic Perspectives,1993,4;Charles WL. Hill,Thomas M Jones. Stakeholder-Agency Theory[J]. Journal of management studies,1992,2;Patrick McColgan. Agency Theory and Corporate Governance:A Review of the Literature from a UK Perspective[J]. Department of Accounting and Finance Working Paper,2001,6.

② 陈通,任明,宫立新.企业合同管理风险辨识及评价研究[J].西北农林科技大学学报(社会科学版),2007,1.

③ 基于田野调查,此类风险主要指向交通投融资企业制度化和标准化工作的有待完善。虽然在经济改革大潮中,国有企业初步建立起现代公司治理外观,在非物质内核上完全移除原有计划经济思维的深刻影响仍需持续深入努力。以法律风险防范制度化为例,相当比例制度已经建立,但需进一步细化更新。

④ 本类风险主要指向需要全程性把控的相关工作如合同履行、质量监管、合同全程管理等重要事项在阶段性事项完成后出现松懈与断裂,进而导致后续衔接追踪成本的急剧上升,更加导致风险防控效率的显著下降。此类风险主要有两方面成因,即技术因素和认知因素,交通企业在信息化升级上有待进一步优化,同时在各层级人员认知上有待提升。

碍。② 围绕合同履行保障,现阶段的交通企业甲方优势地位对合同有效履行的影响显著大于履约保证金机制本身,履约保证金的收取、票据开具、返还程序等技术性实施路径,与合同签订后相应企业系统对于合同相对方履约能力动态评估缺失,可谓是合同履行保障乃至监管维度关键痛点。③ 工程质量保障则是交通基础设施投资企业在国家相关规范调整后,必须面对的另一个棘手问题,由于现行 3‰ 比例质保金在工程款项总规模中占比过低,如何在不依赖甲方优势地位的情形下对乙方的工程维护责任实现有限制衡,必然成为工程质量保障领域的难题。

(三) 文本条款层面的合同风险

该类风险主要是对法律法规和官方规范动态性跟进滞后,以及与员工对法律条文和合同条款重视度严重不足等原因导致,突出体现在合同文本失范、合同基本要素缺失、商业开发运营风险高企等议题中。① ① 围绕合同基本要素缺失和文本失范,敞口合同不满足合同基本成立要件、合同条款约定纠纷解决方式单一、合同条文可能触犯新修商业规范、合同文本移交保管实践制度不完善等现实短板发生频次和概率较高。② 对于服务区相关运营风险,交通设施沿线广告投放真实性存疑、商业食品安全保障、时令性商品浮动价格管控机制、房屋转租风险规避、合同预期违约等一系列关键实践困境有待突破。

结合行业特性和历史影响,交通企业的经营运行,以及政府机构、债权人、股东、供应商等关键利益相关方,都是处在以"甲方优势地位"为中心形成的稳定封闭系统中,市场化资源配置机制在上述系统中相对缺乏,削弱了交通企业识别防范合同风险现实,亟需刺激与建构企业全周期合同管理系统的内生驱动力量。一方面,以实现与特定交通企业建立长期稳定合作为前提的合同相对方,在合同争议和分歧中往往倾向于配合协商,以利于相应争议的化解。② 另一方面,除在交通企业占比较少的上市企业等控参股实体,各级交通主体参与完全市场化竞争的程度较弱,当前此类企业正进入转型深水区,企业经营受市场化资源配置的影响处在迅速上升期,企业合同风险把控思维明显滞后。③ 随着交通企业持续深入融入对内改革和对外开放,国有企业在转型发展过程中参与市场化竞争持续深入,势必将倒逼各级行政区划内的交通基础设施投融资平台在合同管理原则、机制、组织架构、意识观念、技术配套、救济体系等维度系统识别风险,并以此为依据建立起应对体系。

二、全周期合同管理体系构建原则

基于上述讨论,交通企业在全周期合同管理标准化体系建设上,需要围绕事前性、动

---

① 相较之下,本类风险则主要指向合同内容本身短板所造成风险。此类风险源自一线员工风险防范意识与基本法律素能不足,即在风险防范认知和技能两个维度的亟待提升。

② 基于田野调查,交通投融资平台企业与员工、债权人、供应商、政府等大多数利益相关方建立了较为长期稳固的互动关系,法律纠纷发生概率较大,但在现阶段往往能够依靠交通企业集团所积累的传统强势地位加以化解和控制。

③ 交通投融资平台企业所处行业由于体量巨大、资金密集、涉及准公共产品供给,日常经营尚未处于完全市场竞争环境中,属于国有企业改革中市场化程度相对靠后领域。缺乏有效市场竞争进而导致交通企业在风险防控认知上存在潜在短板。

态性、制约性三个原则展开。

第一，渐进以事前的"严格性"预防和风险评估替代事后的法律救济。重点是以进一步规范集团总部及其控参股单位的合同基本管理制度和管理实践为核心，明确"立项—审核—批准—履行"的衔接程序性机制，规范合同变更、审查、审批等。同时，严把合同提前履约关口，切实遵循"先签约，后履行"的原则，通过事前合同条款审慎设计，将各类风险发生概率降至较低水平；同时"围绕模拟推演合同的风险，建立起系列的应急预案，力求在第一时间响应各类可预见的风险。"①

第二，同步在合同管理思维和实践两个维度中推进"动态性"原则落地。② 加速改善合同签订前后精力投放失衡现状，在意识和执行中增强对合同履行阶段的重视度。以合同相对方履约能力的动态监测与评估为核心，基于公司常规经营、股权变动等信息的披露和综合评估，设立履约能力评估模型和预警标准，尤其是以信息的持续追踪和动态监测替代静态采集和评价，充分识别和运用以"公司经营异常、股权关系变动、财务账期异常波动"等为代表的预警信息，结合事前合同风险推演和预防，以逐步扭转"重签约，轻履行"的传统实践倾向。

第三，围绕"制约性"原则合理构建权力结构和权力阈值。通过设置监督和制衡机制将每项合同管理赋值在合理可控范围内，力求避免权力的畸轻畸重及监管缺位，以实现合同立项、审核、批准权力在健康区间内行使。③ 清晰界定合同审核、合同审查和合同批准的权力边界，规范特定合同种类的承办部门和参与部门。在路桥单位合同管理实践中，以制度明确合同归口部门、扎口部门以及归档和督导部门，以明确分管职责和权力界限为切入点，优化权力行使和风险防范间的平衡。

三、合同的合法合规性审查管理

合法合规性审查管理，既包括合同管理的基本制度和其他制度，又覆盖合同的重大失误问责追究制度。

(一) 合同管理基本制度

"立项"，妥善实施尽职调查和项目评估，围绕风险识别全面论证项目可行性，必要时借助第三方专家智识和实务经验开展论证，在项目可行性与合同风险性间探索最优平衡点。"审核"，细致区分合同形式性变更和实质性变更，特别是增强对实质性变更的审核，通过特定业务对口部门的深度介入合理评估合同风险；同时，加速专职法务岗位及团队建设，通过构建制度化法律工作体系持续提升法务工作。"批准"，就是合理划定相应业务部门负责人的合同审核和合同审批职权边界，并在公司管理层保障公司经营效率与规避决

---

① Reiner Kraakman, John Armour and Paul Davies. The Anatomy of Corporate Law: A Comparative and Functional Approach[M]. Oxford University Press, 2009: 36 - 45.

② 动态性原则指向全程性工作应有始有终，阶段性事项完成不应成为松懈之起点，对利益相关方之动态变化应事先动态监测，以期实现对潜在风险有效防范。

③ 此原则指向全周期合同管理体系应合理适当，不应畸轻畸重，而应以能够有效管控权力滥用与防范风险为尺度。

策风险之间妥善寻求平衡,合理利用内部规则章程提升决策效益;此外,科学开展招标培训,增强一线员工对招标相关工作的准确认知和实践。"履行",主要是建立合同订立阶段与合同动态跟进区间的有效连接,建立合法合规审查、履行风险识别评估、风险集成预警间的有机均衡;逐步提升路桥单位过往对合同履行动态跟进的关注度,尤其是通过构建全生命周期合同管理的规则和意识,推动路桥单位员工的规范化合同管理实践。

(二) 合同管理其他制度

主要包括:合同归口管理(根据不同的业务板块,确定合同的主办单位和参与单位)、合同授权委托(防止授权不明、离职授权释明、防止表见代理等)、合同审查(内容、权限、流程)、合同会签和审批(业务部门、法务和审计部门、主管领导、根据权限报总经理和董事长批准)、合同专用章管理、合同监督检查(主体、程序、内容)、合同台账及统计报表(信息化及适时跟进)、合同归档等一系列制度。

1. 合同归口管理

根据交通企业及其控参股单位不同业务板块,确定合同主办部门和参与单位。增强一线业务部门的法律风险全生命周期防范管理意识和识别能力,同时提升法务工作部门对于专门化业务知识的掌握和运用,双向提升合同归口管理专业化程度,确立不同业务板块特定合同种类涉及主办与参与规则。适当减少合同归口管理部门,渐进式推进专业合同归口部门建设,提升合同材料核对效率,增强交通控股体系在合同归口管理间的横向及纵向交流。

2. 合同授权委托

依据交通企业的合同管理实践,合理确立公司的管理层及各层级员工在合同上的分级授权机制,界定授权形式、对象、范围、事项、权限,确保意思表示准确清晰,防止出现授权不明。依据事前性原则全面识别授权衍生风险、编制授权规范,并通过授权管理实践动态修订现有规则。对于岗位变动及离职员工进行充分授权释明,对可能涉及的商业秘密、知识产权议题、渠道资源数据实施事前约定,初步构建离职授权释明流程,合理降低因授权释明不清晰造成的合同纠纷。建立员工解聘和供应商代理解除通告机制,以及妥善建立公司证照印章保管机制,防止发生表见代理等。

3. 合同审查

基于形式性审查和实质性审查的明确界定,交通企业合同审查制度的重点,应围绕审查内容、权限和流程展开。合同实质性审查应着力加强,合同标的、合同条款、合同条款公平性等内容应列为审查重点,其实施优先级应在形式性审查之前。同时,合同审查权限应在现有合同管理规范的基础上动态优化,尤其应着力定义合同审批与合同审查之间的边界,在合同管理全生命周期体系中突出体现约束性原则。此外,在开展上述工作基础上编制标准化合同审核流程,还要对合同变更后审查流程的规则予以考量,有效规避潜在的合同风险。

4. 合同会签和审批

该制度的构建体现在内部和外部会签两个层面,以内部跨部门对特定工作协作审议为主,以外部律师或法律顾问提出补充性意见为辅,基于会签的合同审核实践为合同审批提供决策基础。将内部合同会签作为不同业务条线围绕特定合同事务协调分工的基础,串联法务和审计部门与一线业务部门,有效增强职能部门与一线业务部门的横向沟通。同时,借助外部律师和法律顾问在特定领域的专门化知识,对疑难问题引入外部咨询评估,打造内部和外部合同管理全生命周期的闭环。基于上述实践逻辑制度化风路桥单位内部分管领导决策依据和审批权限,同时确立总经理/董事长审批权限触发条件。

5. 合同专用章管理

合同专用章管理制度的构建主要围绕合专用章保管和合同专用章使用维度展开,核心是合同章本身的保管机制和用印流程的设计。对于合同章的保管,应渐进地设置机要秘书岗,将合同章保管职能专职化和制度化,增强法律部门对合同章保存的监管,健全内部横向监督机制,对可能存在的印章保管风险及时预警。对于合同章的使用,则应严格执行合同用印和签字并行制度,即合同经办部门负责人在用印前应在合同底页完成签字确认。同时,建立健全合同副本留存制度,即对应拟用印合同严格留存合同副本以备核验,合同副本应认真核对内容、严格签字并加盖合同章。

6. 合同监督监察

以平面化矩阵思维,推动交通企业的纵向体系监督,以及横向监察实施。在单位内部探索以审计和法务为监督主体的全生命周期合同管理机制,通过风险内控督促不同类型的合同归口管理,增强一线业务部门合同风险识别和管控敏感度。同时,以交通企业的审计和法务部门为切入点,增强体系内单位合同监察实践的常态化交流机制,清晰界定合同监督监管工作的主体、程序、内容。基于上述思路着力加强对合同实质性审查的监督监管强度,依托矩阵化思路编制合同监督监管的标准化流程。

7. 合同台账及统计报表、合同归档

重点是缩短合同台账更新周期、制作合同统计报表、归档各类业务合同等,尤其是利用信息化手段和数据库管理思路及适时跟进合同统计报表,作为合同监督监管的重要依据。比如,适当缩短合同信息更新周期,按季度开展合同收集与台账更新工作,适度兼顾财务账期的影响,缩短合同信息更新周期。同时,建立健全合同归档标准化流程,设置专人专岗定期牵头开展合同台账更新、文本整理和材料归档工作,提高对变更审批单、用印审批单、线上审批流程等附件的重视度,强调对合同原件的核对监管。

(三) 合同重大失误追究制度

在基本管理制度和一系列配套机制之外,还须着力建设"为合同履行提供兜底保障的合同重大失误追究制度,主要包括问责、容错、刑事追责等项目"。①

1. 探索建立容错机制

"对于合同重大失误建立容错机制,在责任界定、责任追究和激励保障之间寻求动态

---

① 余书金,沈红波."公错私罪"的认定与处理[J].江汉大学学报 (社会科学版),2015,6.

均衡,以制度化责任降低重大系统性合同风险,同时合理保障单位相关员工积极性。"[1]在责任追溯实践中,合理发挥纪检、监察、审计等部门联合调研的优势,必要时征询第三方专家意见,坚持正当程序和客观评估。

2. 严格问责,认真贯彻刑事追责

"对于合同重大失误严格实施问责机制,区分特定责任主体,科学划定承担比重,以制度性处罚呈现问责机制的'儆戒效应';对于超越公司章程规范触发犯罪底线的合同重大失误,予以刑事追责。"[2]为此,需要加强交通企业内部纪检、监察、审计、法务、总经理办公会议等机构协作,配合相关部门查明事实、理清证据,遵循罪刑法定原则,保障公平正义。

四、合同审查流程的建立

合同审查流程是合同风险全周期防控的核心,也是标准化体系构建的关键。其流程设计应遵循简洁性、层级性、反馈性与时效性融合,且应兼顾业务流程多元化形态及相应特点,更好把控流程的精准度。[3] 同时,应立足上级领导越级指挥、联合审查审慎使用、合同修改的程序重启与复核等审查流程难点设计预防体系。

(一)流程设计原则

交通企业合同审查流程的建立健全,应在"立足于现有规范与实践基础上突出信息化和标准化路径,结合现有办公系统信息化平台开发和工作流程,"[4]进行制度化的探索。同时,以实现简洁性、层级性、反馈性、时效性为核心原则,在办公系统底层架构建和工作标准流程设计上平行展开。以审查界面简洁为基础,以精准层级构建为保障,以提升合同审查效率为核心,以确立及时反馈机制为导向。在总部及控参股单位合同审查实践中,着力保障特定业务审查效率、特定层级审查和审批界定、合同变更审查实时反馈间的效益平衡。

(二)提升流程设计精准度

交通企业合同审查流程设计,应建立在将路桥运维、维护抢修、商业开发、投资融资、招标采购等不同业务模块特定纳入全面评估的基础上,围绕工程建设合同、服务合同、租赁合同等主要合同类别对应,设计专有的合同审查流程,着力预防运维易耗品采购、房屋租赁、服务供给、工程发包、政府关系维护等交通企业主营业务相关合同风险点。[5]

(三)流程难点预防

交通企业合同审查流程设计,还应着重关注对流程执行难点的预防,流程难点主要体现在上级领导越级指挥、联合审查过度使用、合同修改程序失范等维度上,控制和预

---

①   洪向华.为什么要同时强调问责与容错[J].人民论坛,2017,26.
②   陈晓华.国有企业法律规制与政治规制:从竞争到融合[J].法学评论,2019,6.
③   合同审查设计流程的基础在于制度化与标准化提升,即工作流程制度化推进技术因素认知要素的提升。
④   陶光辉.法务视角下合同审查的"流程再造"[J].法人,2018,4.
⑤   提升流程设计精准度应以提升利益相关方保护为切入点,推进对顾客、政府、供应商、债权人、合同相对方等关键利益的关注。

防流程难点的重心,应放置在对人为干预既定程序、合同变更审查程序缺失等非制度性因素的应对上。① 严格使用规则,通过既有规范制约上级领导对合同审查的非制度性干预;在注重风险预防同时强调合同审查效率,不为围绕合同风险排除而滥用联合审查机制;在实践中着力修改变更合同的自始审查,坚决排除自合同修改变更部门中途开始的流程审核。

第五节　商业秘密与知识产权

国内大多数交通企业历史不长,以省级交通企业为例,相当部分企业仅有十数年发展历程。企业历史相对短暂与统计口径有关,习惯上往往仅将企业使用现有名称的历史作为计算依据。倘若"将企业赖以组建的相关历史基底纳入考量,企业历史通常会明显增加,但是,可能又会产生商业品牌建设、知识产权保护等问题上的复杂性"。②

广义上的知识产权保护复杂性主要体现在两个方面。一方面,以现代企业组织形式开展经营的交通企业,大概率沿袭了其前身具有保守色彩的理念内核,可能导致对知识产权和商业秘密保护问题缺乏足够关注。简而言之,包括一线员工、管理者和决策层在内各层级人员,可能受到现代治理架构与旧有治理思维内生性冲突的影响,对于商业秘密与知识产权缺乏足够保护意识。

另一方面,考虑到特定交通企业可能吸纳其前身主体有关品牌、商标、主业相关技术专利等资产,此类资产可能因为技术迭代,为延续性的保护带来风险与挑战。既可能给厘清现有知识产权家底带来阻碍,也可能因品牌或商标的不审慎使用而招致法律风险。例如,某交通企业在 20 世纪 90 年代所拥有商标仅具有一类注册使用范围,随着时间推移,该商标实际已可扩展至更广范围,但实践中并未扩展变更,且在事实使用中已涵盖不受保护的注册范围,则此类使用实践极易导致第三方抢注商标产生侵权纠纷。

全周期合同管理体系的建立是实现商业秘密系统保护的重要基础。③ 国内交通企业合同管理现状普遍欠佳,前述已有较为详尽论述。合同全周期管理系统的信息化缺位,以及合同执行后的制度化维护不足,都给依托合同管理的商业秘密保护设置了现实阻碍。知识产权保护较之商业秘密的情形更为复杂,知识产权有效保护更加依赖于对著作权、发明专利等要素实现系统管理。此外,相当比例的交通企业对道路桥梁养护技术等核心知识产权要素,仍然缺乏整体性的商业价值和战略重要性的关注。因此,交通企业在商业秘密和知识产权保护方面普遍存在较大改进空间。

---

① 合同审查流程设计中,流程难点预防应是合同管理制度化优化的有机延展,仍应将提升制度化与预防非制度性干扰作为重中之重。

② 段瑞春.国有企业知识产权保护的战略应对[J].中国软科学,2003,7.

③ 商业秘密保护与竞业禁止及合同管理等问题密切联系,参见李永明.竞业禁止的若干问题[J].法学研究,2002,5;桂菊平.竞业禁止若干法律问题研究[J].法商研究,2001,1.

基于国内交通企业实践,相当比例的交通企业在面向一线人员、公司高管、技术骨干等各层级员工的劳动合同中,普遍缺少"竞业禁止与保密条款",导致可能因员工流动而损害企业商业秘密。同时,合同维护归档在同一交通企业体系内部,普遍尚未实现制度化统一,合同归口部门和责任岗位呈现多元化特征,不利于建立纵向指导和横向监督机制,明显增加商业秘密泄露的概率。基于上述分析,交通企业的商业秘密有效保护关键在于,建立优化全周期合同管理体系与提升合同管理信息化水平,在实现全流程关键节点把控的同时,确立起全程留痕实践机制,有效降低商业秘密侵权的可能性。

知识产权保护的实践更具系统性和复杂性。鉴于国内交通企业的主干业务聚焦于公路、桥梁、铁路等交通基础设施建设投资与运营维护,道路桥梁养护技术等专利类型在知识产权中占比较高,并以实用新型专利为主,余下知识产权中占比较大的则涵盖软件著作权等要素。上述知识产权类型通常未实现系统管理,普遍是由特定交通企业旗下的各个路桥单位零散对接,并用以申报和支撑特定类型行业资质、品牌建设及职称评定。

与商业秘密保护类似,同一交通企业体系内的不同控参股单位对接知识产权保护的组织架构、岗位设置、利用方向等均存在明显差异,知识产权维护的投入与管理产出之间明显失衡,日常经营中的知识产权相关风险集中显现,且交通企业对于知识产权侵权的救济与制衡存在明显短板。一方面,是对于潜在的知识产权侵权的评测能力极为有限,缺乏制度化渠道对潜在及进行中的知识产权侵权行为实施有效制约;另一方面,在品牌建设、业务推广、业务外包、招标采购等日常经营中,均可能触发知识产权风险,可能对企业经营效益产生不利影响。

值得关注的另一个特定问题是,基于交通企业的知识产权管理和保护专业性和系统性要求,交通企业在对外委托技术研发合同中往往强制约定,委托研发的知识产权强制性排他使用,但又由于该行业的委托技术研发的回报利润相对较薄,使得被委托方往往在交付成果时故意抽离核心技术,交付所谓的"技术研发成果"。这种核心成果的抽离实际上造成了被委托技术供应商与委托方之间的技术壁垒,且作为委托方的交通企业长此以往,将逐步丧失共享核心技术成果知识产权的可能性。

为了改善交通企业知识产权利用与保护现状,应"从优化管理体系、增强侵权保障和消除技术壁垒等关键维度加以应对。"[1]围绕优化管理体系,"应在特定交通体系内系统排摸和梳理企业总部及各成员企业所持有商标、专利和著作权等的详细信息,并基于形成交通体系知识产权条目数据库,渐进探索总部层面知识产权统一管理和调配"。[2] 对于增强侵权保障,则应从提升侵权预警和强化侵权后果入手:一方面,基于提升相应管理组织专

---

① 张鹏.国有企业知识产权管理体系建设"三部曲"[J].中国发明与专利,2019,10.
② 饶世权,陈家宏.论企业知识产权经营与管理效率提升的理论路径[J].科技管理研究,2017,9.

业性,定期跟进评估同业竞争方、委托开发方等关键主体侵权可能性;另一方面,增强知识产权管理团队与纠纷防范处置团队沟通互动,积极通过法律诉讼等手段实施救济。对于被委托方技术壁垒的消除,则主要调整委托开发产品知识产权归属策略,及时改变通过强制性条款排他性约定委托方独享开发成果知识产权。

第六节　侵　权　责　任

"1988 年,中国第一条高速公路沪嘉高速建成通车,这条全长仅 17 公里的城际高速标志着中国交通基础设施进入快车道。"[①]在给经济效益和社会效益带来显著提升的同时,随着通行流量日趋增长,"快速通行产品供给过程中所产生争议纠纷数量显著上升,路面桥面抛洒物所引起损害赔偿纠纷是其中的典型代表。"[②]在 1999 年以前,"基于道路产权性质、路面损害赔偿司法实践数量等多种因素,涵盖高速公路抛洒物争议在内的公路物件侵权案件多以人身损害赔偿纠纷、道路管理瑕疵纠纷等名义进行审理,路桥运营单位较少被判定直接承担赔偿责任。"[③]

一、中国高速公路侵权第一案

2000 年,随着南京禄口机场高速公路路面抛洒雨布,致使发生交通事故的人身损害赔偿纠纷一案终审宣判,此种情形被逐渐打破。南京中院以机场高速公路管理处违反合同义务为由,终审判令高速公路运营管理方对原告因使用高速公路通行产品而发生交通事故造成的损失承担民事赔偿责任。该案被收入当年《最高人民法院公报》第一期,在全国范围内产生显著影响,导致在相当长时间中全国范围内发生的路面抛洒物损害纠纷,多以路桥运营管理单位败诉告终。该案也因此被称为"中国高速公路侵权第一案"。[④] 回溯该案历史影响,主要体现在两方面。该案为特定时间内高速路桥运营主体与路面抛洒物所致人身财产权利受损人间纠纷设置了参考导向;同时,该案也揭示了路面桥面抛洒物所致损害纠纷案由在合同违约与损害侵权之间竞合。

随着高速公路网络初步形成,高速路桥界面与周围利益相关方的互动日趋频繁,加之中国公民权利意识逐渐增强,路桥运管单位与利益相关方之纠纷类型随之增多,从相对传统的路面抛洒物纠纷,扩展到行人损伤纠纷、噪声纠纷、污染物处置纠纷等诸多种类。基于上述逻辑,以下将以侵权与合同违约竞合关系讨论切入,基于讨论抛洒物损害纠纷,进而覆盖到行人损害纠纷、噪声污染纠纷等其他类型。

① 张奎鸿,张先梅.沪嘉高速公路简介[J].公路,1989,1.
② 陈广华,徐小锋.高速公路经营管理者安全保障义务研究[J].东南大学学报(哲学社会科学版),2012,S1.
③ 李贵文.公路部门的自我救赎——从公路物件侵权案件说起[J].中国公路,2012,14.
④ 范金国.老问题引发的新话题[J].中国公路,2012,12.

二、路面抛洒物损害纠纷中的侵权与违约责任竞合

基于高速公路准公共产品定位,其通过里程计费实现快速通行产品供给的特性,与作为纯公共产品的普通公路存在显著差异,高速公路使用者与其运营管理者之间存在通行服务合同关系。因此,除去普通公路也应承担的车辆通行安全保障义务外,高速路桥运营企业还应承担保障通行服务有效供应的责任,即还应履行确保高速公路安全畅通义务。值得注意的是,交通企业的路桥单位及时清除路面障碍物的职责,是基于衔接车辆通行安全保障义务与服务供给安全畅通义务所形成的闭环,且《公路养护技术规范》对路面障碍物之清扫作了明确规定:"各种路面应定期清扫,及时清扫杂物,以保持路面和环境的整洁。"

路面抛洒物是障碍物的重要组成种类。除此之外,还包括堆放物、遗弃物等类型。对路面堆放物而言,大概率为运营方在建设施工过程中所设置,因堆放物所致损害赔偿责任较为清晰,应视为违反安全保障义务的侵权责任。相较之下,"对路面抛洒物所引发损害赔偿责任的性质却存在争议,一种分析是将其定义为侵权责任,另一种则将其视为通行合同违约责任。"①对此,在路面抛洒物基本是由第三方车辆造成的认知前提下,特定车辆因路面抛洒物造成人身财产损害,存在两种解释路径。基于第一种路径,高速公路运营方所具有及时识别消除路面抛洒物以稳定供给安全通行服务的义务,乃是基于与受损方的合意,发生损害是由于合同履行不足的违约责任;保障安全通行义务则是基于法律设定,遭受损失乃是由于道路运营方未能充分尽到法定义务,因此,应视为侵权赔偿责任。

第二种路径逻辑具有部分差异,抛洒物所造成人员车辆损失连接两种法律关系,即第三方车辆控制者和受损车辆间的侵权关系,以及道路经营者和受损车辆之间的违约损害赔偿关系。受损车辆能够向道路运营方索赔的根本原因在于:产生抛洒物的第三方已经无从查找,道路运营者应基于《民法典》合同编继续履行或采取补救措施。在路桥运营单位提供赔偿后,道路运营者存在法理上的追偿可能性。

在司法实践和学理讨论中,围绕路面抛洒物损害赔偿责任定性均存在一定争论,并与路桥运营方是否应该承担赔偿责任交互。基于对司法实践的经验研究,"司法机关倾向于在判决中将路面抛洒物所致损害认定为侵权损害赔偿责任。"②

三、路面抛洒物损害赔偿纠纷

路面抛洒物种类繁多,包括但不限于金属、橡胶、矿物、塑料化纤、动植物组织等团块或残体,易于对大流量、高速度、窄界面、长延伸的高速路桥表面通行车辆造成较大损害,主要体现在交通事故和人员财产损伤上。基于相对方数量分类,路面抛洒物损害可主要

---

① 谢鸿飞.违约责任与侵权责任竞合理论的再构成[J].环球法律评论,2014,6.
② 杨会.论道路管理者侵权责任的承担[J].法学杂志,2019,2.

分为两类：一类体现为抛洒物仅对特定单车造成人身财产损失；另一类则体现在抛洒物所致多车交通事故及相应人身财产损害。

2004年，最高人民法院出台《关于审理人身损害赔偿案件适用法律若干问题的解释》，该司法解释吸收了南京机场高速损害赔偿案的内在逻辑。在此期间，各地法院基于路面抛洒物损害赔偿争议，判定路桥单位承担损害赔偿责任的比例显著提高，在一定程度上，交通企业为路面抛洒物所所致人身财产损害支付赔偿，已经成为业界常态。

2010年，《侵权责任法》落地，以及2011年《公路安全保护条例》的推出，相对明确形成了路面抛洒物相关人员的责任，2012年底实施的《关于审理道路交通事故损害赔偿案件适用法律若干问题的解释》，则又对高速路桥运营主体尽到养护清障义务的举证证明做了细化界定。基于此，路桥运营主体在路面抛洒物损害赔偿纠纷中，被判令担责"一边倒"的情形发生了改观，各地法院在审理此类案件过程中，开始更多综合考量洒落物细化情形、受损车辆驾驶员的自身责任，以及特定路桥运营主体保养清障义务履行情况等要素。在司法实践中，类案审理的结果逐渐呈现多元特征，不予支持诉讼请求、降低路桥运营主体担责比例等经验案例显著增多，使得交通企业及其路桥运营主体对于防控此类风险逐渐有迹可循。[①]

对路面抛洒物损害赔偿风险防范，需要建立在既有安全生产和风险防范体系的梳理优化上。首先，面对近年抛洒物损害赔偿诉讼数量持续上升趋势，在交通企业体系中建立法律纠纷应对体系是此类风险防范的基础路径，做到在发生纠纷时内部素能过硬、处置机制健全、外部支撑有力；其次，考虑到道路养护清障义务履行证明在纠纷审理中的关键作用，应在交通企业全系统内，严格按照相关法律法规和行业规范实施路面巡检并全程规范留痕，尤其应当重视夜间及恶劣天气下的充分尽责；最后，基于抛洒物来源，应严把入口关，立足收费站、电子道闸等设施设备加强人工巡检，对可能产生障碍物的车辆加以有效约束。

四、其他损害赔偿纠纷风险

随着高速路桥体系快速发展与通行沿线经济社会境况持续变迁，除路面抛洒物损害赔偿纠纷外，行人损害赔偿争议、噪声污染侵权、水体污染纠纷、农业生产侵权等一众纠纷风险逐渐显现，其中以行人损伤和噪声污染相对多发。

（一）行人损害赔偿争议

"与路桥表面抛洒物损害赔偿责任在侵权和违约存在竞合显著不同，由于行人并非与高速路桥运营主体签订快速通行合同的适格主体，高速路桥界面内行人损害赔偿争议具

---

① 基于对中国裁判文书网内道路损害纠纷有关案例裁判文书的分析，在《关于审理道路交通事故损害赔偿案件适用法律若干问题的解释》施行后，法院以往"一边倒"的判决情形有所改观，法院在审理相关损害纠纷过程中更多将双方责任、交通界面客观情形等因素纳入考量。

有典型侵权特征。"①行人类损伤风险主要涵盖行人、农用车辆等不适于高速界面通行个体违规进入路桥界面后损伤风险。基于中国高速公路运营管理现实,通行界面呈现带状延伸,与周边环境深度融合。部分匝道及入口无人监管,部分警示隔离栏与周边社区存在交集,导致行人、农用车辆、特种车辆等流入高速路桥通行而造成损伤纠纷。在司法实践中,该风险主要体现在:一类指向行人等个体遭遇伤亡导致家属等自然人对运营企业的侵权赔偿之诉;另一类聚焦因不适宜高速通行车辆违规进入,导致涉及不适格车辆所有人、发生损害方与运营主体之间的赔偿纠纷。针对此,为了有效约束上述不适格主体违规进入高速路桥界面,应从两个层面切入:对于人工收费界面,严格防控不适格行人车辆进入高速路桥,并加强全程留痕和中控巡查;对于电子发卡道闸,严格按照规范设置警示标志设施,并优化监控留痕设备。此外,还应对风险高发路桥界面加强人工巡查。

(二)噪声污染侵权纠纷

"与行人损害赔偿纠纷相比,噪声污染侵权纠纷与周边环境交互更为深入。"②鉴于高速公路沿线及周边社区发展变迁,原非生活设施集中区演变为居民社区,或是早期评估选址结论认为,拟建高速路桥对于周边社区影响可控,特定路桥流量因路网界面升级优化而显著增加。一言以蔽之,高速路桥界面运营因与周边社区交互情境发生变化而对周边居民产生噪声困扰。此类风险随着经济社会情境变迁而逐渐显现。一方面,高速路桥工程先于周边居民社区建造,随着居民逐渐密集而与运营方围绕通行噪声发生纠纷。另一方面,相应路桥工程对于所经过之生活设施影响评估预期可控,随着流量上升等变化而与周边社区产生噪声分歧。为了应对此风险,应从约束污染和处置纠纷切入,系统排摸特定交通投资企业内部可能造成噪声侵权纠纷之路桥界面,主动加装或改造隔音挡板等保护设施;同时,充分重视获得环评证据与噪声评估,以便在噪声侵权纠纷中实现有力举证。

第七节　纠纷解决

基于资产体量、经营规模、社会影响等诸多要素,交通企业在各自行政区域企业中具有不容忽视的地位。这种重要影响力不仅与其作为区域内交通基础设施建设的"投建营"平台定位紧密联系,承载着区别于一般企业的准公共产品供给职能,也与其庞大资源调配能力下的交通延伸产业迅速发展显著相关。其中,复杂业态、利益多元、资源巨大,导致交通企业面临的风险不仅在前端,而且在后端产生纠纷的概率也会相对较高。③ 因此,是否

①　陈广华,徐小锋.行人非法进入的损害赔偿研究[J].中国公路,2012,2.
②　陈聪富.环境污染责任之违法性判断[J].中国法学,2006,5.
③　由于整合后的交通投融资平台体量大,业态广,往往涉及交通上下游产业、交通基础设施运营、金融、投资等领域,可能在合同管理、招标采购、侵权纠纷等业务流程中产生纠纷,纠纷易发节点呈现多元分散之特点,在事前和事后均有分布。

具备强大的纠纷解决能力,必然成为衡量交通企业可持续发展的重要标准。

一、"旧有工厂式思维"困境与角色转变

鉴于各级交通企业多数是形成于区域内原有交通基础设施营运、建设、投融资等资源模块深度整合结果,交通企业在得以顺利建立现代企业治理体系同时,"特定系统内成员单位差异显著、历史遗留问题突出,导致'工厂式经营思维'比较普遍存在,日益成为交通企业进一步深改的阻碍,它们集中体现在交通企业纠纷处理过程中。"[①]

旧有工厂式经营思维在具有现代企业治理形式的交通企业纠纷处置中得到充分体现,此种旧有范式"不仅展现在交通企业及其成员单位在处置纠纷过程中'对甲方优势地位'深度依赖,而且在现代企业争议解决体系建构中的弊端更加充分暴露。"[②]在不完全市场竞争情境中,"甲方优势地位"有助于在交通企业与其一众利益相关方之间建立系统均势,权属转移、债务履行、有限竞争、争议解决等关键问题能够在此种均势中有效解决。

但随着国企转型逐渐深入和市场化竞争机制趋于完善,上述均势迅速解体,"旧有甲方地位不仅对争议解决的影响力迅速衰减,且对企业市场竞争力塑造带来阻碍。"[③]相较之下,交通企业在现代纠纷解决体系建构中所暴露的短板更加直观,不仅表现在企业内设纠纷解决组织和相应岗位配备明显不足,对法律风险防范与纠纷处置的交叉互动准备不充分,而且在利用外部纠纷处置资源过程中展现出非理性倾向,对纠纷解决与法律救济的平衡把握不准。同时,随着各交通企业基于传统交通基础设施投资主业在金融投资、经营开发、工程养护、交通科技、新型能源、客运物流、维保建设等产业节点上的系统延伸,交通企业及其成员单位所遭遇的法律争议细分种类与数量均呈现显著上升趋势,从过往的道路通行损害赔偿纠纷为主向纠纷多元方向演进;在法律争议身份定位中,也从被告为主转向积极探索行使原告权利,使纠纷解决问题更具复杂度和挑战性。

二、内部与外部的纠纷解决资源配置

整体而言,交通企业及其成员企业在内部纠纷解决体系建构与外部纠纷处置资源管理实践均存在明显不足,与交通企业在相应行政区域的突出地位和社会影响存在明显脱节。[④]在内部纠纷解决体系构建上,交通企业系统的主要短板体现为争议纠纷处置部门和岗位亟待补强,以及系统内标准化纠纷应对处置工作流程缺失。相较之下,围绕外部纠纷处置应对的资源利用问题,交通企业的主要缺陷在于对外部法律顾问系统甄选评估不足,以及对特定外部纠纷处置团队的过度依赖。

①　童玮,许峰.推动交通投融资平台改革转型[J].宏观经济管理,2012,6;刘福广,徐静,崔婧.国有企业党组织讨论前置决策机制的效应研究[J].北京交通大学学报(社会科学版),2019,3.
②　王延明.试论国有企业法律风险及其管理[J].社科纵横,2006,7.
③　胡为民,齐凯歌.浅析国有企业合同管理法律风险的防范对策[J].前沿,2012,6.
④　基于田野调查,中国各级交通投融资平台在法务队伍建设上尚处于发展阶段,法律人才专业化与体系化尚有待进一步增强,相关团队在内部风险控制和外部纠纷处置上经验有待进一步积累,因此在内外应对上效益有待改观。

交通企业体系融合了高速路桥运营主体、养护维保企业、金融投资企业、经营开发企业等多元化业态,各成员单位基于不同发展历程、股权构成、经营规模和盈利水平,在"内部"纠纷解决机制认知和塑造上存在明显差距。① 通常而言,交通体系内的上市企业在内部纠纷解决体系建构中处于领先地位,往往基于上市企业相关法律法规和行业指引对标先进经验、落地相应实践,经营审慎性促使此类企业通常设置法务部门,并配备专职纠纷处置岗位。相对而言,非上市路桥运营主体、经营开发企业和养护维保企业则在法务岗位的设置上处于劣势地位,表现在纠纷处置部门与专职岗位缺失、相应人员专业素养不足、战略决策和日常经营中纠纷防范和处置意识欠缺等方面,导致在法律诉讼等情境中可能处于不利地位。

与交通体系内部的纠纷解决体系建设相比,交通企业总部及其成员单位对"外部"纠纷处置资源的利用更多涉及企业决策与治理,与投资企业、路桥运营单位等互动较为集中。交通企业体系中的金融投资机构一般具有资本量大、结构较为扁平、人员规模较小等特点,易造成经营层和全职雇员中专业法律人士占比少、纠纷防范处理部门和岗位不足等问题。因此,金融投资机构在引入外部纠纷防范处置资源时相对更为积极。相对而言,路桥运营单位在法律纠纷应对中对外部法律资源使用的风险更为直观,毕竟非上市路桥运营单位纠纷预防处置部门和岗位欠缺与法律专业性不足,在其遭遇损害赔偿纠纷时往往缺乏内部处置能力,从而对外部纠纷处置资源往往过度依赖,但又对其解决疑难复杂问题的方案缺乏把控能力,进而对企业决策和治理产生显著影响。

三、诉讼救济和其他纠纷解决方式的策略运用

诉讼救济的目的在于定纷止争,诉讼救济并不是促进纠纷解决的唯一途径。但是,"诉讼救济是解决纠纷中相对有效且具有保障的'兜底'手段,在企业的纠纷处置中应探索诉讼救济和其他多元化纠纷解决的最大公约数"。②

"交通企业作为原告时,其制订系统性的诉讼救济策略更为重要,而作为被告时,其策略的施展空间相对有限。但是,交通企业在纠纷处理中绝大多数处于被动的应诉地位。"③所以,在纠纷进入诉讼程序后的策略使用仍具有客观价值。比如,有效利用诉前的委托调解或特邀调解,甚至是诉讼前的专业化商事调解;投资、融资租赁、应收账款等领域的赋予强制力公证债权文书的更多使用;群体性纠纷中的示范性或代表人诉讼机制的使用等。同时,更应注重内部纠纷解决体系和外部纠纷处置资源的优化组合利用。在内部纠纷解决体系完善中,交通企业应在包括路桥运营单位、金融投资企业、资产处置平台等在内的成员单位内逐步建立纠纷处置部门和相应岗位,并基于系统内培训和内部挖掘等

---

① 以省级交通投融资平台为例,基于国企改革的历史背景,特定省级交通投融资企业集团往往包含近百家成员单位,单位性质涵盖事业单位、上市公司、国有非上市企业、市场化控参股企业等类别,各成员单位经营情况、运营模式、企业规模存在较大个体差异,导致在法律风险防控上意识和实践上存在较大内部差异。
② 胡仕林.完善我国多元化纠纷解决机制的对策研究[J].云南大学学报(社会科学版),2007,6.
③ 李开霖.国有交通企业法务管理的问题与建议[J].中国公路,2019,13.

手段逐步提升人员专业度和实践经验;围绕外部纠纷处置资源优化利用,基于外部法律顾问合理选取,做好内部法务人员与外部法律顾问沟通衔接,在对法律顾问纠纷解决方案进行可观评估基础上,逐步实现法律服务供应商的动态管理,使外部法律顾问成为企业专职法务人员诉讼经验和应对策略的有益补充。

　　基于交通企业延伸业务迅速扩展的现实,应"将合同全周期流程管理与一线延伸业务评估审核紧密衔接,在合同订立到合同履行的全逻辑链条中严把入口和出口关,立足合同审慎管理降低纠纷发生概率";[1]同时,"立足于解决纠纷争议焦点,充分运用诉讼救济手段,既不过分保守,也不过分激进,合理利用诉前保全机制,避免机械应用诉讼救济而降低定分止争的概率"。[2]

---

① 周永贵.交通企业全面风险管理初探[J].中国公路,2013,19.
② 陆益龙.纠纷管理、多元化解机制与秩序建构[J].人文杂志,2011,6.

第六章　行业社会责任风险的识别

第一节　高速公路服务区

中国交通基础设施投资建设起步较晚,在短短数十年中,"中国交通基础设施网络建设后来居上,仅高速公路总里程,就从 1988 年的 148 公里发展至 2018 年的超过 14 万公里"。[①] 伴随高速公路系统迅速扩张,作为快速通行服务产品重要支撑,"高速路桥沿线服务区持续发展,成为快速通行延伸功能之承载主体。基于其准公共产品辅助供给特性,作为集成停车、汽修、餐饮、零售、油气供应等诸多功用的封闭区域,高速公路服务区在系统支持高速通行产品上具有不可替代的社会和经济价值。"[②]

麻雀虽小,五脏俱全。"在高速公路服务区的有限区域内,其所供给产品服务种类较为密集。根据其区位与运营特性,相关联的风险点也比较密集,且在发生概率和风险评价上较为均匀,呈现出'蜂窝状'特征,涵盖食品安全、油气设施管理安全、危化品储运安全、消防安全、经营合规等领域。"[③]因此,明显具有涉及面广、防控专业性强与风险破坏性大等特征。

一、服务区食品安全风险

食品安全以其高频率多维度特征,"在服务区经营风险中处于重要地位,包括餐饮安全、鲜食安全和零售食品安全等种类。考虑到食品安全相关业务涉及餐饮服务、鲜食零售和预包装食品零售等模块,不同细分模块所对应防范重点和切入形式均存在显著差异。基于服务区相对封闭的运营环境,行政机构的食品安全外部监管相对有限,服务区餐饮安全易于在外部监管与内部自律相对失衡间发生一系列的风险。"[④]

上述风险表现主要指向,因服务区食品供给相关流程或环节存在瑕疵或短板,导致食品安全事故,进而对食品服务消费者人身健康造成明显影响。在食品安全的细化风险中,餐饮安全的流程最为复杂,防范需求最为系统,覆盖经营资质、原料采购、物料储存、食材

---

①　截至 2018 年 12 月,中国高速公路总里程达到 14.3 万公里,参见周国光.中国与欧美公路网的比较与思考[J].长安大学学报(社会科学版),2016,4.

②　裴玉龙,张枭.高速公路关键服务设施判定与功能分析[J].公路,2019,10.

③　丁淑巍,蒋松利,邢哲魁,等.高速公路服务区发展方向及实施建议[J].公路,2019,6.

④　舒鹏,等.辽宁省高速公路服务区餐饮业卫生状况调查[J].中国公共卫生,2007,12.

加工、菜品销售、留样管理及厨余处置等餐饮生产环节,流程链条完整琐细,各个环节都具有引发食品安全风险可能性。鉴于餐饮食品安全风险牵涉供应商、消费者、经营者、餐饮员工、股东及周边社区等众多利益相关方,在与特定利益相关方的互动过程中,餐饮安全相对更加易于在经营资质、原料供应、物料储存及留样管理等环节爆发风险。

经营资质,乃是考验服务区经营安全的充要条件。《食品安全法》第 4 条规定:"食品生产经营者对其生产经营食品的安全负责";第 29 条规定:"国家对食品生产经营实行许可制度,从事食品生产、食品流通、餐饮服务,应当依法取得食品生产许可、食品流通许可、餐饮服务许可。"在交通企业所运营服务区中,部分存在服务区建设用地性质不清晰之问题,进而影响服务区内餐饮经营主体资质获取,表现为缺失餐饮服务许可等形式;同时,部分服务区个体经营商户可能存在资质瑕疵,也给食品安全带来重大隐患。

原料采购供应,在服务区食品安全保障中同样处于核心地位。"基于服务区的餐饮服务产品多样性,原料采购的广泛种类涉及蔬菜、水果、肉类、禽类、蛋奶、豆制品、粮油、调味品等诸多种类。目前,相当部分服务区的原料采购与供应商管理体系较为粗放,在肉类禽类检验检疫标记、水果蔬菜农药残留评估、豆制品规范生产证据、粮油产品质量保障等关键层面易于暴露风险。"①

较之经营资质与原料采购,物料储存管理、留样实践和从业人员健康风险同样不可忽视。服务区餐饮具有人流量大、营业周期长、人员密集等特征,对员工数量需求较大,加之员工流动性较强,往往对于员工健康关注存在短板,这在规模相对较小的非连锁鲜食加工销售业务中体现得尤为明显,相关雇员往往缺少健康证或是证件已过期,给食品安全带来显著隐患。基于肉禽、米面、豆制品及蛋奶等品类易腐败变质的特点,物料储存也是关乎食品安全关键议题。基于经验研究,相当比例服务区的餐饮仓储和后厨区域物料储存管理存在违规操作情形,如半成品不加膜、制成品不加盖、生熟不分、存放物未离地等不合规情形。同时,服务区餐饮经营中留样实践存在较大差异。虽然《食品安全法》《食品卫生规范》等法律法规均对食品留样做了详细规定,但是,基于服务区餐饮经营定位的模糊性,相当比例经营者存在留样记录与样本明显出入、留样缺失、留样时长不足等情形,致使在食品安全事故发生时举证处于被动地位。②

鲜食食品安全和预包装食品安全风险逻辑与餐饮食品安全相一致,两者在流程环节上基本一致,③有且仅有的主要差异体现在鲜食与预包装食品的库存管理风险。对于鲜食经营的库存管理,考虑到鲜食原料保质期通常较短,其具体风险主要体现在鲜食原料的

---

①　服务区食品安全保障应建立在原料供应、储存、加工及留样等流程形成有机闭环基础上,原料采购供应是逻辑闭环的重要步骤和起始点。参见舒和斌,柳珊.基于食品安全构建农产品供应链[J].社科纵横,2008,23.

②　依据《产品质量法》《食品卫生法》和《食品安全规范》等法律法规之规定,为保证食品卫生安全,预防食物中毒发生,及时查明食物中毒原因,采取有效救治措施,在集体餐食供应、涉外餐食供给等场合应实施留样。食品留样更是有效防范服务区食品安全风险的重要环节。

③　预包装食品主要指:"预先定量包装或者制作在包装材料和容器中的食品,包括预先定量包装以及预先定量制作在包装材料和容器中并且在一定量限范围内具有统一的质量或体积标识的食品",其管理规范主要由《食品安全国家标准预包装食品标签通则》等构成。

保存失当与超出保质期加工销售。而对预包装食品而言,基于对其配送渠道、库存消耗、所处区位及销售策略的综合考量,该风险主要体现在过期预包装食品的违规销售上,对于消费者人身健康可能产生不利影响。

为了应对高速公路通行沿线服务区的食品安全风险,可以基于《食品安全法》《餐饮服务食品安全操作规范》等法律法规及行业标准,逐步构建起食品安全风险防范体系。当然,该体系需要覆盖资质获取、原料供应、物料储存、厨余处置、留样管理及库存管理等关键议题。对经营资质获取,运营企业需要系统覆盖自营和第三方涉及食品服务业态,深入分析相应证照短板成因,并基于深度分析实施整改,消除因资质瑕疵造成的风险。"对于原料供应,应在考虑经营成本基础上,严格把控原料供应商管理体系,选取资质健全、信誉良好、履约能力强的优质供应商,并在原料接收工作中充分留痕,实现全程可追溯。围绕物料储存,严格按照法律法规及行业规范要求,严格执行生熟区分、加膜加盖、存放离地、保温保湿等规范。"[①]而对留样管理,更应"将其作为塑造食品安全事故应急处置体系的核心切入点,应设置专人审慎管理留样记录与样本,确保产品全覆盖和留样周期完整,防止食品经营方在安全事故证据应对中处于劣势地位。对于厨余处置,应严格按照相关环保法规和行业实践实施处置方案,严防污水、固体废弃物、泔水等主要厨余对社区及周边环境产生不利后果。"[②]

二、危化品储运安全

依照《危险货物品名与分类编号》等国家规范,中国在册危化品多达 2 000 余种,且各个种类由于熔点、沸点、燃点、黏稠度、挥发性等特征存在的显著差异,相应的防范措施差异较大,导致服务区范围内的危化品事故风险防范系统性、专业性要求均较高。"基于高速路桥快速通行产品的本质,结合危化品作为工业生产原料及中间产品广泛应用属性,危化品运输车辆在高速路桥界面的安全通行数量逐年上升。"[③]同时,"危化品车辆事故在通行界面内表现出高频率高危害性特征。"[④]因此,如何在防控风险与保障安全之间平衡好高速路桥运营的经济效益和社会效益,已成为一个值得深究的关键议题。

总的来说,服务区危化品事故风险主要体现在两个方面。其一,"通行界面内危化品事故防范措施非专业性和不完备性与危化品事故处置技术性需求间呈现内生性冲突。"[⑤]此类高频率、高危害风险,对路桥范围内既有防范措施带来了显著挑战。目前,现有交通企业所属服务区已初步建立危化品车辆管理体系,涵盖了服务区危化品承载分级、车辆登

---

①　鉴于服务区人流较大、人员密集、流动性强,应审慎开展食品安全保障,建议参考更高标准。参见孙槲陵,等.区域性大型活动餐饮安全风险评估指标及模型的建立[J].中国食品卫生杂志,2012,3.

②　厨余垃圾处置与环境风险和卫生防疫风险密切关联,除应在细分垃圾种类处置中引入专业供应商,服务区食品餐饮运营方应在日常运营中规范化和制度化。

③　陈晓勇,等.2013～2014 年我国道路危险化学品运输事故统计分析及对策[J].湖南科技大学学报(自然科学版),2017,3.

④　陈晓勇,施式亮,任竞舟.危险化学品道路运输系统要素与危险性解析[J].安全,2017,5.

⑤　秘勇鹏.高速公路隧道危险化学品事故处置对策[J].中国应急救援,2012,3.

记、隔离停放、实时巡查、事故处置等要素,但在系统性和执行实践中存在较大优化空间。其二,服务区危化品事故处置具有系统性特征,"一旦服务区内发生危化品事故,公安、卫生、医疗、消防等政府机构均须深度介入。"[①]考虑到作为服务区运营主体交通企业定位与高速公路服务区的相对封闭性,协调众多相关方的客观需求对服务区运营方的有限沟通能力提出了挑战。

为了应对该风险,需要主要从以下维度切入优化:第一,基于已有危化品事故处置体系,增强危化品事故防控措施落地力度,严格执行运输车辆登记、隔离停放和监控巡查制度。对进入高速公路服务区的危化品运输车辆实施严格登记,详细记录运载危化品名称、种类、驶入驶离时间等关键信息。基于车辆登记,审慎执行危化品车辆隔离停放制度,并确保危化品远离油气设施及人员密集区域。除专区停放外,还应设置最高停车时限,且在常规巡查外完善监控巡检体系,明确责任划分,充分结合电子化手段与人力巡检。第二,系统建构服务区危化品事故处置方案,定期组织危化品安全知识宣传培训,增加危化品运输车辆事故演练频次。在路桥沿线各收费站、服务区成立危化品事故应急处置小组,增强与事故处置相关政府机构横向联系,并系统优化预警报告、人员疏散、通讯保障等关键模块。

三、服务区房屋租赁风险

近年来,引入品牌集成商的服务区管理者显著增多,使服务区运营实践复杂性显著上升,但房屋租赁在服务区经营中仍居于重要地位。在相当程度上,"企业经营本质即为海量合同集成,使得合同管理与相应风险规避对于企业经营至关重要。"[②]对于服务区经营中合同要素分析,房屋租赁合同不啻为一个良好的切入点,可以此剖析服务区运营主体在合同相关实践中的短板与风险。

随着服务区运营模式的持续进化迭代和业务范围日益扩展,此类风险主要集中在两个方面:① 房屋租赁合同订立后二次转租相关争议。基于合同相对性,合同约束力体现在合同签订人之间,二次转租承租人与路桥单位间在缺少合同关系情形下,服务区运营主体可能对二次承租方欠缺有效制约手段。基于运营实践,二次转租在中国商铺房屋租赁中存在较为普遍,且房屋所有权人对此类转租往往欠缺有效对策。此外,基于企业经营的不确定性,在租赁合同订立后承租企业经营情况可能发生较大波动,进而导致转租发生。② 房屋租赁的租金欠缴与预期违约问题。服务区商铺租金欠缴,在实践中存在恶意欠缴和非恶意欠租的区分。非恶意欠缴通常存在租金收取和缴纳的事前沟通缺乏,主要因商户资金周转等问题存在一定周期内的付款延迟;而对于恶意欠缴则应重点关注。恶意欠缴和预期违约间联系紧密。

---

① 饶东升.危险化学品公路运输存在的问题及对策研究[J].长江大学学报(自然科学版),2011,8.
② Richard A. Posner. Ronald Coase and Methodology[J]. Journal of Economic Perspectives,1993,4.

对前一风险,在签订商铺房屋租赁协议前,应充分对潜在签约方进行尽职调查和信用评估,对关键要素存在瑕疵的意向租赁方审慎缔约,并在租赁合条款中对二次转租详细规定限制措施。同时,在租赁合同生订立后,密切跟进合同相对方经营和履约能力变化,对于可能存在的履约能力波动及时预警。围绕后一风险,需在房屋租赁合同签订前,对合同相对方进行合理尽调和评估。其中,"对于履约信用存在瑕疵的商户,可以在合同中适当提升保证金缴纳月数或总额,以增强面对违约风险的应对能力。同时,对于恶意欠租商户及时预警,充分利用协商和诉讼等手段应对预期违约,必要时应借助不安抗辩权的行使以保障合法权利。"[1]

第二节　路　桥　干　线

"在高速路桥修建初期,中国高速路桥主要集中在经济相对发达的东部沿海,地形地貌相对平坦单一,与周围环境、社区互动极为有限;随着高速通行界面建设全面扩展至中西部,加之各省域内路桥网络逐渐密集,隧道、桥梁等具有更高技术难度的工程数量显著上升,此类项目建成后其区域内事故防范更具挑战,且与沿线环境互动更趋频繁。"[2]总的来说,交通企业也经历了职能重心的转换,从初期大规模投资建设为主,向集成路桥养护、应急抢修、局部改建扩建和事故预防处置等关键议题的运营维护转型。

随着中国高速路桥通行流量迅速上升,不仅倒逼交通企业相关部门及下辖路桥运营企业变革旧有理念,且对交通企业与大众利益相关方的互动模式变动产生显著影响。在交通基础设施建设的投资层面,"围绕交通企业以投资建设为主向投资运营并重的转变,路桥干线维保成为展示交通企业准公共产品供给特征的重要日常职能。基于职能变迁,通行沿线重要利益相关方边界也转向逐渐涵盖沿线社区、周边环境、政府机构、雇员、长期供应商等主体"。[3]道路养护与应急抢修在运行逻辑和风险分布上具有较多相似性,涉及人员、设备及通行安全等要素。相较之下,"隧道安全更具系统性和复杂性,在更为封闭环境中如何保障消防安全是值得深入讨论的议题";[4]同时,改扩建过程中所发生风险具有相对独立性,也需要认真对待。基于上述议题与交通企业集团业态延展,涉及交通企业正式雇员、第三方企业职工和临时劳务提供者等多种主体权益与安全,且与上述运营安全议题深入交互,如何在延伸业态中保障雇员职业健康、如何划分运营业务中非正式及非自有员工损伤的担责比例等,均须审慎应对。

---

①　蓝承烈.预期违约与不安抗辩的再思考[J].中国法学,2002,3.
②　张胜军.西北地区高速公路建设趋势分析[J].中国战略新兴产业,2018,24.
③　王兴国.高速公路建设项目利益相关方关系风险研究[D].2011年山东大学硕士学位论文.
④　李宝萍.高速公路隧道消防安全现状与对策[C].2016年中国消防协会科学技术年会论文集.

一、养护维修作业安全施工风险

随着国内高速路桥网络初步成型,路桥投资建设趋于饱和,通行流量持续增长引发折旧耗损,促使交通企业所属路桥单位养护压力达到阶段性峰值,且沿线地理环境复杂度日益增长,提高了应急抢修的需求度。基于高速通行产品界面窄、延伸长、重点多、流量大的特征,高速路桥养护与应急抢修紧密关联,可谓保障通行产品顺畅供应的一体两面。高速路桥养护风险与应急抢修风险不仅体现在施工作业本身,也与交通安全风险紧密相关。从关键要素加以观察,此类风险涉及人员、设备、自然环境及事故等客体,风险防范过程本身也是持续优化交通企业基干产品的过程。

养护与应急维修相关安全施工风险主要包括三类,即养护与应急抢修过程中通行安全风险、养护抢修人员设备管理风险和自然环境恶化风险。① 通行安全风险。主要体现在相当部分养护和抢修工作场域并未封闭限制通行,基于抢修作业突发性,其暴露在大量通行车辆中实施的情况比较常见;出于作业压力日益高企与高速通行不间断需求,路桥养护也实际上难以封闭作业。面对通行界面被部分占用,若出现警示或引导标识设置不足、施工人员或车辆驾驶员出现疏忽,极易触发交通事故。② 人员和设备管理风险。如果一线养护和抢修人员安全施工意识较为匮乏,在施工过程中容易造成自身或他人损伤。同时,养护及抢修设施设备管理不利也将对施工安全造成显著影响。标志标牌等安全设备再使用过程中缺少必要维护,导致着标志标牌模糊不清、施工警告灯不亮等情况,使得安全设施形同虚设。另外在施工结束后,安全设施设备未被妥善回收,施工材料包括标牌等被遗落在公路旁,给过往车辆造成安全隐患。③ 自然环境恶化风险。主要是指自然灾害或恶劣天气下露天作业施工安全隐患。中西部相当比例高速公路沿线易发山体滑坡、泥石流等地质灾害,此类灾害所致塌方、阻断等损害对高速通行具有毁灭性影响,露天作业人员设备极易再次遭受波及。类似地,为在冰冻、雨雪等恶劣天气中保障道路安全畅通,养护抢修人员素质和设备性能均承受着严峻考验,员工日常演练缺失、安全意识缺位、设备维保不足等短板,其所引发风险在极端天气中易被放大。

为了应对上述风险,交通企业应主要从人员、设备和机制衔接等三个维度,强化养护维修安全作业体系。首先,路桥运营企业应对一线作业雇员进行系统安全生产培训,降低因现场施工差错引发风险的概率。除了增强防范意识外,应强化应急抢修演练体系,确保雇员在实际养护、维修场景中掌握妥善设置各项标识与熟练操作各项设备的技能。其次,工欲善其事,必先利其器。路桥运营企业应对自有养护、抢修相关设施设备进行系统检修、维护和更新,以确保各项设施设备在业务一线发挥应有效用。对于需借助第三方进行调度的专业设备,需要建立可靠的供应商合作机制,确保一线业务需求得到切实响应。第三,路桥运营企业应与地方政府及相关机构建立常态化报告机制,协同相关机构,共同应对企业自身所不能应付的强自然灾害及恶劣天气对通行界面的影响,争取将公共组织对准公共产品供给的保障效益最大化。

二、隧道消防安全风险

随着中国高速公路通行里程的快速增加,"高速路桥网络在全国范围内初步成型,路网所覆盖复杂地形地貌比例快速提高,通行沿线隧道工程总量随之显著增加。在处于相对封闭运营环境的高速路桥沿线,隧道因其地理位置和结构特征,属于最为封闭通行区域之一。"①基于此,"隧道消防安全因其所具有的高危害高概率特征,在隧道安全风险中被聚焦,有必要通过系统讨论来制定其防控策略。"②

一言概之,上述风险主要指向路桥通行沿线隧道区域消防安全防控体系应然设计与消防安全实然落地路径脱节的隐患。一般而言,"高速路桥隧道区域在消防安全管控体系设计上遵从较高法律规范和行业标准,涵盖防护、照明、监测预警、通信、储水、喷淋等诸多设施设备,体系较为完善。"③基于应然配置实践,高速路桥运营企业在隧道建设中严格遵守设计要求,而在后续消防系统维护管理中往往不达标,造成实然管控与应然预防间的内生性冲突。结合火灾对隧道安全灾难性威胁,以及隧道区域内实施消防救援艰难性,需要确保隧道消防安全防控体系设计与事故处置实践一致性,乃是保障隧道安全关键所在。

基于上述分析,隧道消防安全风险主要体现在两方面。一方面,在相当比例的交通企业所属路桥经营单位中,隧道区域消防安全应然机制运行与事故处置实然情境存在一定程度出入与脱节,应然防控体系关键要素的配置存在低于实践需求的情形,导致在消防事故发生时一线设施设备应用不到位。另一方面,一旦消防事故实际发生,交通企业路桥运营单位自身能力不足以应对全局,隧道区域运营主体与消防、医疗等公共机构衔接不畅,致使此类机构响应及时性不足,削弱了风险应对效益。

隧道消防事故一旦发生,极易造成毁灭性损害,围绕该风险的防控体系构建应系统审慎。需要在交通企业全系统范围内识别隧道安全隐患,编制隧道安全隐患清单,配套梳理隐患整改计划;同时,严格按照隧道区域相关安全法规及设计规范配置应急指示、水量、电容及通信等关键支撑要素,并定期对上述要素开展系统巡查评估;还要系统优化消防事故处置预案中与消防抢险、医疗救护等公共组织有效衔接,以确保事故处置中相关机构响应及时性;此外,路桥运营主体应增强隧道消防安全事故处置演练,保障在消防、医疗等专业机构响应过程中将损害降至最低。

三、通行过程中危化品事故处置风险

较之相对静态的服务区危化品车辆事故风险,"在流量巨大的高速通行界面所面对的

① 王宽.谈公路隧道消防安全管理措施[J].武警学院学报,2015,8.
② 刘鹏,石磊.浅谈如何提升高速公路的消防安全应急和管理[C].2008年中国消防协会消防科技与工程学术会议论文.
③ 黎春雷,李艳峰.高速公路隧道消防安全事故分析及设计探讨[J].中国公共安全(学术版),2012,2.

危化品事故风险具有显著差异化特征,不仅与通行安全紧密衔接,且在更为开放的延伸区域内防控危化品事故风险。"①因此,这里更多考虑周边众多利益相关方安全,加之危化品种类庞杂、特性各异,需要对路桥沿线的危化品事故应对加以细化讨论。

"基于高速路桥延伸广、焦点多、界面窄、车速高与流量大等诸多特征,通行过程中危化品事故风险主要体现在复杂事故处置、利益相关方沟通、衍生事故防范等关键维度。"②由于通行界面危化品事故多因车辆事故引起,危化品泄露、爆炸等事故往往与人员伤亡、车辆设备损毁相伴生;加之相当比例的路桥营运主体所属的应急处置团队缺乏复合型事故处置经验与素能,往往难以对此类事故实施有效前期防控。同时,基于安全标识设置与抢险救援设备操作的现实短板,路桥运营企业对于后续衍生事故的防范能力明显不足。在缺少预案体系的情形下,路桥运营主体与周边利益相关方沟通衔接有待优化,不仅给专业机构应急处置及时性造成阻碍,且对周边居民与环境造成损害的风险缺乏有效措施。

路桥沿线危化品事故具有波及面广、不可逆转的特性,对其防范应基于立体化、信息化和精细化的逻辑,让系统构建形成有效保护众多利益相关方的防控体系。① 在收费站和电子道闸严把入口关,详细核实记载危化品品名、种类、数量和运载车辆资质等基础信息,将上述信息在路桥沿线实时共享,打通危化品车辆实时数据库与路桥监控系统接口,以实现事故预警或发生中目标车辆、路段与危化品特征准确快速定位,为前期抢险、协同防控和方案制定提供重要依据。② 编制危化品事故应急处置方案体系,结合常规危化品事故应对训练与不定期危化品事故演练,保障应急人员系统设置安全标识、熟练操作安全设备,有力防范衍生交通事故,切实提升路桥运营单位实战应变能力,以使路桥企业应急团队在专业机构介入前有效控制局面,在有限保障人员安全前提下降低财产设备损失,有序处置复杂事故,降低危化品事故、交通事故与人员损伤事故纠缠度。③ 与路桥沿线政府、社区、居民等利益相关方建立常态化沟通渠道,在事故坐标识别后及时上报,请求公安、消防、安监、环保、医疗、防疫等专业机构协同抢险,并通知社区及居民主动防范。同时,基于危化品种类特征,初步评估危化品对周边人员、空气、水体、土壤潜在影响,并采取相应的防范措施,降低抢险处置人员的损害概率。

四、劳动用工与职业健康风险

对各级交通企业而言,员工结构如何优化、员工关系如何维护和员工纠纷如何处置,都是事关企业未来的重要命题。随着人口红利出现衰减,结合交通企业自身发展转型需要,用工形式逐渐多元,涵盖自有聘用、临时用工和合同服务中第三方员工等诸多类型。③ 结合交

① 王炜,等.浅谈高速公路危化品运输突发事件的应急管理[C].中国公路学会高速公路运营管理分会 2011 年度年会暨第十八次全国高速公路运营管理工作研讨会论文集.
② 曹要人.论高速公路危险化学品运输泄漏事故应急处置机制[J].湖南公安高等专科学校学报,2009,2.
③ 基于田野调查,劳务派遣、基于特定合同的第三方员工、临时用工在交通投融资平台下属的路桥单位中频次和比例逐渐升高,对用人单位产生新挑战。

通企业主业特点与延伸业务多元特征,需要应对"路桥沿线人员施工损伤"、[①]延伸业务中保障人员职业健康等问题,[②]它们构成了劳动用工和职业健康风险防范的维度。

基于交通企业所属路桥运营单位用工多元化实践,路桥沿线的施工人员损伤,存在自有员工损伤和非自有员工损伤两种情形。[③] 对自有员工受伤关注焦点主要在安全生产保障措施之落实,而对第三方员工损伤则主要关注赔偿责任划分。相较之下,对于延伸业务中职工健康风险的防控,则主要着眼于潜在职业健康损害的防治。

涉及道路施工的第三方雇员损伤风险相对直观,主要指高速路桥沿线抢修、保养等施工过程中合同相对方或第三方雇员基于特定合同协助开展施工而发生损伤的归责争议。使用非自有员工参与抢修、养护,需要建立在相应合同关系基础之上。其中,若交通企业未就损害免责事宜在合同中明确约定,则合同签订主体须对相关雇员工伤等意外损伤承担赔偿责任风险。

相较之下,自有雇员在路桥沿线施工过程中发生损伤风险,则主要体现在交通企业安全生产防护措施存在短板上。基于养护、抢修等具有危险性,有效保障职工人身和作业安全,既是对职工负责,也是避免法律责任认定争议的必要手段。对派遣员工而言,职工意外伤亡保障保险金额覆盖不到位,派遣职工意外伤亡时保险金额无法覆盖,与派遣单位法律责任约定不明以及承担责任大小分配不清等问题,均可能引发争议纠纷。对临时员工而言,保障措施没有及时跟进,合同相关方没有就临时员工损伤担责进行明确约定,同样可能造成多方之间出现争议。

"高速路桥的沿线施工本身具有一定危险系数。"[④]对于各类雇员的损伤,一方面,需要在相应合同中明确约定雇员损害责任划分条款,探索在相关合同中加入第三方雇员损害免责条款,并充分衡量条款公平性,避免明显不利于合同相对方的表述存在;另一方面,建立健全安全性生产巡检机制,定期开展道路、桥梁区域安全生产巡检,以排除潜在问题,从根本上减少潜在安全生产风险。

随着交通企业延伸业务多元发展,围绕特定产业雇员职业健康风险的防护不容忽视,该风险主要指向交通企业中具有危险性或职业病隐患的岗位,涉及职工健康保障产生的挑战。此类业务往往涉及危化品储存买卖、工程养护、应急抢修等领域,职工在生产过程中可能接触一些有毒物质,出现职业病或者其他健康问题,单位可能面临诉讼和赔偿风险。有些职工在退休或者辞职后一段时间才出现健康问题,相关单位若未能事前采取措施,则较易处于不利地位。

为应对职业健康风险,需要从科学预防、定期评估、保险配置、建档留痕等维度加以落

---

① 樊辉.交通工程施工安全监管措施创新分析[J].交通建设与管理,2014,1.
② 由于交通有融资企业业态延伸,除去涉及道路工程施工安全议题之外,部分企业还涉足化工产品进出口贸易、油气储运等领域,员工职业健康风险随之显著升高。
③ 此类风险主要指向交通投融资平台下属路桥单位在道路施工及应急抢修中潜在员工损伤,由于施工及抢修实施主体的差异,导致一线员工损伤出现自有员工及第三方员工之区分。
④ 阙名前.高速公路桥梁施工风险评估与控制[J].交通企业管理,2011,4.

地。单位必须为工作人员购买工伤保险;用人单位严格遵守国家职业卫生标准,落实职业病预防措施,从源头上控制和消除职业病危害;单位按照国家有关部门的规定,定期对工作场所进行职业病危害因素监测和评价,及时发现和解决问题;加强职业健康安全培训,完善保险保障体系,执行定期体检,及时发现和化解问题,并严格执行离职体检制度,充分掌握员工离职时的身体状况。

第三节　海　外　投　资

在中资企业现阶段的海外投资实践中,本研究所聚焦的交通企业参与正处于稳步上升阶段。"这些企业基于股权收购以及 BOT、EPC 等 PPP 形式,逐步深入参与海外的交通基础设施项目中。"①其中,以中国交建、中国铁建为代表的中资龙头企业正在进一步探索 BOT、EPC 模式下的设计、施工及运营一体化项目试验。

严格地说:"海外投资风险广泛涉及非股东利益相关方,包括东道国政府、社区、工会、当地竞争者、供应链合作方、海外雇员、宗教势力等。"②议题包括"政府准入门槛、出口管制、环境保护、公平竞争、社区认同、文化冲突等,被逻辑上涵盖在了社会责任领域内的问题"。③

一、"走出去"的责任风险分散性

探索和推进海外投资,贯穿了中国改革开放的全过程。中国的海外投资探索并非一帆风顺,企业出海曾经集中遭遇过一系列挫折。比如,"中航油因接连投资石油期权和期货失利,在新加坡申请破产保护";④"上汽集团斥资控股韩国双龙汽车,因遭遇东道国工会的强大阻力,在拉锯式博弈之后黯然退场";⑤"中投公司斥资购买私募基金黑石集团股权,却在全球经济危机中产生巨额亏损。"⑥回顾中资企业在全球经济危机前后所遭遇的波折,中国企业在"走出去"实践中遇到不少困难。

2011 年前后,中国经济增速在改革开放期间首次回落。"随着人口红利逐渐衰减,劳动力成本上涨,依托消费-出口-投资合力拉动经济的旧有发展模式遭遇瓶颈。"⑦为寻求

---

① 卜小龙."一带一路"背景下工程承包业走出去的思考[J].宏观经济管理,2016,2;徐强.基础设施项目建营一体化全球态势与中国策略[J].国际经济合作,2015,10.

② 于鹏,李丽.中国企业海外直接投资:社会责任风险管理与利益相关方参与[J].国际经济合作,2016,7.

③ 沈铭辉,张大元.中国企业海外投资的企业社会责任——基于案例分析的研究[J].中国社会科学院研究生院学报,2016,2.

④ 焦志勇.公司治理中存在的根本问题和对策——从"中航油"案件中引发的思考[J].经济与管理研究,2005,7.

⑤ 袁庆宏.中国企业跨国并购中的劳资关系问题——上汽双龙公司在韩工厂罢工风波引发的思考[J].中国人力资源开发,2007,3.

⑥ 周煊.黑石事件的反思与中国主权财富基金运营策略的建议[J].经济体制改革,2010,3.

⑦ Fang Cai. Demographic transition, demographic dividend, and Lewis turning point in China[J]. China Economic Journal, 2010, 2.

突破,曾经作为接收外商直接投资(FDI)最大目的国和经济全球化最大受益国之一的中国,开始进一步鼓励企业"走出去"探索实施海外投资,通过融合接收外资和对外投资来建构发展新引擎,中共十九大报告中将其界定为"走出去"与"引进来"的深度融合。基于官方倡导与企业实践,中国对外投资取得重大突破,基于海外第三地融资再投资,中国企业年度海外投资总额超过外商直接投资(FDI)流入规模。尽管中资企业海外投资规模取得突破性进展,"走出去"进程中本国企业整体适应性、竞争力与盈利前景还有待不断深化。

目前,交通基础设施的海外投资与建设,更多集中于中国香港、东盟、南亚和欧盟国家范围内。其中,比较具有代表性的包括珠港澳大桥工程、巴基斯坦瓜达尔港、马尔代夫友谊桥、斯里兰卡科伦坡港口城、塞尔维亚多瑙河大桥等交通投资建设项目。基于经验证据,"中国企业走出去目的地沿'一带一路'广泛分布,除东南亚、南亚、东欧等与海外中资分布充分契合外,西亚、东非、西非等区域也逐渐为中国交通投资与建设企业所聚焦。在上述区域内,人文环境、法律体系、宗教分布、政治局势等要素均表现出显著差异,稍有不慎,可能招致显著风险"。[1]

一言以蔽之,中资交通企业基于"走出去"谋求海外发展,需要应对和解决一系列的现实挑战,特定企业对于目的国不仅要知其然,更要知其所以然。对交通企业海外投资实践与前景的讨论,不应脱离其所处的历史情境、国内语境和国际环境。基于未来交通投资企业探索海外投资的范围和规模持续拓展,对关键议题和重点风险的识别与应对,无疑更加应结合历史、国内和国际三重维度,从政治、经济、宗教、文化和法律等关键领域展开全方位的深度考察,对深具"不确定性"的海外投资风险及其应对加以梳理。

二、不确定性的多样来源

依据商务部及相关机构统计数据,海外投资的中国交通企业相当数量仍然处于"破难"状态,绝大多数深受海外投资"不确定性"的影响,[2]广泛涉及地缘政治、宗教文化、法律体系、工会实践等问题,具体表现为劳动用工、税收缴纳、环境保护、投资审查、政府关系、地缘冲突、域外管辖、生产效益、宗教信仰等多元化的实践挑战。

东南亚、南亚、欧洲和拉美等作为中国企业海外投资的传统目的地,基于地缘政治博弈的国内政局动荡与地区关系紧张势,必然给中国海外投资企业带来全面挑战。

较之地缘政治因素,文化差异对中国企业海外投资的影响不可小觑。从中国企业在

---

① Haiquan Liu. The Security Challenges of the "One Belt, One Road" Initiative and China's Choices[J]. Croatian International Relations Review, 2017, 23.

② 以中远海运投资希腊比雷埃夫斯港项目为例,全球经济危机所致债务困局,导致了希腊国内政权频繁更迭,中远海运与上届政府所订立比港股权收购协议遭到继任政府叫停。这种国内政局动荡,致使中远海运前期投资和在建工程面临巨大风险。类似地,中国铁建等中标的墨西哥高铁建设工程与商业地产项目,被墨西哥政府以投标合规与环保合法理由搁置。与中资企业和东道国政府博弈相比,中兴事件所体现地缘政治与法律域外管辖的制约更为典型,充分暴露出中国企业在海外投资过程中的风险防范不完备性与实践短板,中兴风险防控部门对地缘政治与西方法律体系认知缺陷,无疑是造成中兴遭受重大打击的直接原因。

东南亚和南亚等地投资设厂经验案例来看,跨文化差异对企业管理和经营的制约,以及所引发的误解和冲突,可能削弱投资东道国的劳动力成本优势。①

宗教力量与文化因素的连接交互,往往借助于中资企业海外投资社会责任履行短板,以及宗教权力与世俗结构博弈等关键特征,不断施加影响及产生各种延伸效应。中国铁建承建沙特阿拉伯麦加轻轨项目的亏损经验,为观察宗教与世俗博弈互动提供了现实视角。②

相较之下,"缅甸密松水电站项目与巴基斯坦瓜达尔港建设工程所遭遇的困境,则充分展现了宗教影响的多元特征"。③另一个例证,"中电投在缅甸克钦邦密松水电站建设项目遭遇到严重的不确定性。其中,风险主要源于基督教信众与穆斯林教徒等不同宗教派别利益集团间的博弈。而'中巴经济走廊'的瓜达尔港建设工程,则持续遭受宗教极端主义的威胁,该项目所在地伊斯兰原教旨主义盛行,对瓜达尔港的建设施工造成了潜在威胁"。④

作为中资交通企业"走出去"海外投资重要目的地,"一带一路"沿线发展中国家分布密集,涵盖东南亚、南亚、西亚、北非广大区域。此范围内的大多数国家都在历史上遭受过外来的殖民统治,导致本土历史与外来文化的深度纠缠,在旧有文化内核中又嫁接了西方的价值体系,形成了表面张力充足的内生性冲突结构。同时,文化注入与宗教传播的紧密联系,又形成了本土宗教与舶来宗教之间的竞争格局,对特定投资目的国的法律实践体系、政制架构、财税制度、投资审查、劳动保障机制等产生深远影响。

基于历史、经济、社会、宗教与地缘政治要素的综合影响,中资交通企业"走出去"的投资东道国在法律规制的实践上产生了多元差异。就法系而言,横跨英美法系、大陆法系、混合法系和伊斯兰法系等诸多体系,无论是立法架构、法律传统、司法制度、执法实践等顶层设计,还是投资者保护、争端解决、投资审查与刑事合规等细化领域,均存在显著差异。若遭遇涉外纠纷,围绕应在纠纷解决中采用何国法律作为处理标准、第三国法律能否兼做法律依据等现实问题,将给东道国法律构造造成极大困扰。

围绕央地关系差异,各国中央与地方政府实力对比将有力影响东道国法律实践。例

---

①　以中国企业在东盟国家建厂经营冲突为例,在东南亚某国当地员工技能培训课程中,只是由于中方翻译对该国语言文化的缺乏了解,把对应表述的"蹲下"概念错译为"下跪",当地员工基于文化传统,仅限跪拜宗教神灵与祖先,此次口误最终酿成了一场波及甚广的劳资纠纷,催化了中资企业与当地社区的对立情绪。而在越南等东盟国家投资实践中,出席考勤与延长工时等问题较难在中方管理者与本土员工之间达成共识,导致了企业订单或承接项目进度滞后。

②　麦加的轻轨项目协议由中沙两国元首共同签订。该项目主要用于缓解每年数百万穆斯林信徒在麦加朝觐期间的出行压力。基于视麦加为伊斯兰教圣城的观念,非穆斯林工人被禁止参与麦加轻轨施工建设,导致该项目的用工成本高企;另外,斋月等宗教节日与麦加朝觐活动举行期间完全停工,严重影响了施工进度。在麦加轻轨施工期间,中国铁建已经预见到潜在亏损,虽然该项目最终得以完成,但造成了超过40亿元巨额亏损,超过中国铁建当年总利润的一半。

③　李丽.以 ISO26000 促进中国企业"走出去"的思路与建议——基于密松水电站项目的思考[J].国际商务(对外经济贸易大学学报),2015,1.

④　李烨.巴基斯坦族群冲突问题:地方族群,宗教认同对国家认同的挑战[D].2015 年中国台湾中兴大学硕士学位论文.

如,"美国联邦政府与州政府各自拥有相对独立的立法权力和司法体系,选择何州作为最终投资目的地将明显影响后续环境保护、劳动雇佣和税收比率等诸多关键议题的应对策略"。① 相较之下,"印度中央政府对各邦之权威并不绝对,各邦司法实践与中央立法存在明显博弈与互动,如印度《公司法》关于企业社会责任强制履行的条款,即受到各邦的强烈抵制"。② 在越南,"其立法体系呈现出显著大陆法系色彩,其司法实践则具有较多东亚传统的特征,因其历史背景造成立法与执法层面的内生性冲突"。③ 央地关系下的多元形态将给处于特定东道国从事建设或投资的中资交通企业系统风险防范带来极大不确定性。

同时,"'一带一路'沿线密集分布众多发展中国家与转型国家,加之其所处地缘政治环境相对脆弱,其国内政治局势易发生震荡冲突,对特定东道国法律实践一致性与延续性造成负面冲击"。④ 基于政权更迭或持续改革,"某些东道国有关外商投资、国际贸易、税收设计、产权保护等议题的立法面临间歇性调整、修订与重构,相关指引与规定遭遇频繁变化,导致相应投资或建设主体无所适从"。⑤ 另外,"相当数量国家在政府廉洁度、行政透明度与政策公正度等层面存在不足,立法机构、司法机关、执法组织与监管框架衔接不畅,致使国民待遇流于形式、政策壁垒刻意设置、执法歧视缺少规制,使投资建设企业在信息收集、风险防范、战略决策等方面处于明显劣势。"⑥

三、不确定性的风险系统防范

承接上述逻辑,基于"一带一路"沿线国家融合地缘政治、法律体系、宗教影响、文化传统等要素多样性、差异性与流动性的影响,探索投资建设的中资企业在信息收集、形象塑造、社区互动、员工管理、资产保护、纠纷处理、风险预防、决策评估与战略调整等许多方面存在不确定性,中资企业如何有效构建海外投资建设风险防范体系成为核心问题。上述问题应立足尽职调查、决策评估、宗教禁忌、法律实际等维度加以切入。

围绕尽职调查,"特定企业应在投资建设咨询中有效植入本土化元素,探索与信誉、资质良好的东道国本土机构建立有效合作,使其与企业自身及中国商事服务组织相对独立开展工作,以期有效降低因语言壁垒、信息滞后和区域差异等因素导致基础文本版本滞后错漏、关键法律条文认识不清、重要政策规定理解偏差等尽职调查工作中致命性短板"。⑦

---

①　Marcel Kahan, Ehud Kamar. The myth of state competition in corporate law[J]. Stanford Law Review, 2002,679,55.

②　华忆昕.印度强制性企业社会责任立法的中国启示[J].华中科技大学学报(社会科学版),2018,3.

③　John Gillespie. Transplanted Company Law: An Ideological and Cultural Analysis of Market-Entry in Vietnam[J]. International & Comparative Law Quarterly, 2002, 3.

④　Michael Clarke. "One belt, one road" and China's emerging Afghanistan dilemma[J]. Australian Journal of International Affairs, 2016, 5; Jie Yu. China's One Belt, One Road: A Reality Check[J]. London School of Economics Strategic Update, 2017, 1.

⑤　He Huang, Starostin N. Political risks and controls of oversea investment by Chinese enterprises: Based on the countries along "One Belt and One Road"[J]. Journal of Shenzhen University (Humanities & Social Sciences). 2016, 1.

⑥　姬云香,胡晓红.全球治理下"一带一路"之公平公正待遇问题研究[J].西北师大学报(社会科学版),2016,6.

⑦　金钰珏.语言障碍度对我国对外直接投资的影响研究[J].外语学刊,2018,6.

基于上述逻辑，企业应就东道国意向地域和项目组织系统投资前评估与尽职调查，评估要点应囊括目标区域之民族组成、宗教结构、政治偏好、司法框架、执法实践、央地关系、法律实践偏差、环境污染约束、政权稳定度、政府廉洁度、信息权威度、政策连续性、工会成熟度、裁判一致性及非诉讼争议解决可行性等关键要点。

　　一旦涉及实质性进展，特定企业关注重点则应从系统评估转向审慎落地，细化投资建设推进应立足全面社会责任履行展开。基于经验证据，"中资企业推进项目建设或投资落地受阻往往与环境污染、劳动雇佣、外资审查、知识产权等议题紧密联系，而企业社会责任能够涵盖上述要点，通过对标环保、劳工、知识产权等领域高标准，倒逼企业提升风险应对能力"。[①]

---

　　① 仰海锐，皮建才.企业社会责任标准差异下我国企业"走出去"策略分析[J].西安交通大学学报（社会科学版），2020，1.

第七章　行业底线内控风险的识别

第一节　刑事合规的共治立场

高级别官员和企业管理层的贪腐案件频发,以及网络犯罪、法人犯罪的兴起,使得刑事合规已经成为突出的法律和社会问题。

一、刑事合规政策的变化

内控风险的底线是"刑事合规"。企业实施的经济犯罪行为所诱发的刑事合规风险,意味着企业要对此承担相应的刑事法律责任的可能性。在当前中国的市场经济中,无论国企还是民企都可能存在刑事不合规问题,尤其是在市场更高水平对外开放、政府放宽对企业经营活动管制的大背景下,企业的"逐利性"经常触及刑事合规的底线。

作为社会财富的重要创造者和社会创新的重要引擎,企业家对于社会的健康发展具有举足轻重的影响力。当企业家借助其积累的职业技能和能量实施犯罪时,必然会给社会造成深重危害。一名企业家的倒下,往往意味着一个企业的倒闭或者遭受重创,甚至影响到一个行业、一个地区的经济发展。因此,如何提升企业和企业家防范刑事风险的意识和能力,事关企业、区域经济发展乃至社会稳定大局,引发了社会对于以"刑事合规"为代表的企业底线内控风险的高度关注。

从刑事立法角度而言,中国刑事立法为实现维护社会民众整体安全和社会秩序的重要目标,不断地调整、修改或者增加相关内容,作出了积极回应,强调了刑法的预防功能。比如,《刑法》明文规定:"单位犯前款罪的"、罪名主体为单位或者出现"直接负责的主管人员和其他直接责任人员"用语的罪名已明显扩大,以此充分发挥在化解单位犯罪风险时刑事政策和刑法应有的作用。其核心目的就是要通过对刑事政策和刑法功能和价值的调整,以体现刑事政策和刑法的积极作用。众所周知,经过 1997 年刑法典的修定以及《刑法修正案(一)》至《刑法修正案(十一)》的修订,中国单位犯罪的罪名数量不断增加。根据以往司法实践中案例,刑事合规风险已成为企业家面临的严峻问题。

二、风险语境的刑事合规立法

刑法立场是特定时期人们对待某种犯罪的基本态度,是刑事立法与刑事司法得以科学展开的基本前提。学界对于企业管理者刑事犯罪大致形成了两种截然相反的观点。

一种观点是在风险社会语境下为企业管理者刑事犯罪圈的扩张寻找理论根基。贝克（Ulrich Beck）和吉登斯（Anthony Giddens）可以被视为"风险社会"理论的首倡者和构建者，他们特别强调了风险社会中的风险无论在规模上、程度上都发生了根本性的变化。[①]此后，学界对于风险和"风险社会"的理论研究开始流行，对刑法学界产生了深远影响。基于此，德国刑法学家 Jakobs 进一步提出了刑法的"机能主义理论"（functionalism theory），认为"刑法要达到的效果是对'规范同一性'的保障以及对宪法和社会的保障，并力图用'规范'保护取代'法益'保护"。[②] 功能刑法的发展要求刑法干预的提前，从处理阶段"向前看"倒推进入预防阶段，在立法上的表现就是法益保护的提前化。

中国刑法学界积极支持这一观点，认为应引入西方"风险社会"和"风险刑法"理论。"针对危及社会整体利益和公共安全的风险行为，刑事立法应与时俱进不断调整，赋予刑法新的功能，修改或者增加相关内容，回应人们对安全价值的需求，提前法益保护的时间点，积极应对风险带来的理论更新，刑法体系面临着由罪责刑法到安全刑法的转变。"[③]

根据刑法修正案的修改重点，以及民众对社会热点的舆论导向、关注焦点和经济社会发展的现实需求，刑法修改对引发社会风险的热点问题，以及具有一定社会危害性的行为做出了积极回应，印证了风险刑法理论学者的观点。主要表现为：体现犯罪的扩大化和处罚的重刑化趋势；[④]针对危及社会整体利益和公共安全的风险行为的反应有别于传统刑法；[⑤]将行为所导致的法益实害的可能状态作为刑法规制的对象；[⑥]通过"扩张或者缩减构成要件要素"，[⑦]降低入罪门槛，立法的逐步严密，适度扩大犯罪圈。[⑧] 但是，这种将刑事政策从单纯的指导作用发展到将刑事政策的功能渗透、融入至立法条文的诉求，导致刑事政策和刑法处于一种矛盾、紧张的状态。因此，如何实现刑事政策与刑法的融合与统一，其核心在于如何处理好刑法安全性机制与刑事政策灵活性的妥协与平衡。

三、国家规制面向共治转型的刑法立场

该观点认为应对风险社会的挑战，刑法的因应之策不是基本立场的背离和机能转变，而是"对谦抑性的捍卫与犯罪多元治理的实践"。[⑨]"我们必须谨慎前行，以避免带来一个

① ［德］乌尔里希·贝克.风险社会[M].何博闻,译.南京：译林出版社,2004；[英]安东尼·吉登斯.现代性的后果[M].田禾,译.北京：生活·读书·新知三联书店,2000.
② 王莹.法治国的洁癖——对话 Jakobs"敌人刑法"理论[J].中外法学,2011,1.
③ 高铭暄,曹波.当代中国刑法理念研究的变迁与深化[J].法学评论,2015,3.
④ 比如,刑法修正案(五)第 1 条设置了妨害信用卡管理罪,弥补了原有立法的欠缺。刑法修正案(六)对重大责任事故罪的犯罪主体范围进行了拓展,对犯罪责任加重处罚。
⑤ 比如,刑法修正案(三)增设了放射性物质犯罪的规定。
⑥ 比如,刑法修正案(九)增加了载人超载超速罪的规定。
⑦ 白建军.犯罪圈与刑法修正的结构控制[J].中国法学,2017,5.
⑧ 刑法修正案(二)、刑法修正案(八)将生产、销售假药罪由危险犯修改为"行为犯",将生产、销售伪劣产品罪由结果犯改为"危险犯",将非法占用耕地罪修改为"非法占用农用地罪"。
⑨ 田宏杰."风险社会"的刑法立场[J].法商研究,2011,4.

新的制度风险——风险社会的刑法危险。"①毕竟犯罪不仅是法律现象,更是社会现象,犯罪的发生具有深厚的社会根源。刑事实证学派学者菲利认为:"每一种犯罪都是行为人的身体状况与社会环境相互作用的结果。"②学界对企业家刑事法律风险加大的本体动因分析,触及企业家所处的政治、法律、经济、文化环境等多个层面。"研究企业家犯罪,唯有注重它与由制度体系所构建的社会生态环境之间存在的十分密切的互动关系,才能找准'企业家犯罪为何会如此存在'的症结所在。"③基于以上认知,相关刑事合规的关注兴奋点涉及立法、司法两个层面。

在立法层面,有所为、有所不为。"刑法作为调整社会的主要形式是法治发展的低级阶段",④因此,刑法介入企业管理的深浅,应与社会的实际情况相适应。学者们在立法层面提出了一系列的具体方案:注重"改善企业家生存的制度环境,认为这是预防和抑制企业家犯罪的治本之策";⑤坚持罪刑法定原则,摒弃"刑法至上""刑法前置"及"刑罚万能"观念;⑥政策的性价比对,认为"采取其他措施预防,可能比单纯的法律禁止更有效";⑦认为"对争议极大的非法吸收公众存款罪、集资诈骗罪和擅自发行股票、公司、企业债券罪以及组织领导传销活动罪、非法经营罪、行贿罪等,需要随着市场经济的深化加以修改";⑧刑法入罪化限制应当确立其评判标准,比如"该危害行为是否经由刑法之外的其他法律部门调整;其他法律部门调整该危害行为的方法是否确当;在社会政策方面是否存在治理该行为的替代性选择;该危害行为入罪的现实可操作性"。⑨事实上,通过这些创新性措施的有效实施,推动了对企业管理人员犯罪国家规制模式的丰富和发展。

在司法层面,目前没有任何数据能够证明刑法的无限扩张,乃是有效抗制社会风险的唯一选择。所谓已进入了风险社会,并不能成为选择重刑化、单极化刑事政策的理由。学界研究在司法上也提出相应的因应之策:一是"强调通过司法抑制重刑主义是在难以从立法上实现刑罚轻缓化的情况下的一种合理选择"。⑩二是强调"凡能用民事手段、商事手段、行政手段解决的矛盾纠纷和一般违法问题,即不宜动用刑法手段"。⑪三是认为"近年来,经济领域中有的刑事大案在严格意义上都属于民事纠纷,有的甚至还没有构成纠纷"。⑫基于这一观念,长期以来人们对企业管理人员犯罪保持高宽容度和高容忍心理,

---

① 龙敏.秩序与自由的碰撞——论风险社会刑法的价值冲突与协调[J].甘肃政法学院学报,2010,5.
② [意]恩里科·菲利.犯罪社会学[M].郭建安,译.北京:中国人民公安大学出版社,2009:150.
③ 李本灿.公共机构腐败治理合规路径的构建[J].中国刑事法杂志,2019,2.
④ [英]梅因.古代法[M].沈景一,译.北京:商务印书馆,1959.
⑤ 梅传强,张永强.背离与回归:企业家犯罪刑法规制的谦抑立场[J].河南大学学报,2014,1.
⑥ 付立庆.论积极主义刑法观[J].政法论坛,2019,1.
⑦ 贾元.风险社会背景下刑事政策变化和刑法机能的发展研究[J].宁夏社会科学,2016,6.
⑧ 毛玲玲.互联网金融刑事治理的困境与监管路径[J].国家检察官学院学报,2019,2.
⑨ 孙国祥.集体法益的刑法保护及其边界[J].法学研究,2018,6.
⑩ 李晓明,陈争尧."并合主义"刑罚观对中国刑法立法的推动[J].政法论丛,2016,2.
⑪ 高铭暄.对经济领域的冲突纠纷应慎用刑事手段[J].法人,2013,3.
⑫ 蒋德海.将民营企业家从刑事法律风险中解放出来[J].统一战线学研究,2019,1.

"政府尤其是司法部门为保护经济发展,对公司犯罪采取放任甚至是放纵态度"。[①] 为了扭转这一困局,Thomas Rotsch 教授强调:"突破传统思维,引入新的企业犯罪预防理念或者替代模式"的主张,[②]强调引入所有客观上事前必要的或者事后被刑法认可的规范性、制度性以及技术性的属于某一组织的措施,其目的在于降低组织或者组织成员实施的与组织有关,且违反国内或国外法的经济犯罪行为的风险,抑或是相应的犯罪嫌疑风险。

第二节　刑事违规的主要类型

为了更加客观反映中国企业刑事合规的基本现状,下文通过融资类犯罪、职务犯罪、不同所有制企业罪名差异、企业家涉及主要罪名、背信犯罪等维度,全面梳理中国企业家犯罪的类型化特征。下文以 2014—2018 年在"中国裁判文书网"上公布的 2 439 件生效裁判文书为分析样本,形成企业刑事合规的特征数据集,归纳出刑事违规的企业家犯罪基本样态和特征。

一、融资类犯罪比重大与民企融资的制度性瓶颈

随着转型期中国经济结构变迁和社会矛盾的集中凸显,企业家涉嫌刑事不合规的现象越来越多。融资犯罪主要包括 5 种类型,其中非法吸收公众存款罪占比最大。以 2014 年以来为例,2014—2016 年数据稳定在 60～65 件,2016 年后上升速度加快,2018 年又飙升为 272 件(见表 7-1)。这反映了经济社会发展的现实背景,进入攻坚期的中小企业出现了"融资难"情况。因此,一旦企业家融资方式出现问题,较易触犯非法吸收公众存款罪。此外,集资诈骗罪在近年来的分布趋势超过了合同诈骗罪,也从另一侧面说明了当下资本市场面临的现状和问题。

表 7-1　融资类犯罪分布状态

比较项 ＼ 年份	2014	2015	2016	2017	2018
非法吸收公众存款罪	65	64	61	152	272
集资诈骗罪	21	14	11	34	51
骗取贷款、票据承兑罪	8	29	8	33	41
合同诈骗罪	35	40	6	16	15

---

①　蒋熙辉.公司犯罪刑事责任问题研究[M].中国人民公安大学出版社,2011：177.

②　[德]乌尔里希·齐白.全球风险社会与信息社会中的刑法：二十一世纪刑法模式的转换[J].周遵友,江溯,等,译.北京：中国法制出版社,2012：263-264.

非法吸收公众存款罪和集资诈骗罪的年度分布变化,在一定程度上反映了现实经济和社会背景,该结果无疑是当下民企"融资难"的脚注(见图7-1)。民企融资难的第一个表现是,合法、合规的融资渠道十分有限。中国的民企整体规模较小,中小企业居多;同时,证券市场、金融市场上的一些制度性门槛设立,使得民企通过上市、发行债券以及商业银行贷款等方式融资的渠道极为有限。民企融资难的第二个表现是,民间融资的法律风险高。由于可资利用的正规融资渠道有限,民企被迫更多采用民间借贷的方式融资。

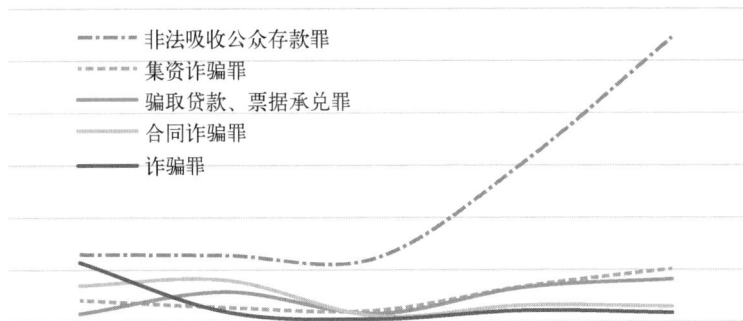

图7-1　融资犯罪变化曲线

在金融创新领域,大的P2P等新型融资平台的出现,包括某些担保公司、财富管理公司等,以担保或资产管理的名义,实质上从事借款、放贷、股权融资等"类金融"业务,游离于合法与非法之间,导致法律风险大量存在,已有相当一部分平台负责人以非法吸收公众存款罪被刑事立案调查。产生这一现象的原因,一方面,相应的立法滞后。缺少明确规定,抑或虽有规定,但界限不明、规则模糊、理解歧义等;另一方面,在类金融衍生业务上的经验和人才匮乏,导致立法和监管缺乏指引。同时,"两高"为了弥补立法方面的滞后和不足,又将不少司法解释扩大解释,把不少行为升级为犯罪,使得罪与非罪的界限不明确,法律风险的预见性较差。[1]

另外,企业家也较易涉嫌挪用资金罪和侵占罪。特别在家族式企业,企业家支配资源相对随意,比如,侵占企业资金划入个人账号或关联企业,以及未经其他股东同意对外斥借等。其中,控股股东尤其实际控制人由于管控和支配企业,资产挪用或侵占条件便利,企业和个人资产被混同起来。

二、职务犯罪突出与出国企制度性的角色错位

职务犯罪主要表现为贪污贿赂、挪用公款等经济犯罪和渎职侵权犯罪,主要包括受贿罪、贪污罪、挪用公款罪、私分国有财产罪以及职务侵占罪(见表7-2)。

---

[1] 　以"非法经营罪"为例,《刑法》第225条通过叙明罪状的形式对三种具体的非法经营犯罪行为进行列举后,在其第4项中规定了"其他严重扰乱市场秩序的非法经营行为",在没有相关司法解释限定的情况下,该种"口袋式"的规定容易将刑法上没有进行明确规定的经营行为进行犯罪化处理。

表 7 - 2　职务犯罪分布

比较项 / 年份	2014	2015	2016	2017	2018
受贿罪	56	56	89	102	136
贪污罪	39	19	57	76	77
挪用公款罪	22	13	15	27	46
私分国有资产罪	5	2	16	13	16
职务侵占罪	3	5	3	11	12

其中,受贿罪所占比重最大,且逐年上升,上升速度还呈加快趋向。2014 年、2015 年的数据皆为 56 件,2016 年、2018 年呈上升趋势,从 89 件一直上升为 136 件(见图 7 - 2)。受贿罪是职务犯罪的重灾区,绝对数量也在逐年增加。贪污罪呈现出一种稳定的趋势,这也得益于我们国家反腐力度加大的现实背景。职务犯罪在最近几年呈现出一种上升的趋势,而且上升的幅度高于前几年的水平。

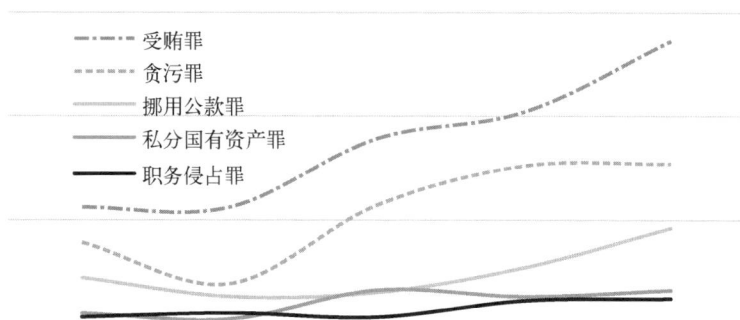

图 7 - 2　职务犯罪变化曲线

受贿罪和贪污罪是职务犯罪的主要构成部分,无论从绝对数量上还是变化趋势上,其都在相当程度上折射了职务犯罪在当下中国的情况。虽然中国的反腐力度加大,社会对于职务犯罪深恶痛绝,但是,职务犯罪仍是中国法律界需要关注的重点领域。出现问题的原因主要在于中国的国企管理层因制度性安排,已成为企业家群体中掌握特殊经济资源的特权阶层。国企大多依赖政府扶持、垄断地位和特殊政策,形成了天然的竞争优势,他们往往握有合法、合规而不合理的特权,滋生腐败。

三、国有、民营涉及罪名差异与市场公平竞争供给

通过对国企和民企的"刑事合规"罪名分布分析,国企管理层适用的常见罪名包括受贿罪、贪污罪和挪用公款罪等,民企涉嫌的罪名则不受身份限制,罪名分布差异较大;另外,2014—2018 年的民企犯罪数量快速上升,远高于同期国企犯罪数量(见表 7 - 3)。

表7-3 国企、民企高频率犯罪罪名比较分析

国企高频率犯罪罪名			民企高频率犯罪罪名		
年份	罪　名	人次	年份	罪　　名	人次
2014	受贿罪	56	2014	非法吸收公众存款罪	64
	贪污罪	39		诈骗罪	54
	挪用公款罪	22		挪用资金罪	39
2015	受贿罪	56	2015	虚开增值税专用发票、用于骗取出口退税、抵扣税款发票	109
	贪污罪	19		职务侵占罪	99
	挪用公款罪	13		非法吸收公众存款罪	64
2016	受贿罪	89	2016	非法吸收公众存款罪	100
	贪污罪	57		职务侵占罪	92
	挪用公款罪	15		虚开增值税专用发票罪	89
2017	受贿罪	102	2017	虚开增值税专用发票罪	279
	贪污罪	76		非法吸收公众存款罪	232
	挪用公款罪	27		职务侵占罪	211
2018	受贿罪	136	2018	非法吸收公众存款罪	414
	贪污罪	77		虚开增值税专用发票罪、用于骗取出口退税、抵扣税款发票罪	334
	挪用公款罪	46		单位行贿罪	181

　　刑事不合规不仅是一种法律现象,更是一种社会现象,必然存在深厚的社会根源。刑事实证主义学者菲利所言:"每一种犯罪都是行为人的身体状况与社会环境相互作用的结果。"①根据数据显示,拥有特殊主体身份的国企管理层涉嫌罪名主要为受贿罪、贪污罪和挪用公款罪。其中,受贿罪、贪污罪仍是国企管理层的犯罪重灾区。近年来,受贿罪呈现上升趋势,贪污罪呈现出稳定趋势(见图7-3)。

　　民企管理层不受身份限制,罪名分布较为广散,差异较大,常见罪名包括非法吸收公众存款、虚开增值税专用发票罪等。① 非法吸收公众存款。该罪在最近几年增长的势头较为迅猛,从2014—2018年的增长数据分别为64件、64件、100件、232件、414件。② 虚开增值税专用发票罪。从2016年的89件增至2017年的279件,这在体现了中国的经济发展的现实背景的同时,这实际上反映了中国税制改革过程中的出现的一些问题。③ 单位行贿罪。仅2018年就检索181件,民营企业家对依附权力的现实利益和潜在的刑事风险大多心知肚明,但企业家甘冒巨大的刑事风险结交权贵,进行利益输送,是利弊得失权衡后的理性选择。攀附上关键岗位的官员对于企业的生存与发展至关重要的。某种意义而言,民营企业家行贿有时也是被逼无奈的选择(见图7-4)。

---

① [意]恩里科·菲利.犯罪社会学[M].郭建安,译.北京:中国人民公安大学出版社,2009:150。

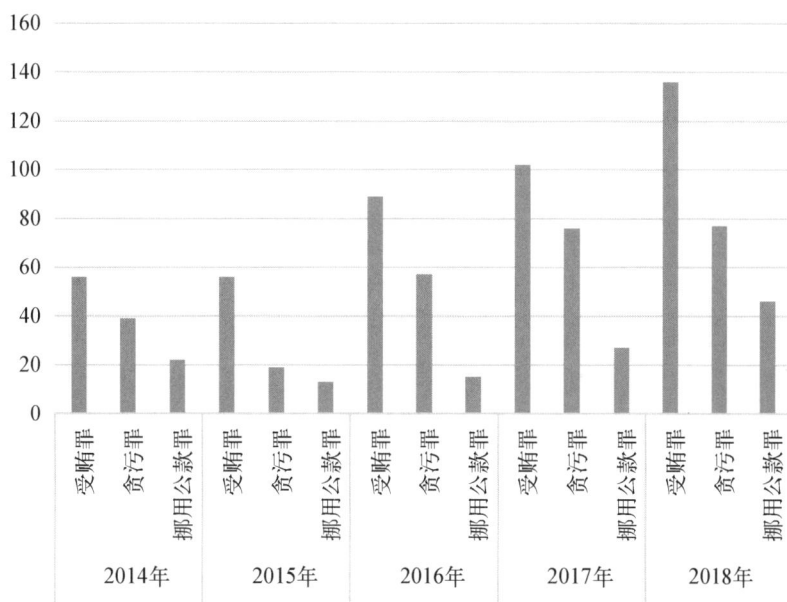

图 7 - 3　国企高发罪名

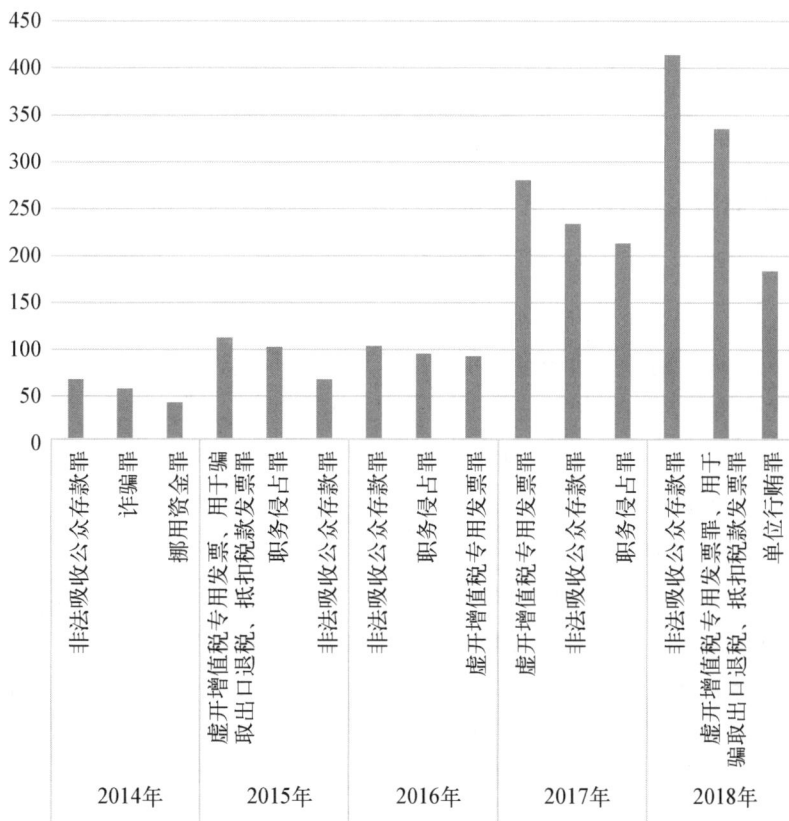

图 7 - 4　民企高发罪名

中国正处于从计划经济体制向市场经济体制转型的关键期,经济结构、社会体制、利益结构都面临重大而剧烈的调整与变动。在这一过程中,原有计划经济的体制、制度与市场经济的发展不相吻合,这必然导致一些经济行为往往以突破旧有规则的方式进行。其中,国有、民营企业家罪名差异,表现出中国因所有制差别而导致的民营经济发展的客观弱势地位依然比较突出。长期以来存在着强调公有财产的保护,相对忽视对私有财产权保护的现象,加之近年来原材料成本上升、用工成本上升、人才缺乏、税费负担重和资金成本上升,进一步挤占了民营企业的利润率。置身于这样的市场环境,不少民企采取了不正当手段,才有可能获取此类行业的资源。尤其是在工程发包环节,充斥着寻租、设租型犯罪。民企更多地是作为承包方,为了弥补欠缺的市场竞争力,以及获取经营机会和夺取市场优势,其往往会采取行贿手段,向相关主管部门或者发包方行贿,以求获得承揽工程的机会,将其成为获取经济竞争优势的助推器。

第三节　内控治理的悖论之辩

上文给出了国企与民企的刑事违规指向的主要类型,初步分析了其内在原因和涉及的要素。接下来,在刑事合规的防控基准上,从主体间性的角度还有什么值得重点关注的问题? 无疑,国家刑事公权力介入过强,不利于营商环境的构建;缺少了刑事合规的有效干预,又会让诚信这一"帝王原则"长期缺位,这形成了一个"悖论之辩"。

一、国家刑事公权力的介入程度

当前企业家的主要罪名分布,相当程度上反映出国家刑事手段介入市场活动过于泛化的倾向(见表7-4)。企业家犯罪原因是多元的,可能与国家经济结构转型有关,也可能是公司本身的治理结构所有权与经营权分离导致。它们大体上决定了对于该类犯罪惩处与预防的概貌与基本走向。尽管法律是一种高度有益的社会管理制度,但它也与其他人为制定的制度一样会存在弊端。法律的缺陷来源于其守成的取向,也来自其固有的刚性要素。重刑思想和刑法适用的优先性使得一些本不应该定罪的社会异常行为也被作为犯罪对待,而在中国的市场经济中,刑法则表现出其对市场经济个体乃至整个市场体系的过度干预。过多依赖刑法的作用则更多体现为政府社会治理能力的软弱,化解社会风险不能成为刑法过度扩张的借口。在市场化改革不断推进的过程中,对于市场经济领域犯罪的刑法规制和刑法适用而言,政府与市场、企业家的边界究竟在哪里,对于企业家的活动空间应如何划定,才利于激发企业家的创新活力和推进市场化的改进进程,是现阶段难以回避的重大理论和实践课题。通过上述统计数据表明,由于执法体制和刑事制度设立等方面的问题,现阶段客观存在运用刑事手段去解决一般性的市场经济问题,并因此导致刑事手段介入市场经济领域的泛化倾向。

表 7 - 4　企业家主要罪名分布

年份	罪　　名	频数
2014	非法吸收公众存款罪	65
	诈骗罪	57
	受贿罪	56
2015	虚开增值税专用发票、用于骗取出口退税、抵扣税款发票罪	118
	职务侵占罪	104
	非法吸收公众存款罪	64
2016	非法吸收公众存款罪	104
	职务侵占罪	101
	虚开增值税专用发票罪	96
2017	虚开增值税专用发票、用于骗取出口退税、抵押税款发票罪	280
	非法吸收公众存款罪	232
	职务侵占罪	222
2018	非法吸收公众存款罪	415
	虚开增值税专用发票、用于骗取出口退税、抵扣税款发票罪	337
	单位行贿罪	188

由表 7 - 4 可见,非法吸收公众存款、职务侵占罪以及受贿罪在每年的高频犯罪中都会占有一席之地。因此,面对这三种犯罪的进一步分析,还可以得出非法吸收公众存款犯罪的上升速度较为明显,从 2014 年的 65 件,逐年上升到 2018 年的 415 件,远远快于其他两个犯罪,而职务侵占罪呈现曲折上升的趋势,受贿罪则呈现稳中上升的趋势(见图 7 - 5)。

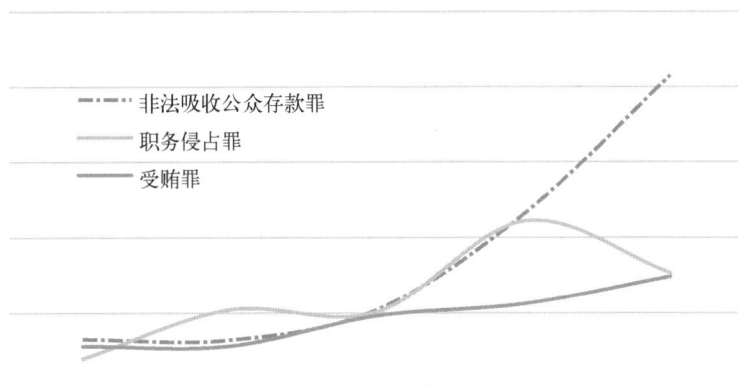

图 7 - 5　三种主要的企业家犯罪分布

总体来说,非法吸收公众存款犯罪的快速上升有着合理的经济、社会背景。目前,中国仍采取以银行贷款为主导的高度集中且受严格监管的金融体系。根据当前的银行信贷政策,中小企业贷款相对比较严格,银行出于对贷款风险、还款周期、边际效益及交易费用等多方面因素的考虑,往往更倾向于与资本密集型的国有企业签订信贷合同,而对民营企业的金融支持力度明显偏弱,使得民企面对激烈的市场竞争相对压力更大。因此,企业为了生存往往不得已去吸收社会上的闲散资金从而维持资金链,但是,这也在一定程度上也较为容易触犯法律,集资行为会被从刑法上做出否定性评价,从而构成了非法吸收公众存款罪。与此同时,公众的投资渠道较少,中国的资本市场尚不完善,民间资本难以保值增值,也导致社会上出现许多公司和个人以高回报率的旗号来非法吸收公众存款,构成了非法吸收公众存款罪。所以,从企业以及个人两方面来看,非法吸收公众存款罪的高发都是在资本市场发展不完善的背景下产生的法律和社会现象。基于此,商业合规的微观理论研究需要在更广阔的社会背景下,深刻审视民营企业家腐败犯罪这一特定时空环境中的"事件",以及其中出现的犯罪人与企业情境的互动关系。

二、"背信"犯罪高发与诚信原则缺位

企业家精神的核心内涵是创新、诚信与责任。"背信"犯罪的大量存在,折射出当下企业家群体中企业家精神的缺位(见表7-5)。但企业家精神的这种缺失,除了企业家自身的职业修养问题外,更有其复杂的社会历史与现实制度成因:① 社会上普遍存在的对企业家的道德质疑,影响企业家对自我价值和社会责任的认可度。在历史上,中国一直奉行重农抑商的社会经济政策,将商人与商事行为视为败坏道德风气的根源,这种历史传统造成了在观念上对商人的歧视心理,人们一向存有"无商不奸"的道德判断。在现实中,改革开放以来出现的贫富差距加大等现象,也促成了社会上较普遍的仇富心理,社会大众对于先富起来的企业家,存有对其致富手段的合法性、依法纳税、诚信经营等方面的怀疑和否定的心态。同时,部分企业在经营中存在的无序竞争等方面的问题,也加重了公众对企业家的道德质疑。② 市场经济失范使企业家对诚信经营的信心不足。由于市场经济发展不完善,许多行业中存在大量的"潜规则",企业家缺乏通过诚信经营获取利润的信心,因为如果没有权力部门的支持,企业不要说是发展,在某些行业甚至连生存都困难重重。这也在很大程度上影响到企业家精神的形成。③ 办案机关的压力传导。一旦企业家行为涉嫌违法犯罪,往往容易在媒体报道放大后形成强烈舆论压力,不仅办案机关容易受到公众舆论的潜在威胁,而且公众的不满情绪会通过舆论的压力转嫁给办案机关,容易在无形中增加企业家刑事法律责任风险。

表 7 - 5   背信犯罪发生的基本分布

比较项 \ 年份	2014	2015	2016	2017	2018
生产销售伪劣产品罪	21	9	13	25	17
骗取贷款、票据承兑、金融票证罪	—	29	20	62	69
职务侵占罪	36	99	101	222	153
挪用资金罪	39	44	53	104	85

续表

比较项 ＼ 年份	2014	2015	2016	2017	2018
污染环境罪	—	24	10	37	25
贪污罪	39	19	57	76	77
挪用公款罪	22	13	15	27	46
受贿罪	56	56	89	102	136
滥用职权罪	—	—	1	9	9

职务侵占罪是背信犯罪的主要构成部分,从 2014 年的 36 件,持续增加到 2017 年的 22 件;2018 年虽然有所下降,但绝对数值仍然很大,数量为 153 件(见图 7 - 6)。职务侵占罪本质上体现了企业家的诚信程度,也是企业家精神的一种体现,更是社会信用体系建设

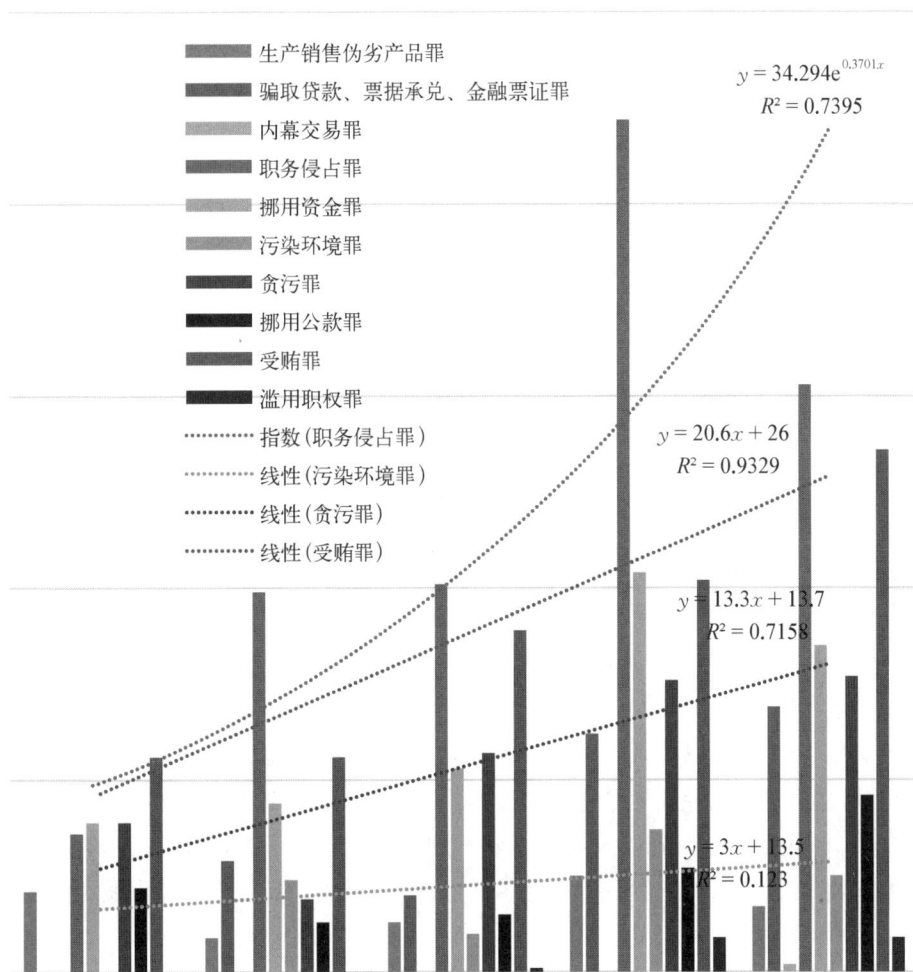

图例:
- 生产销售伪劣产品罪
- 骗取贷款、票据承兑、金融票证罪
- 内幕交易罪
- 职务侵占罪
- 挪用资金罪
- 污染环境罪
- 贪污罪
- 挪用公款罪
- 受贿罪
- 滥用职权罪
- ……… 指数(职务侵占罪)
- ……… 线性(污染环境罪)
- ……… 线性(贪污罪)
- ……… 线性(受贿罪)

$y = 34.294e^{0.3701x}$
$R^2 = 0.7395$

$y = 20.6x + 26$
$R^2 = 0.9329$

$y = 13.3x + 13.7$
$R^2 = 0.7158$

$y = 3x + 13.5$
$R^2 = 0.123$

图 7 - 6　背信犯罪的分布

情况的侧面反映。现实中违背企业家应有的信义义务的罪名不在少数,如贪污贿赂、侵占挪用、滥用职权、制假售假、环境污染、信息欺诈及内幕交易等。因此,在此部分主要归纳企业家背信犯罪的一些罪名。通过数据分析,可以看出职务侵占罪仍然是背信犯罪的主要形式,其次为受贿罪和贪污罪。

图7-6中的趋势线显示出这几种犯罪每年呈现一种上升趋势,说明了企业家犯罪体现出的社会诚信体系不完善。同时需要指出的是,2019年1月为了贯彻落实党中央、国务院关于打好污染防治攻坚战的各项决策部署,充分发挥检察机关、行政执法机关职能作用,最高检联合九部委《关于在检察公益诉讼中加强协作配合依法打好污染防治攻坚战的意见》,即在检察公益诉讼中加强协作配合,解决污染防治和共同推进生态文明建设,这对遏制污染环境罪会裨益良多。

第四节　刑事合规的防控基准

企业的刑事合规防控,需要摆脱传统过度依赖刑法惩罚的窠臼,转向把内控治理与经济和社会体制改革、现代企业制度建立、现代企业治理水平提高和企业家综合素能提升、企业文化的培育等实现深层次的融合集成。

一、刑事合规防控的基本动向

面对日益增长的企业刑事犯罪数量,并不能由此推定刑罚在刑事合规防控的完全失效。一方面,以往刑罚的威慑效果应被肯定;另一方面,也应看到其效果的局限性,毕竟单纯依靠刑罚的威慑,尚未收到良好的抑制效果。从理论上讲,一个社会对反社会行为的调整与控制体系具有复杂的层次和结构,法律规范本身实际上是融合多级层次、多个部门的规范体系。在调控社会风险的多元化手段中,以犯罪与刑罚为基本内容的刑法,只能作为其他调控手段无效时的最后性的防卫手段。基于这个角度而言,建立在单一刑罚威慑的框架之下的刑事合规防控很难奏效。那种"刑法万能"的观点更不能适宜客观上的行为规律,需要体系化构建起防止和发现违法行为的企业刑事合规内控机制。

何谓企业刑事合规的防控? 它是指"企业或者其他组织体在法定框架内,结合组织体自身的组织文化、组织性质以及组织规模等特殊因素,设立一套违法和犯罪行为的预防、发现及报告机制,从而达到减轻或免除责任的目的。"[1]从这个定义中不难看出,刑事合规的核心要素包含两个: 内部控制措施以及与此相联的刑罚意义。换言之,若已存在防止和发现违法行为的有效内控机制,但仍然发生某犯罪行为,在具体的罚金量定时,可以减免罚责。[2] 通

---

① 李本灿.企业犯罪预防中合规计划制度的借鉴[J].中国法学,2015,5.
② 《联邦量刑指南》允许将罪责指数予以降低,由此可以导致罚金数额降低30%。通常情况下,一个有效的企业合规计划,可以使涉案企业在被量刑时减少数百万美元的罚金。

过刑事合规的制度架构,可以推动组织体进行自我管理,进而达到犯罪预防以及组织体自身责任的减轻或者消解的目的。从这个角度而言,这是一个用来降低现代社会中潜在风险的有效工具。该制度架构的目的在于通过量刑激励,促进企业自我管理、建立内部合规组织以及预防和发现犯罪。《联合国反腐败公约》《欧洲理事会反腐败刑法公约》等国际及地区公约,已对企业的刑事合规进行了精细、具体的指引。[①] 而在国别上这一类型的制度最早出现在美国《美国联邦量刑指南》(*United States Sentencing Guidelines*),[②]并且由此迅速在其他各国扩展;同时,德国的《反洗钱法》《银行法》和《证券交易法》,日本的《反垄断法适法计划辅导》,意大利的《231 号法令》(*Legislative Decree No. 231 / 2001 - Law 231*),英国《2010 贿赂罪法案》,都对企业的刑事合规防控体系构建进行了具体规定。此外,智利、匈牙利、波兰、葡萄牙、瑞士、韩国、墨西哥、巴西及南非等国也存在涉及该类型的法律法规。可以说,刑事合规的防控已经形成世界潮流。

基于这种认识,2018 年 7 月 1 日,国家质量监督检验检疫总局、国家标准化管理委员会公布的《合规管理体系指南》这一企业合规领域首个国家标准正式生效。目前,在金融领域的合规计划实践得到迅速展开,国内银行普遍制定了有关合规管理的手册和业务操作指南,建立了合规制度体系,并且取得了积极成效。尤其值得关注的是,不少民企已经开始在内部开展反腐实践。比如,京东通过高管轮岗来防止内部腐败;阿里在其内部成立专门机构和制定廉洁商业行为准则;2008 年,广东唯美陶瓷率先在民企设立纪委和监察部门;2016 年,中国民企反舞弊联盟正式设立。当前,更多的民企已意识到通过企业的刑事合规防控来对个体进行社会化引领的重要意义。

二、刑事合规的企业自我认知

在现代化的"风险社会"中,企业所面临的风险是必然存在的,而且是不可能完全消除的。企业在市场经营活动中,既可以为自身带来利润增长,实现企业的社会价值,但同时也应当承受由其经营决策行为的失控,以及受外部环境影响所带来的包括刑事合规在内的各种风险。在"风险社会"理论的奠基者安东尼·吉登斯看来:"我们生活在这样的一个社会里,危险更多的来自我们自己而不是外界"。[③] 所以,风险更多的是来自人的实践活动。人们对未来结果可能性的一种认知或判断,是建立在认知行为与决策意义上的,是人

---

① 与《联合国反腐败公约》相比,《欧洲理事会反腐败刑法公约》中关于企业刑事责任的规定不但更为明确细致,更是体现了显著的企业犯罪预防性刑事责任观念,从而为成员国企业刑事合规的生成和完善提供良好的法律保障。

② 第八章"组织量刑"导言部分开篇就指出:"本章旨在维持预防、发现和举报犯罪的内在机制,使对组织及其代理人的制裁总体上能够提供公正的惩罚、足够的威慑和对组织的激励。"并且该项指南列出了有效合规的"一般标准":a. 建立合规政策和标准,合理预防犯罪行为的发生;b. 制定高层人员监督企业的合规政策和标准;c. 禁止向那些可能有犯罪倾向的个人授予重大自主决定权;d. 通过培训等方式向员工普及企业合规的政策和标准;e. 建立有效合规的合理措施,如利用监测、审计系统发现犯罪行为,建立违规举报制度,确保员工举报可能的违规行为;f. 建立惩戒机制,严格执行合规标准;g. 在犯罪行为发生后,采取必要措施应对犯罪行为,预防类似行为再次发生,如修改完善合规计划等。

③ [英]安东尼·吉登斯.失控的世界全球化如何重塑我们的生活[M].周红云,译.南昌:江西人民出版社,2004:29.

类主动做出来的,是人类活动的反映,企业的刑事合规风险则是来自企业家对自身的经营活动行为,以及对刑事法律风险的认知失误的可能性。

刑事合规风险的产生,直接源自企业失控的决策行为和不当的经营行为。企业家在实施了相应的经营行为之后,不同种类、不同程度的风险由此产生,刑事合规风险则是其中最为危险的一种。企业家由于自身能力和素质参差不齐,对于风险特别是对涉及的刑事合规风险的感知能力也不尽相同。在当下"风险社会"中风险无处不在,现代的专业分工和细化使得人们很难具备所有的各种专业性知识和风险认知能力,人们对于风险的防控更多依赖于专家的知识和技术。毕竟个人精力和时间的有限性,使得任何人成为全能专家都变得不再可能和现实,然而,刑事合规风险涉及的是法律底线,对其防控又必然要企业家亟待增强对刑事合规这一底线风险的起码认知能力和水平。无论是来自外界,还是来自企业内部的风险,都需要企业家有灵敏的感知能力,充分衡量风险所带来的正面和负面影响,企业家应当在法治的市场经济中了解基本的刑事法律规范,树立刑事法律风险意识,提升自己的刑事法律风险认知能力。

以上刑事合规的基准讨论,由《公司法》引入企业家的认知领域,绝不是一个意外的"跑题"。国内营商环境法治化建设、国际的中国话语权和国家形象、可持续发展的公司治理都要求将这一议题置于一个认知领域,重点是推动利益场中主角的企业家综合素能提升。刑事合规认知是动态的,并且由规则和效率的双轮驱动,使企业能够超越单纯的合规性,以守底线发展成为财富最大化的创新。刑事合规的底线风险防控会让企业家不再是唯利是图的"葛朗台式"的商人,而是学会在规则之上的公平竞争,进而让自己变成交易商谈中的合法参与者,在一个"理性而非扭曲的语境下"作出选择和决策,逐步达成关于利益和责任正当性的共识。比如,资本市场的 ESG 投资走强,在相当程度上代表了一种以包括刑事合规在内的更负社会责任创造价值的竞争力释放,法律对悖德商业行为的约束、ESG 信息披露对刑事合规等负责任商业行为的彰显,归根结底,是通过资本与市场的对话维护竞争秩序的公平竞争,让不负众望的刑事合规商业经营者可以立正和行远。戴维·格伯尔(David J. Gerber)曾经表达了一个中心论点,"欧洲的竞争法不是从美国输入的,欧洲的竞争法是由欧洲人为了满足欧洲的需要而发展出来的,重要的是把改革理解为对一个不断演进的欧洲竞争法'模式'的改造。"①同样的理念可以启发我们去思考,由刑事合规在内的公司治理内控形式结构的移植走向治理质效的提升,为了满足转型中国的需要,需要发展出来一个什么样的刑事合规等公司内控治理模式?

三、宽严相济的刑事处罚策略

正如李斯特所言:"最好的社会对策就是最好的刑事政策。"②正因如此,企业家犯罪

---

① [美] 戴维·J.格伯尔.二十世纪欧洲的法律与竞争:捍卫普罗米修斯[J].中国社会科学出版社,2004:15.
② [德] 李斯特.德国刑法教科书(修订译本)[M].徐久生,译.北京:法律出版社,2006:23.

问题才需要放在具体的、变化的社会情境中持续研究，并以此为据不断调整与完善。对于企业家刑事犯罪处罚不能采用固化的单项度统一罚则，而是应该结合社会的变革、经济的转型、利益格局的变化、技术的发展、社会观念的转变而有所侧重和选择。

目前社会是"风险社会"，以安全保卫为核心的"风险刑法"是风险社会治理的唯一选择，面对风险社会的挑战，无论是社会治理结构的调整，还是国家治理模式的变革，孜孜以求的不是国家权力的集中和加强，更不是刑罚权发动的积极前伸和对保护机能的单一强调，而是国家权力的合理限缩以及多元治理结构的培育运行，既包括政府社会治理能力的提高和创新、社会民众主体意识的提高，也包括利益结构的贫富均衡、制度结构的调整、民众的主体参与机会、社会危机与个人心理危机的有效化解等。针对企业家刑事惩治的因应之策而言，当下最为重要的是落实最高人民法院《关于贯彻宽严相济刑事政策的若干意见》的要求，区分案件性质、情节，坚持全案考察、综合衡量、精细权衡，做到该宽则宽、当严则严，以确保宽严有据、宽严适度、罪责刑相适应。

（一）技术及经营创新的问题当宽

企业在技术及经营上的创新是科技进步和经济发展的重要引擎，国家为保持市场及经济运行活力，必须创造条件以尽可能鼓励企业的创新精神。企业家要想在激烈的市场竞争中生存，也必须持续保有必要的创新能力。如何把握科学技术进步、经营模式创新与社会规范、法律规制以及各种法益之间的平衡，是企业家与社会管理者都无法回避的重大问题。比如，对于快播创新导致淫秽物品大量传播、侵权作品大量泛滥；互联网金融创新损害传统金融机构利益、导致潜在金融风险上升；网约车蚕食传统出租车市场份额、被指摘为扰乱市场秩序。对于涉及技术及经营创新的问题，刑事法律的介入应该格外审慎。

（二）企业税负的问题当宽

企业涉税犯罪率"高企"，除了税收制度安排的某些技术性漏洞以及管理部门执法力度方面的原因而外，税负问题不容忽视。过高的税负不仅会刺激涉税罪案的发生，还会萎缩实体经济，阻碍经济增长，最终形成杀鸡取卵、饮鸩止渴的恶性循环。在经济下行压力增大、企业利润空间压缩、实体经济不振、资本外流的严峻形势下，该问题尤具现实性与紧迫性。

（三）为正常经营融资的问题当宽

目前集资类犯罪由此成为最近几年民营企业家触犯最多的犯罪之一。围绕民营企业的融资问题，必须改变单向严打的策略，在加大集资诈骗犯罪打击及宣传防范力度的同时，对为解决企业正常生产经营活动的融资则应采取更为宽松的对策。在此基础上，还应当从正面积极疏通民间闲置资金保值增值渠道，优化民营企业的融资环境，从根本上破解民间融资"怪圈"。

（四）危及生产、食品、环境安全的问题当严

随着民众对环境问题关注度的提高，整个社会观念正在发生深刻变化。在互联网的助力下，环境问题极易引发激烈的社会对抗。无论政府还是企业，对事关环境安全的问题都不能掉以轻心,尤其是主管部门的强力监管与严厉规制绝对不能缺位。生产安全、食品安全类、环境安全类犯罪案件的监管、查处力度及处罚力度都有待强化。

（五）影响公平市场秩序的问题当严

类似破坏公平市场秩序的犯罪并非没有被害人,只是被害人处于分散或不明确的状态。然而,正是被害人的分散和不明确,导致遭受类似违法犯罪行为侵害的被害群体难以维护自己的权利,监管部门及司法机关对这类违法犯罪的介入动力相当微弱。正因为如此,尽管危害极大,这类违法犯罪受到实际追究的概率及严厉程度却很低,这就相对于变相鼓励这类犯罪的发生。从这个意义上讲,证券违法犯罪行为不仅是对普通投资人资本的掠夺,更是对中国整体经济发展的伤害,具有极大社会危害性。因此,必须在刑事政策上明确并积极贯彻从严规制破坏公平市场秩序犯罪的执法和司法理念。

（六）涉及腐败的问题当严

国企高管利用手中的职权侵占公有财产,以谋取自身利益最大化的犯罪现象时常发生,给社会和市场造成极坏的影响:不仅使国有资产大量被侵占和流失,损害了国家和集体利益,导致人们失去对现代企业制度的公信心;而且使得有限的资源不能得到有效配置,导致市场效率低下,甚至出现市场失灵,所以,有效地防范国企高管侵占型职务犯罪发生是一个急需解决的问题。为此,《刑法修正案（九）》收紧了行贿出罪的法律空间,凸显了从严规制行贿犯罪的政策导向。不过,如何将这种"法律条文之法"进一步转化为实实在在的、作为司法结果的"生活实体之法",尚待进一步深入研究。

第四编

体系化的微观合规风险评估

第八章　商业合规的数据实证研究

第一节　定量与认知方法论

商业合规风险,是指公司预期与未来实际结果发生差异,导致企业必须承担法律责任,并因此给企业的经营造成损害。企业所可能承担的商业合规风险,可按照前文的分类分为法律纠纷管理风险、公司架构与治理风险、招标采购风险、知识产权风险等 11 类。基于此,体系化商业合规风险评估是在合规风险点全面梳理的基础上,对已识别的风险点(或关键岗位的法律风险点)实施类型化、组合化,构建起有发生概率、风险等级、现有应对程度等系统性维度的评估体系。① 因此,它实际上是从更为宏观的角度,对企业经营过程中所面临的商业合规风险进行评估,进而为实现层次性的法律风险预测、提示、管控奠定可执行路线基础。②

企业商业合规风险防范管理中,缺乏体系化的商业合规风险评估容易造成两方面的困境。一方面,风险防范重点难以从"事中控制"和"事后处理",转移到"事前预警"。由于缺乏系统的风险点的梳理和评估,商业合规风险防控人员在日常工作中的重心,往往集中在已经发生的风险点上,而忽视曾经发生过风险点的现有管理情况,以及新增经营环节中的潜在风险点。因此,难以实现"事前预警"。另一方面,管理者和法务人员往往容易陷入"运动式"的风险点防范。对于合同管理等传统法务工作重点以外的一些风险点,往往是哪里的风险点爆发,即去哪里施以补救。这类困境产生的一个重要原因在于,管理者和合规法务人员未能从更为宏观的角度对法律风险进行体系化评估,导致管理者和法务工作者既不能了解公司各个经营环节到底有哪些风险点,各个风险点的管理情况如何,也很少对各个风险点和各类风险点的危害进行统一的评价和比较,从而难以确定风险防范的优先等级。因此,构建科学规范的商业合规风险评估体系,乃是企业全面风险管理的重中之重,也是有效减少企业合规重大风险发生率,最大化降低风险发生后果损失,以及突破企业法律风险管理困境的必经之路。

基于大数据、小数据在商业合规研究中的运用,当下中国的商业合规现状可以被概括

---

① 现有应对程度是企业对已被识别出的风险点在事前预防、事中应对、事后管理方面的应对现状。
② 商业合规风险管控是指在公司经营管理各环节中执行法律风险管理标准化规范,培育良好的法律风险管理文化,建立健全法律风险管理体系,为实现全面风险管理总体目标提供合理保证的过程。

为：整体发展向好，但合规水平仍待提高，不少维度风险不稳定；部分行业处于领跑地位，又出现了少数违规聚集的重灾区；法律风险管理，以及环境保护、员工权益、商业反腐等社会责任维度的违规风险下降，信披程度、资金风险、内控机制和公司治理结构问题较为突出。同时，不少公司对商业合规认知存在偏差和盲区，重视程度明显不足，导致合规实践"面热内冷"、合规建设逻辑不清，评估测量工具缺乏。因而相关研究不能单兵突进，而应通过对合规理论梳理与实践数据分析，树立起商业合规的正向效应和倒逼效应，更多凝聚共识。

认识商业合规的"外部监管"复杂性。需要针对不同类型、规模、发展阶段的公司，施以"差别化"的精准合规关注；国家既要引入社会资源推动合规，也要关注信托性的治理体系、利益相关方之间对话机制等配套的跟进；国家引入守信、失信的合规联合激励和惩戒，又涉及信息公开门槛、行业披露程度、合规评估标准等问题。此外，还要高度关注"萨班斯式"监管的限度。因此更为重要的是，从交叉视角探讨让公司更好合规的认知界面设计，着力研究"什么条件下公司会自动化合规"，借助大数据、小数据分析以及认知心理学实验，探索哪些因素会对公司合规行为产生显著影响。目的是"诱发亲合规行为"，定位于如何设计和优化公司自动化承担合规责任的"高效认知界面"，为更精准地提出商业合规的干预原则、干预程度、干预方式及干预路径等"巧干预"，提供独特的思维和路径。

第二节　企业法律风险指数

根据商业合规的上述定位，法律风险管理与"强制性""引导性"的社会责任，构成了商业合规的"哑铃两端"。那么，中国商业合规的现状又是什么？

基于上市公司的信息披露强制性，及其商业合规的样板效应，我们的两支研究小组长期以来持续对中国上市公司的法律风险和社会责任状况，分别进行了两个指数的大数据、小数据挖掘、处理和深度分析。以下先对中国法律风险指数模型及分析进行描述。

2006 年起，我们的一支研究小组对影响中国上市公司法律风险水平的指标全面梳理和测量。在此基础上，从 2009 年起正式开始了大数据挖掘，以及进行年度性的跟踪评估和分析，迄今连续推出了 10 份覆盖中国 3 000 多家上市公司的法律风险指数报告。[①]

---

① 该支研究小组从 2006 年启动上市公司法律风险指数课题研究，组建了来自中国政法大学企业法务管理研究中心、上海交通大学企业法务研究中心、国务院研究中心、北京大学金融法研究中心、中国社会科学院计量经济研究所、中国证监会研究中心等单位的法律、金融计量模型、计算机软件方面专家，历时多年的协作研究，在对上市公司法律风险影响因素综合分析的基础上，借鉴吸收了国际上风险测评定量化技术的先进思想和理念，充分考虑中国资本市场的特点和上市公司的现实情况，遵循风险测评的国际惯例，构造了国内外第一套以上市公司为主的"企业法律风险指数测评系统"。

一、指标选取

该研究小组对影响上市公司法律风险水平的因素,假设包括直接和间接两个方面。前者是指现实/非系统要素,包括重大法律事件(违规处罚、中介机构评价等)、诉讼与仲裁(各类案件情况)、特殊财务事项(担保、受限资产);后者是指潜在/系统性要素,包括公司治理、市场结构、人员结构。基于此,研究小组先提供32个备选指标。[①] 鉴于法律风险指数最终目的是帮助各种利益相关者通过指数的分析,了解法律风险高低对上市公司价值的影响,所以,指数指标的选取需经测算,根据备选指标与法律风险水平的相关性系数确定(见表8-1)。

表8-1　32个备案指标与诉讼次数、涉案资产、违规次数、高官责任次数的相关性系数

Correlations

比　较　项		诉讼次数	涉案资产	违规次数	高官责任次数
被冻结或质押的股份(指上市公司股东持有的上市公司股份)(有1/无0)	Pearson Correlation	0.006	0.003	0.025	0.015
	Sig. (2 - tailed)	0.833	0.908	0.338	0.571
	N	1 439	1 332	1 431	1 433
重大资产变动或受限金额/总资产	Pearson Correlation	− 0.002	0.000	− 0.005	− 0.003
	Sig. (2 - tailed)	0.929	0.990	0.790	0.868
	N	3 121	2 939	3 102	3 103
累计投资活动次数及金额(指非主营业务投资)/净资产	Pearson Correlation	− 0.001	0.000	− 0.004	− 0.002
	Sig. (2 - tailed)	0.940	0.981	0.842	0.909
	N	3 176	2 988	3 155	3 158
累计关联交易金额(指重大关联交易,一般性的关联交易不包括在内)/主营业务收入	Pearson Correlation	0.003	− 0.039	0.007	0.081
	Sig. (2 - tailed)	0.851	0.034	0.696	0.000
	N	3 203	3 019	3 181	3 182
累计委托理财金额/净资产	Pearson Correlation	− 0.002	− 0.001	0.007	0.000
	Sig. (2 - tailed)	0.896	0.962	0.686	0.989
	N	3 302	3 107	3 279	3 282

---

① 32个备案指标包括:总资产、净资产、净利润、主营业务收入、诉讼次数、涉案资产、违规次数、高官责任次数、被冻结或质押的股份、重大资产变动或受限金、累计投资活动次数及金、累计关联交易金额、累计委托理财金额、累计担保金额、业务结构情况、地域结构情况(国内/国外)、当年有无高官变动情形、高管中有法律人员或背景的人数、独立董事中有法律人员或背景的人数、大股东持股比例(含一致行动人)、大股东性质(国有/法人)、聘请的会计师事务所是否有变动、当年是否被出具非标准的审计报告、董事会人数、独立董事人数、独立董事表示异议次数、监事会表示异议次数、实际控制人有无变更情形、有无重大会计差错事项、股东会召开次数、董事会召开次数、员工中本科以上学历人数所占比例。

比　　较　　项		诉讼次数	涉案资产	违规次数	高官责任次数
累计担保金额/净资产	Pearson Correlation	− 0.001	0.001	− 0.003	− 0.002
	Sig.（2 - tailed）	0.949	0.975	0.869	0.924
	N	3 288	3 094	3 265	3 268
地域结构情况（国内/国外）1 代表有国际业务	Pearson Correlation	0.020	− 0.012	− 0.016	− 0.002
	Sig.（2 - tailed）	0.259	0.502	0.360	0.892
	N	3 247	3 059	3 226	3 228
当年有无高官变动情形（有/无）	Pearson Correlation	0.010	0.009	− 0.003	0.003
	Sig.（2 - tailed）	0.547	0.631	0.851	0.876
	N	3 304	3 110	3 281	3 285
高管中有法律人员或背景的人数/人	Pearson Correlation	0.022	− 0.007	0.008	0.011
	Sig.（2 - tailed）	0.210	0.677	0.643	0.529
	N	3 297	3 104	3 274	3 278
独立董事中有法律人员或背景的人数/人	Pearson Correlation	0.036	− 0.009	0.031	0.001
	Sig.（2 - tailed）	0.041	0.635	0.079	0.950
	N	3 297	3 104	3 274	3 278
大股东持股比例（含一致行动人）/%	Pearson Correlation	− 0.051	− 0.022	− 0.086	− 0.059
	Sig.（2 - tailed）	0.003	0.216	0.000	0.001
	N	3 306	3 112	3 283	3 286
大股东性质（国有/法人），自然人 1，国有 0，法人 0.5，外资 1.5	Pearson Correlation	− 0.009	0.019	0.083	0.064
	Sig.（2 - tailed）	0.607	0.284	0.000	0.000
	N	3 245	3 056	3 222	3 225
聘请的会计师事务所是否有变动（是/否），否 0，是 1	Pearson Correlation	− 0.005	− 0.004	0.063	0.039
	Sig.（2 - tailed）	0.773	0.831	0.000	0.024
	N	3 310	3 115	3 287	3 290
当年是否被出具非标准的审计报告（是 1/否 0）	Pearson Correlation	0.022	0.068	0.283	0.191
	Sig.（2 - tailed）	0.210	0.000	0.000	0.000
	N	3 312	3 117	3 289	3 292
独立董事比例	Pearson Correlation	0.063	0.020	0.068	− 0.006
	Sig.（2 - tailed）	0.000	0.270	0.000	0.714
	N	3 312	3 117	3 289	3 293

续表

比　较　项		诉讼次数	涉案资产	违规次数	高官责任次数
董事会人数/人	Pearson Correlation	0.014	− 0.020	− 0.026	− 0.005
	Sig.（2 - tailed）	0.433	0.271	0.137	0.757
	N	3 312	3 117	3 289	3 293
独立董事人数/人	Pearson Correlation	0.041	− 0.008	− 0.007	− 0.031
	Sig.（2 - tailed）	0.018	0.649	0.695	0.075
	N	3 312	3 117	3 289	3 293
独立董事表示异议次数/次	Pearson Correlation	0.009	0.001	0.132	0.035
	Sig.（2 - tailed）	0.593	0.952	0.000	0.045
	N	3 305	3 113	3 282	3 285
监事会表示异议次数（次）	Pearson Correlation	0.004	− 0.001	0.110	0.016
	Sig.（2 - tailed）	0.827	0.975	0.000	0.361
	N	3 308	3 114	3 285	3 288
实际控制人有无变更情形（有 1/无 0）	Pearson Correlation	0.008	− 0.005	0.035	− 0.002
	Sig.（2 - tailed）	0.644	0.764	0.046	0.930
	N	3 310	3 116	3 287	3 290
有无重大会计差错事项（有 1/无 0）	Pearson Correlation	0.002	− 0.005	0.088	0.045
	Sig.（2 - tailed）	0.915	0.791	0.000	0.010
	N	3 311	3 116	3 288	3 291
股东会召开次数（次）	Pearson Correlation	0.026	0.043	0.001	0.036
	Sig.（2 - tailed）	0.138	0.016	0.977	0.040
	N	3 268	3 074	3 245	3 248
董事会召开次数（次）	Pearson Correlation	0.004	0.016	0.038	0.036
	Sig.（2 - tailed）	0.819	0.378	0.030	0.043
	N	3 263	3 069	3 240	3 243
员工中本科以上学历人数所占比例（%）	Pearson Correlation	0.083	0.042	0.040	− 0.004
	Sig.（2 - tailed）	0.000	0.053	0.057	0.857
	N	2 271	2 131	2 255	2 257

*. Correlation is significant at the 0.05 level (2 - tailed).　**. Correlation is significant at the 0.01 level (2 - tailed).

二、权重系数

根据以上相关性系数，通过进一步回归分析，得出以下 16 个强相关性指标（见表 8 - 2）。

表 8-2　16 个法律风险水平评估的强相关性指标

重大事项			诉讼		财务状况			公司状况			公司治理			人员结构	
当年被出具非标审计报告	违规次数	高官责任次数	诉讼次数	涉案资产/净资产	累计重大关联交易金额	累计担保金额/净资产	重大资产变动或受限金额/总资产	行业结构	业务结构	地域结构	大股东持股比例	大股东性质	独立董事比例	高管有法律背景人数	员工中本科以上学历比例
24.4%			20.10%		18.70%			17.20%			12.80%			6.80%	
9.2	7.6	7.6	10.05	10.05	6.60	6.60	5.50	6.40	5.40	5.40	4.50	4.15	4.15	4.1	2.7

　　接下来,考虑到行业结构和大股东性质对法律风险水平评估可能产生的影响,进一步对 16 个指标进行了必要调整。根据违规次数、诉讼次数、涉案资产/净资产、高官责任次数 4 个指标,计算 13 类证监会行业或各类型股东(国有、法人、自然人、外资)计算期间内的平均值。在此基础上,对上述 4 个指标的平均值进行调整,使调整后每一指标的平均值为权重,把 4 个指标加总得出行业或大股东性质的风险调整值(见表 8-3)。

表 8-3　行业或大股东性质风险系数的调整值

大股东性质	总分	调整后				均值			
		违规次数	高官责任次数	诉讼次数	涉案资产/净资产	违规次数	高官责任次数	诉讼次数	涉案资产/净资产
国有	27.44	6.37	7.90	6.72	6.45	0.044	0.053	0.833	0.039
法人	59.56	13.44	10.18	11.28	24.66	0.093	0.069	1.398	0.150
自然人	25.97	7.23	8.88	4.36	5.50	0.050	0.060	0.540	0.034
外资	28.23	3.36	3.44	17.83	3.59	0.023	0.023	2.209	0.022
均值	35.30	7.60	7.60	10.05	10.05	0.053	0.051	1.245	0.061

三、计算公式与过程

　　研究小组在测算时,取以往两年的平均数,先计算单个公司的单个指标的得分,再计算单个公司的总体风险。在此基础上,测算市场总体风险指数。计算公式如下:

　　假设某个指标的参数为:权重(W),max,min,相关性(k),指数(M),则其得分为:

$$100 * W * [k * x + (1-k) * max/2 - (1+k) * min/2]/(max-min)]^M$$

　　备注:^M 为其 M 次方,有 4 个指标(比如,涉案资产/净资产),其 M 值为 1/3;结果是开了三次方。

四、指数评估主要结论

　　根据以上指数年度评估,近年来中国上市公司法律风险特点,基本上可概括以下几个方面:

（一）上市公司的法律风险水平逐年下降，金融、餐饮等产业风险反升

一方面，整体风险水平趋低（见图8-1）。从风险点分析，涉案资产、大股东持股比例的贡献度最大。涉案资产下降，说明宏观经济逐步企稳；大股东持股比例，意味着上市公司治理结构风险有所降低（见图8-2）。[①] 从产业分析，房地产、采矿业、建筑业降幅较大，中游产业趋低。折射出国家在住房调控、环保约束、产业链供给侧改革等产生了正效应。另一方面，部分产业风险上升。房地产市场压缩，租赁和商务服务业的法律风险上升；经济下行压力大、"三公消费"限制、"三高一低"影响，又使得餐饮行业低迷；尤其是金融类产品和杠杆的滥发和滥用，导致出现系统性金融风险的概率迅速放大（见图8-3）。

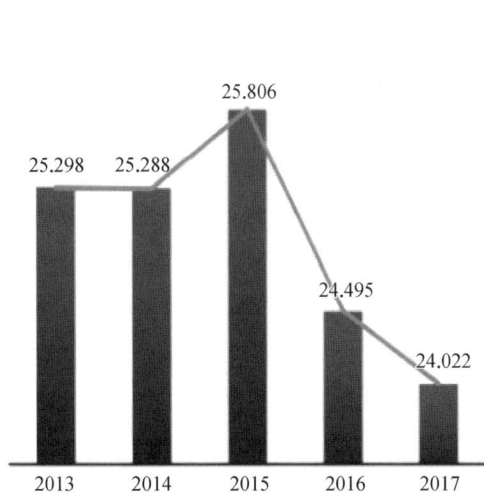

图8-1　法律风险水平趋低

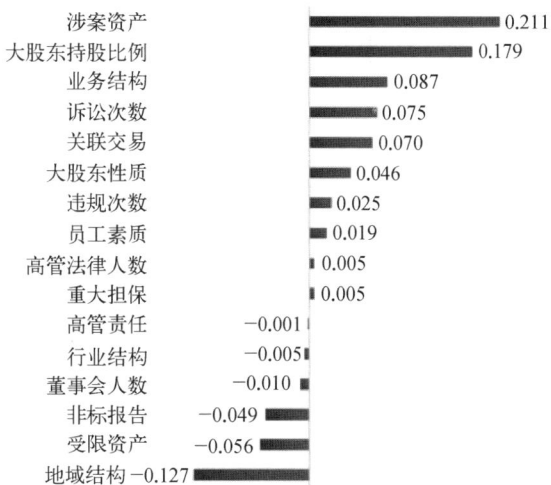

图8-2　法律风险水平分项贡献度

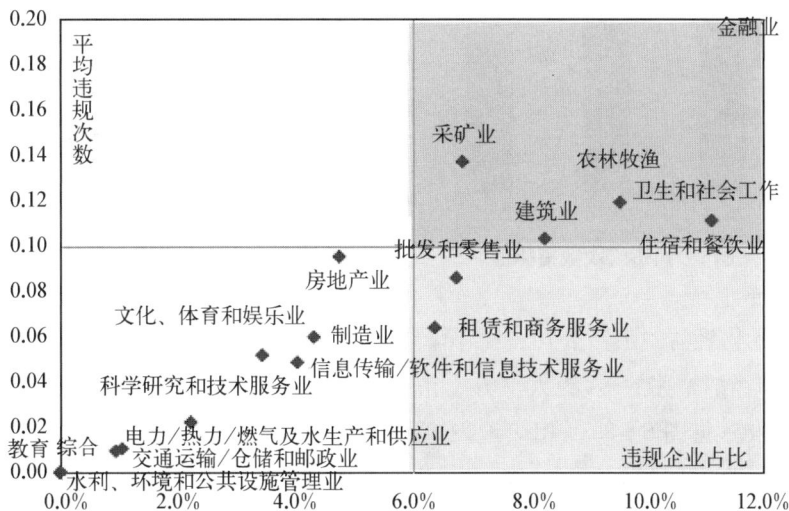

图8-3　行业违规情况分布

---

① 股权结构是公司治理结构的基础，大股东持股比例大小更是决定了公司的稳定性，是造成法律风险的重要因素。根据大数据表明，近年来中国上市公司大股东净增持数逐年呈较大幅度增长。

（二）上市公司董事会规模连续下降，公司治理的风险日趋突出

董事会人数较多，结构完整尤其独董较多，决策错误率会更低。但是，上市公司董事规模持续缩小，甚至相当比例未达到法定规模（见图 8-4）。从上市公司法律风险指数大数据分析看，董事会规模小的上市公司，其违规风险、非标报告风险通常也较高（见图 8-5）。

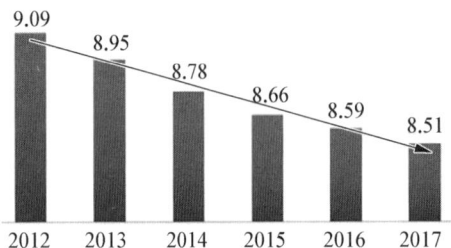

图 8-4　上市公司董事会平均人数

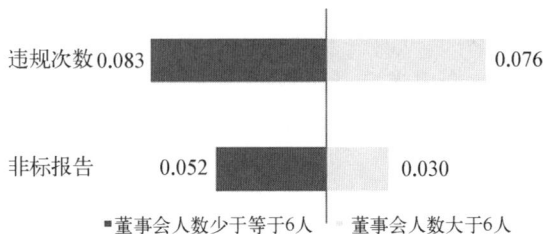

图 8-5　上市公司不同董事会规模违规、非标情况

（三）上市公司违规风险下降，非标报告整体风险上升

违规作为显性指标，是上市公司法律风险水平的直接反映。包括违反工商、税务、环保等一般性社会公共管理规则、违反证券信息披露等资本市场规则两大类。由于近年来退市执法力度加大，上市公司违规风险整体下降（见图 8-6）。尤其是退市新规出台，[①]违规成本迅速增长。但值得关注的是，反映上市公司财务报表披露合规性的非标报告风险持续上升（见图 8-7）。

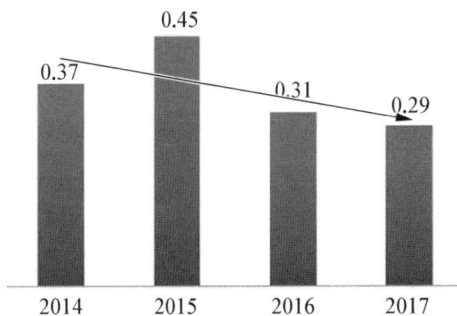

图 8-6　上市公司违规次数指标值

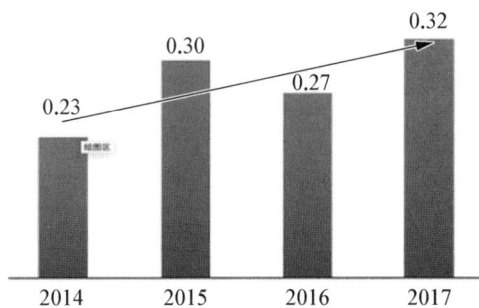

图 8-7　上市公司非标报告指标值

（四）多元化经营的上市公司占比下降趋势明显，但国际业务风险上升

基于整体经济增速放缓，绝大部分上市公司在收缩战线，回归主营业务，采取了更为谨慎的经营策略（见图 8-8）。相应地，趋于单一业务结构之后的公司法律风险较低（见图 8-9）。同时，随着国际化步伐加快，境外投资的法律风险水平又明显上升（见图 8-10）。

---

　① 中国证监会发布退市新规——《关于修改〈关于改革完善并严格实施上市公司退市制度的若干意见〉的决定》，自 2018 年 7 月 27 日起施行，新规重点强化了重大违法行为的退市力度。上市公司构成欺诈发行、重大信息披露违法或者其他涉及国家安全、公共安全、生态安全、生产安全和公众健康安全等领域的重大违法行为的，证券交易所应严格依法作出暂停、终止公司股票上市交易决定。

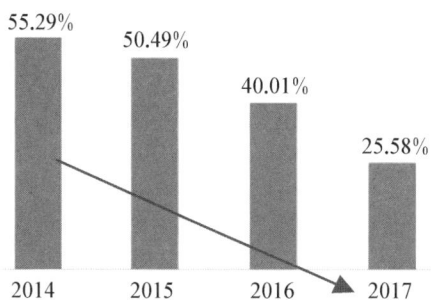

图 8 - 8　多元化经营上市公司占比

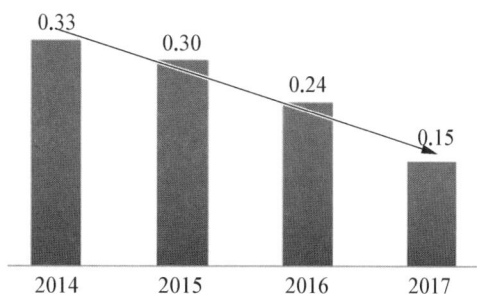

图 8 - 9　上市公司业务结构指标值

（五）上市公司资金风险已连续 2 年上升,要特别警惕资金周转风险

上市公司"受限资产"风险逐年上升(见图 8 - 11)。[①] 这些资产变动和重组都涉及较大标的有形、无形资产交易。因此,交易过程中潜存于资产及相关财产性权利中的瑕疵,会对上市公司的运营产生持续性的影响。受限资产风险的逐年加大趋势,反映出在整体货币政策稳健偏紧、宏观去杠杆环境下,企业资金周转不畅,亟需警惕资金链断裂风险。

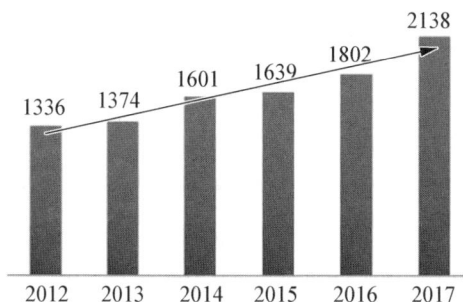

图 8 - 10　有国际化业务上市公司数量

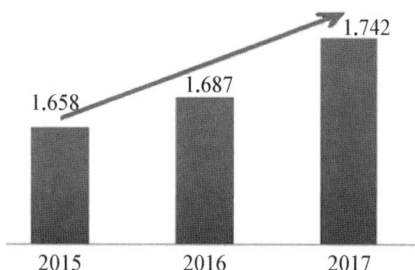

图 8 - 11　受限资产指标变动

第三节　底线社会责任的数据实证

一、"社会责任"合规性定量

从 2014 年起,我们对社会责任进行了社会学意义的"小数据"合规实证分析;[②]2016 年起,逐年推出了 3 份基于"大数据"的中国上市公司社会责任指数。[③] 其中,2016 年是对

---

　　① 　受限资产,是指包括受限、限制、抵押、质押、收购、置换、出租、托管、冻结、查封等发生重大变动或者不能及时变现的或有负债。

　　② 　该研究小组组建了来自上海交通大学企业法务研究中心、上海对外经贸大学工商管理学院、中国纺织工业联合会企业社会责任办公室等专家。责任小数据分析的成果参见杨力.企业社会责任的制度化[J].法学研究,2014,5.

　　③ 　该研究小组扩大后,组建了华东政法大学法律人工智能研究院、上海交通大学企业法务研究中心、上海市大数据社会应用研究会等单位的法社会学、经济学、计算机软件方面的专家,经过多年合作研究,在上市公司对利益相关方履行社会责任的多个维度上,是国家第一个基于"大数据"分析的社会责任指数。

在国内上市的 3 500 多家上市公司评估,2017 年在中国在国内、国外上市的 500 强公司评估;2018 年则又对上市公司中 100 强评估,重点比对了国企与民企的履行社会责任程度区别。

下面,我们排除其中的纯粹道德性的社会责任,围绕商业合规的"强制性""引导性"两个社会责任作实证分析。

(一)"小数据"社会责任实证

研究小组以问卷方式调研,覆盖 12 个行业。① 问卷包括自变量、因变量:① 在企业基本情况部分,我们收集了企业性质、行业、企业总资产、员工人数、销售额、外向型程度等信息。对企业治理结构的调查特别关注了股东集中度、董事会构成多元化程度,以及重要管理岗位是否有权力制衡等。② 在企业感知的企业社会责任环境动因上,问卷列举了"法律监控""政策性配套""行业组织的社会责任评估""行业规范""利益相关方监督"及"公众舆论压力"等环境要素。③ 问卷还涉及企业的内控实施情况。请被调研企业对"合同管理""财务审计""重大风险预警和防范""重大投资决策机制""对外担保控制"及"关联交易限制"等进行描述。

问卷评估主要建立在《国际标准化组织 ISO26000 社会责任指南》和《中国工业企业及工业协会社会责任指南》的框架之上,覆盖"员工权益""环保节能""顾客与消费者权益""合作共赢""公平运营"等维度。此外,问卷还对信息披露进行了专项调查。

(二)"大数据"社会责任指数

根据企业社会责任经典理论,②研究小组按商业行为影响领域,以及考虑公司在不同阶段对社会责任关注度,设定了指数四个层级:自我责任,反映企业的偿债、盈利能力;行业责任,考察公司是否破坏公平竞争;社区责任,关注公司对硬、软环境改善程度;国家责任,旨在观察公司对社会稳定影响、纳税贡献和科研产出(见表 8 - 4)。

表 8 - 4　大数据:2017 中国上市企业社会责任指数指标体系

一级指标	二级指标	操　作　方　式		数据属性
自我责任	债权人权益	以资产负债率反映	资产负债率 = 负债总额/资产总额	逆
	股东权益	以每股收益反映	每股收益 = 净利润/加权平均股数	正
	劳动者权益	以工资增长率反映	工资增长率 = 本期职工工资增长额/上期职工工资额	正
	消费者权益	以产品投诉解决率反映	产品投诉解决率 = 产品投诉解决数/产品投诉数	正

① 被调研企业广泛涉及各个行业,包括机械、化工、纺织、矿冶等重工业企业,食品、电子、仪器等轻工业企业,通信、电子、软件等高新技术企业,还有交通运输、医药卫生等服务业。

② 已有共识的三个社会责任经典理论包括:利益相关方理论,主张公司应对所有与实现自身目标相关的团体与个人负责;三重底线理论,从可持续发展角度,认为公司应当避免触碰社会底线、环境底线和财务底线;金字塔模型,认为公司的各项责任重要程度并不相同,其中经济责任最为重要。

续表

一级指标	二级指标	操作方式		数据属性
行业责任	信息披露	以社会责任信息披露程度反映	社会责任信息披露程度赋分标准；是否发布过企业社会责任报告；企业社会责任报告发布次数；企业社会责任报告易获取程度；仅在关键定量指标数据库能够获得	正
	公平运营	以失信记录次数反映	失信记录次数可查中国执行信息公开网	逆
社区责任	环境保护	以环保行政处罚数反映	环保行政处罚数可查国家环保总局及地方环保局	逆
	慈善公益	以企业慈善基金建设程度反映	企业慈善基金建设程度赋分标准	正
国家责任	社会稳定	以万元产值就业数反映	万元产值就业数＝就业人数/营业收入（万元）	正
	财政贡献	以纳税增长率反映	纳税增长率＝纳税增长额/上期纳税总额	正
	科技创新	以千人拥有专利数反映	千人拥有专利数＝专利拥有数/职工人数（千人）	正

其中，根据商业合规国际共识，至少信息披露、公平经营、环境保护三项指标，与商业合规程度判断有强相关性；劳动者权益、消费者权益及债权人权益三项指标有次相关性。

(三) 评估结论

根据以上小数据和大数据评估及对比，中国上市公司在涉及合规的强制性、引导性社会责任履行，呈现以下特点：

（1）从公司性质上，小数据显示，国企、外企和民营企业在涉及商业合规的社会责任维度上均无显著差异（见表 8 - 5）。[①] 大数据则提供了这些维度更精准的描述，在自我责任、社区责任与国家责任三项上，民企表现好于国企；行业责任上，情况正好相反（见图 8 - 12）。同时，根据各行业的社会责任计算平均得分，排名前三分别是建筑业、房地产业和采矿业，这与前文法律风险评估结论基本一致（见图 8 - 13）。[②]

---

① 杨力.企业社会责任的制度化[J].法学研究,2014,5.
② 参见华东政法大学政治学研究院、上海交通大学凯原法学院企业法务研究中心，等.《2017 年中国上市企业社会责任报告》,第 12 页。该报告是在 2016 年市值排名前 500 的中国上市企业。其中,在上海证券交易所上市的企业有 227 家企业,在深圳证券交易所上市的企业有 177 家企业,在香港联合交易所上市的企业有 148 家企业,在美国(包括纽约证券交易所和纳斯达克证券市场)上市的企业有 23 家企业(因部分企业同时在多地上市,故数量统计中存在交叉)。

表 8-5　小数据：不同性质公司在强制性、引导性社会责任上的水平方差分析

		国企	外企	民企	F 值及显著性
员工权益	平均数 标准差	4.396 2 0.430 36	4.393 8 0.413 42	4.294 9 0.442 03	$F = .381$ $p = .822$
节能环保	平均数 标准差	3.564 1 0.810 86	3.792 4 0.976 24	3.492 9 0.668 66	$F = .526$ $p = .716$
顾客权益	平均数 标准差	4.111 1 0.625 73	4.375 0 0.415 47	4.184 6 0.830 16	$F = .224$ $p = .925$
公平运营	平均数 标准差	4.687 5 0.566 42	4.750 0 0.462 91	4.673 1 0.795 36	$F = .674$ $p = .611$
合作运营	平均数 标准差	3.614 9 0.673 63	3.972 9 0.427 22	3.844 2 0.708 55	$F = .587$ $p = .672$

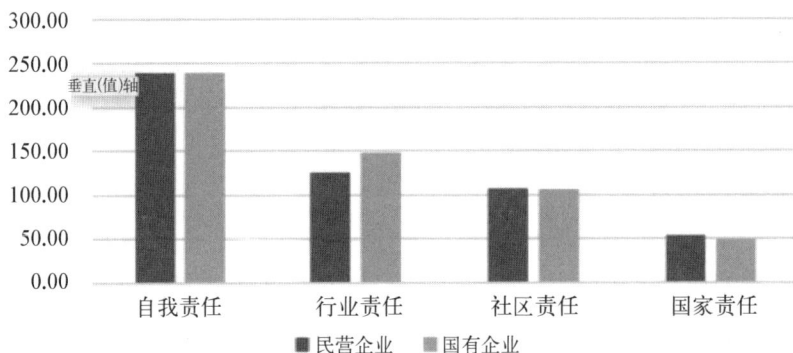

图 8-12　大数据：民企与国企平均得分对

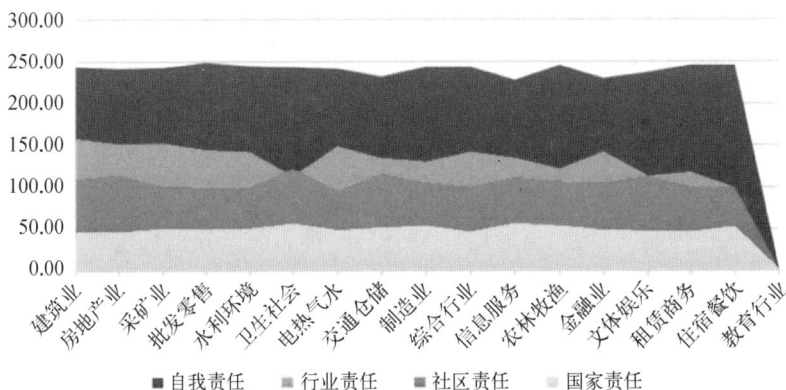

图 8-13　大数据：各行业平均得分对比

　　(2) 分项指标的公平运营上，小数据显示，公司对公平运营这一商业合规维度的履行水平最高(见表 8-6)；这一特征在大数据那里得到印证，公平运营的失信次数一直在低位徘徊。

表 8－6　小数据：社会责任维度描述性统计分析

	员工权益	节能环保	顾客权益	公平运营	合作共赢
极小值	2.76	2.03	1.00	1.50	1.83
极大值	5.00	5.00	5.00	5.00	5.00
均值	4.306 3	3.508 0	4.163 9	4.683 3	3.814 2
标准差	0.452 23	0.699 32	0.800 57	0.740 68	0.684 21

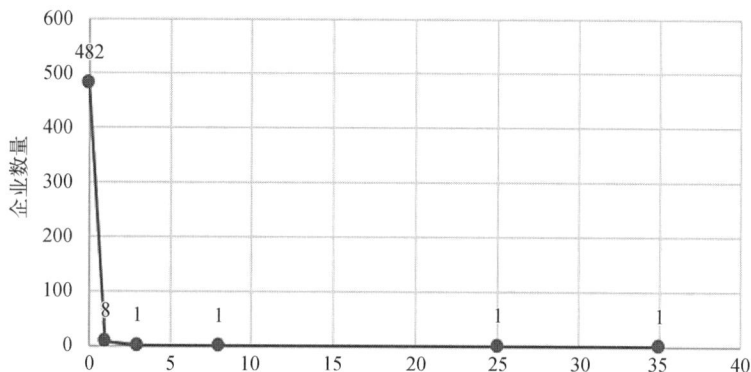

图 8－14　大数据：公平运营(失信次数)

(3) 分项指标的环境保护上,2014 年的小数据显示,环保责任的履行水平较低(见表 8－6);但 2016 年以来的历年大数据在这一维度上的表现相当不错(见图 8－15),[①]表明中国近年来在环保立法、执法和政策上的努力取得显著成效。

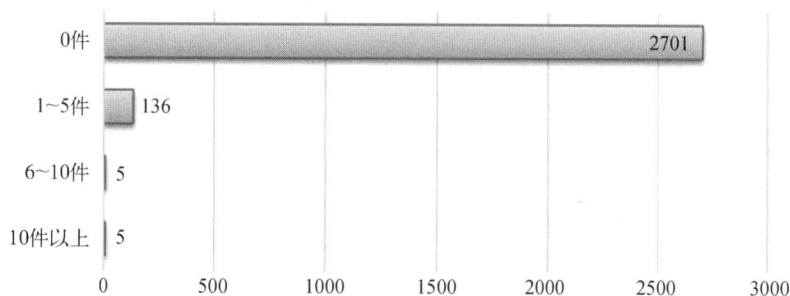

图 8－15　大数据：环保行政处罚各区段企业数量

(4) 分标指标的信息披露上,小数据显示,公司对应当公开信息尤其是环境信息的行动很谨慎(见图 8－16);2016 年以来大数据表明,这种情况已大为改观(见图 8－17、图 8－18、图 8－19)。[②]

---

① 参见华东政法大学政治学研究院、上海交通大学凯原法学院企业法务研究中心等.《2016 年中国上市企业社会责任指数报告》,第 47 页。

② 参见华东政法大学政治学研究院、上海交通大学凯原法学院企业法务研究中心等.《2016 年中国上市企业社会责任指数报告》,第 45 页;《2017 年中国上市企业社会责任报告》,第 18 页、第 19 页;《2018 年中国企业社会责任指数报告》,第 18 页。

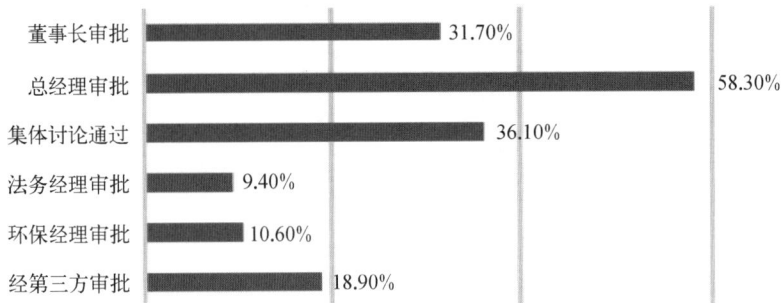

图 8‑16　小数据：公司正式对外发布环境信息前的审批方式

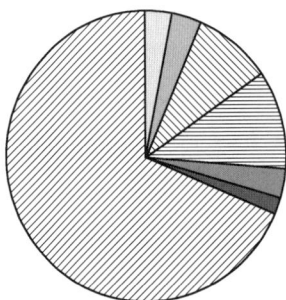

☒7分 ☐6分 ☐5分 ☐4分 ☐3分 ☐2分 ■1分 ☒0分

图 8‑17　2016 责任信息披露

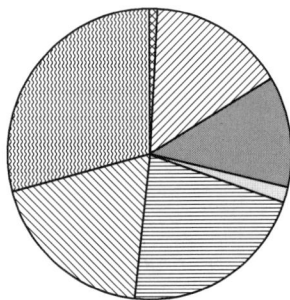

☒7分 ☑6分 ☐5分 ☐4分 ☐3分 ☐2分 ☐1分 ☒0分

图 8‑18　2017 责任信息披露

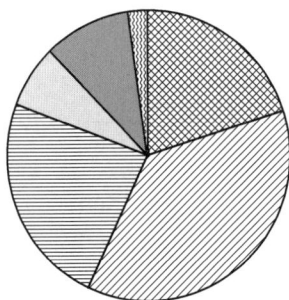

☒7分 ☑6分 ☐5分 ☐4分 ☐3分 ☐2分 ☐1分 ☒0分

图 8‑19　2018 责任信息披露

二、刑事商业合规实证分析

中国公司法务研究院根据持续性观察和评估，已连续多年推出《中国企业家犯罪研究报告》（以下简称《犯罪报告》）。在此基础上，又进一步连续发布《中国反商业贿赂调研报告》（以下简称《商贿调研》）。该两个系列的报告分别依据"整体连续"和"单点突破"的逻辑，以"线"的时间大跨度精选了超过 2 000 起典型案例，又聚焦于"点"围绕若干关联性的重点问题先后完成过数百份高质量的有效阅卷，汇总并分析历年企业家犯罪现象的数据、特征、所处领域的变化，并对犯罪预防和未来走势进行全面梳理，形成了相对比较客观的中国商业结构性反腐研究的数据库，得到了企业界、监管机构、法学界和舆论界的高度关注。①

以上两个系列报告的数据显示，目前中国商业腐败主要有以下五大特点：① 基于零容忍的严厉打击，国企贪腐案件的总量屡创新高，②且"窝案串案"数量急剧上升，具体在表现形式上，包括从重大商业决策中寻租、擅自转移或私分国资谋利，渎职或滥权而弄虚作假，以及为亲友经商提供便利或关联经营等。② 源于国企把持垄断型行业、高壁垒的市场准入门槛、持续受欧美经济不振的拖累、制造业为主的中国经济增速放缓和劳动力成本大幅上升等累积的叠加效应，基数放大的民企更难以获取足够的市场和利润，导致类似"脐带"捆绑官员的个人或单位行贿、利用影响力受贿、巨额财产来源不明等腐败问题愈加突出。③ ③ 在华外企受到海外母公司或控股公司总政策影响，更多响应海外反腐法案而忽视中国反腐要求，缺乏对企业所属行业上下游交易、渠道营销，以及隐蔽的、具有潜在风险的"行业惯例"商业行为进行管控，导致外企涉嫌单位行贿及高额罚单不断出现。④ ④ 涉案企业相对集中在东部发达地区，但正在向中西部地区蔓延。尤其是当下整体上面临高利润行业将结束暴利和粗放式经营，新一轮"供给侧"改革催动被"甩出去"的部分既得利益群体亟待突围，使得市场要素重新配置过程中的商业腐败产生新动向，且开始在全国范围内高发。⑤ ⑤ 商业腐败的行业特征比较鲜明，行业之间的腐败驱动机制差别较大，⑥金融业的中小企业"资本堰塞湖"、能源业雁过拔毛的"渡口经济"现象趋于严重，汇同制造业、房地产与建筑业、快消品和食品业，已形成了当下商业结构性腐败的"重灾区"，

---

　　① 杨力.商业结构性反腐的模式和治理[J].中国法学,2016,5.

　　② 历年的《最高人民检察院工作报告》统计结果表明，长期以来国企管理层腐败案件占全年立案查处职务犯罪案件的24%～30%，且在2014年后又不断冲击峰值，这在《犯罪报告》中得到印证。比如,2014年的《犯罪报告》显示，当年度曝光的国企管理层腐败构罪案件达到245件，为近6年来之最，占到前5年国企管理层腐败构罪案件总和的74%；之后的情形依旧不容乐观，国企管理层涉嫌腐败构罪的情况仍在持续快速增长。《商贿调研》则显示，相比于外企和民企，接受调研的国企有65%会利用其天然优势向政府提供产品或服务，更易拿到政府订单，继而让国企更可能与政府密切接触，也面临更高的腐败风险。

　　③ 根据2009年以来的《犯罪报告》历年统计数据显示，列入媒体曝光的企业家腐败构罪案件中，来自民企管理层犯罪占比日趋走高。而《商贿调研》也印证了这一点。

　　④ 《商贿调研》结果显示，接受调研的外企中有绝大多数没有指定高管分管商业腐败，低于国企，更加远低于民企，其主管领导在母公司，在中国境内不一定有分管的高层领导，甚至被调研外企中有相当比例都没有在企业内部区分高风险部门或业务条线，许多外企只是受其海外母公司指示进行反商业腐败合规。

　　⑤ 《犯罪报告》统计的企业家媒体案件中，金融行业所涉案例遥遥高居首位，其中主要集中在货币金融服务中的银行、财务公司、典当、担保公司，以及证券、基金、保险、信托等资本市场服务机构。涉及商业腐败罪名主要包括：贪污、受贿、非法提供贷款、挪用公款、挪用资金、滥用职权、内幕交易、利用未公开信息交易等。

　　⑥ 历年来的《犯罪报告》都显示出金融、制造业、房地产和建筑行业的商业腐败高发性，这几个行业的商业腐败率几乎占到半壁江山。而从形成腐败驱动机制来看，金融业主要是出现融资瓶颈的约束后，金融行业的灰色地带，比如，保险资管、基金经理的"老鼠仓"，金融企业家以各种名义开具的"财务顾问费""渠道费""劳务费"等，开始不断浮出水面；制造业和能源业的贪腐特征相对比较一致，主要集中在指向重要资源分配、生产和销售的石油化工、化学纤维、医药制造、电力热力燃气和水生产及供应领域，次之则为竞争尚不够充分的交通运输设备行业；房地产业和建筑业从初期的土地批租，到房地产开发、审批建设和销售等环节涉及大量的行政许可和以商贿换取暴利的空间，该结论也得到《商贿调研》的印证。另外，《商贿调研》还显示快消品和食品业由于竞争激烈而大量发生涉嫌不公平竞争的商贿行为，不只是公职贿赂，还针对民企员工的回扣；既包括给予个人的好处，也包括给予公司的进场费等利益。

需要进行相关的行业性风险指数评估,以及改变"一刀切"的平面商业反腐格局。[①]

第四节　商业合规的域外借鉴

一、主要阵营

国内外的商业合规研究又有什么基本动向? 以往的国内外商业合规文献,主要包括三种类型。

（一）描述性研究

它是以商业合规的界定、理解和践行为逻辑起点,对商业合规进行最客观的画像。比如,商业合规的评估标准、指数构建、守规等级等。代表性观点包括:Pascal 在 Basu 等设计基于认知、语言和行为的责任感觉判断模型,[②]进行了商业合规优化;[③]Hertig 从三大代理问题阐释了降低代理成本、执法干预和模式、披露系统性差别等;[④]Matten 等通过区分显性、隐性合规责任,刻画了欧洲的商业合规状况。[⑤] 该研究进路解决的是:公司对商业合规的认知度;商业合规的评估体系;推动商业合规的措施及成效;商业不合规的典型情形;商业合规的现实动机;不同性质、规模、行业、发展阶段的商业合规差别等。

（二）规范性研究

其指向的是商业合规的规则依据研究。立法不可能把所有规则纳入法律,它通过整体的商业合规价值指引、硬法与软法的义务配比、信息披露公开等机制,明确告知商业合规"应当如何"而不是事实如何。代表性观点包括:Friedman 认为商业合规应是在自由的、公开的、没有诡计与欺诈的竞争范围内的游戏规则遵守。Goodpaster 和 William 与之观点不同,前者很早提出割裂合规与经营决策是不对的,商业应形成一种融入合规的可持续发展模式;[⑥]后者则更进一步认为,外部法律的强制性规则并不会压缩公司的选择自由,反而会激励商法上促进合规水平以吸引投资。[⑦]这一进路涉及商业合规问题有:商业合规与经营目标的最大公约数;商业合规对利益相关方的责任承担;强制性社会责任与商业合规的关系;商业合规兴奋点的优先顺位问题等。

---

① 杨力.中国企业合规的风险点、变化曲线与风险应对[J].政法论丛,2017,2.

② Kunal Basu, Guido Palazzo. Corporate Social Responsibility: A Process Model of Sensemaking[J]. Academy of Management Review, 2008, 33.

③ Pascal Stiefenhofal. Conspicuous Ethical Consumption[J]. Theoretical Economics Letters, 2019, 1.

④ Hertig G, Hopt K, Kanda H, et al. The Anatomy of Corporate Law: A Comparative and Functional Approach[M]. second edition, Oxford University Press, 2009.

⑤ Dirk Matten, Jeremy Moon. Implict and Explict CSR: A Conceptual Framework for a Comparative Understanding of Corporate Social Responsibility[J]. Academy of Management Review, 2008, 33.

⑥ Kenneth E. Goodpaster. Business Ethics and Stakeholder Analysis[J]. Business Ethics Quarterly, 1991, 3.

⑦ William Carney, George Shepherd. The Mystery of the Success of Delaware Law, University of Illinois Law Review, 2009, 1.

（三）结构性研究

它是解决商业合规的价值立场和集约式规则。强化合规不在于盲目添加更多的规则，"大而全"的规则体系未必是良方，而应基于结构化体现更多精准性，"小而精"的集约式规则构建更高效。其中的代表性观点包括：Lucian 从公司高管与股东、控股股东与小股东、股东与国家等非股东的利益相关方之间冲突，定位商业合规的目的；[1]Maon 等提出了组织内的商业合规框架："在企业内提升商业合规意识、评估企业在社会环境下的目的、为商业合规确定工作定义和愿景、发展综合的商业合规计划、计划实施的综合影响因子、保持内部外部的沟通、评价与合规相关的战略与沟通。"[2]Porter 等提出了商业合规的本质，就是改善公司所处的经济和社会环境的各项政策和经营举措，以此重构和界定商业的"丛林规则"；[3]该研究对商业合规的回应有：市场、政府、社会、公司、员工在商业合规中的功能；到底如何推动把合规与公司法、环保法、消费者权益保护法、大气污染法、资源保护法、劳动合同法、反不正当竞争法、税法以及国际合规标准结合起来。

二、核心命题

已有上述类型的研究，探讨了制度是如何约束而让合规行为发生。不过，尚未讨论如何提供一种"让公司自动合规的高效认知界面"。

针对这种认知类型研究，学者们提出六个重要问题：当公司财务绩效较差，且其短期盈利相对有限，抑或处于不健康的经济环境，商业合规行为怎么发生？[4] 当竞争过强或过弱，商业合规是否会呈反向曲线？[5] 当国家法规强有力且执行良好，尤其是当法规是基于公司参与谈判的共识，商业合规是否更易实现？[6] 组织良好且高效的行为自我监管，尤其监管是可感知于国家干预威胁，或更广泛的行业危机而制定，并且国家对这种形式的行业管理提供支持，商业合规是否更有可能实现？[7] 行业协会、机构投资者等影响与商业合规之间是否显著相关？[8] 公司参与同工会、员工、社区、投资者和其他利益相关方制度化对

① Lucian A. Bebchuk. Letting Shareholder Set the Rules[J]. Harvard Law Review，2006，119.

② Maon F，Lindgreen A，Swaen V. Designing and Implementing Corporate Social Responsibility：An Integrative Framework Grounded in Theory and Practice[J]. Journal of Business Ethics，2009，87.

③ Porter M E，Kramer M R. Creating Shared Value[J]. Harvard Business Review，2011，89.

④ Margolis J D，Walsh J P. Misery Loves Companies：Rethinking Social Initiatives by Business [J]. Administrative Science Quarterly，2003，48. Orlitzky M，Schmidt F L，Rynes S L. Corporate social and financial performance：A meta-analysis[J]. Organization Studies，2003，24.

⑤ Campbell John Y，Lettau M，Malkiel Burton G，et al. Have Individual Stocks Become More Volatile? An Empirical Exploration of Idiosyncratic Risk[J]. Journal of Finance，2003，56.

⑥ Alan Greenspan. The Age of Turbulence：Adventures in a New World[M]. The Penguin Press，2007：367.

⑦ Heather Hermanson. An Analysis of the Demand for Reporting on Internal Control[J]. Accounting Horizons，2000，14.

⑧ Fligstein，Neil and Adam Goldstein. The Anatomy of the Mortgage Securitization Crisis[M]//Markets on Trail：The Economic Sociology of the U.S. Financial Crisis：Part A，Research in the Sociology of Organizations，Vol. 30A. Emerald，2010.

话,是否更可能采取商业合规行为?[①]

毫无疑问,认知类型研究提出了一套经过初步检验的命题,借入经济杠杆调节机制、监管和激励机制、多元利益相关方对话机制,商业合规的实现与"胡萝卜加大棒"的外在约束与激励有很大关联。那么,从微观行为学上,又会有什么更多的内在因素会影响商业合规? 它是触及"商业合规何以更可能实现"的核心问题,我们研究小组在长期大数据和小数据实证基础上,拟对此进一步探讨。

第五节　商业合规的高效认知视角

商业合规何以更可能实现的一个独特分析视角,就是从微观上观测公司如何才能不是被迫而是"更加自愿合规"。前面的"内控因素与商业合规的社会责任维度存在显著相关"的大数据分析结论,已给了初步的启迪。

一、"双重加工"理论及其深化

近50年来,认知心理学领域最重要发现之一,就是 Evans 提出的双重加工(dual-processing)假说及其深化。[②] 传统上社会科学多将理性作为分析认知、态度、判断和行为的逻辑起点,并把对政策、法规、制度的评价和效果预测建立在该起点之上。"双重加工"理论质疑这样的假设,并实证说明了系统化和启发式的认知与判断同时存在,非理性的,情绪化因素渗透在信息加工中。

在此基础上,根据卡尼曼进一步概括提出,面对认知和判断任务,人脑的信息加工包括两个系统:系统1使用最易提取的信息并形成判断,迅速且经济,但易于形成偏见,或对理性的系统性偏离;系统2审慎和逻辑化,它监督系统1运行,富于批判性地加工信息,形成判断,但其过程缓慢,效率低下,耗费更多的认知资源。因此,日常行为选择中系统1被更多使用,系统2会不时向系统1妥协,且多有后者主导,为后者充当解释者。相关研究还表明,系统1做出判断不但发生迅速,其中一部分还会在无意识或前意识状态下发生,行为者并未明确意识到其行为选择的动机,以及真正影响其判断的因素。[③]

因此,在推动商业合规实现过程,让系统2更好让系统1做好理性判断,必须在科学

① Aguinis H, Glavas A. What We Know and Don't Know about Corporate Social Responsibility: A Review and Research Agenda[J]. Journal of Management, 2012, 38.

② See Evans, J. St. B.T., "Current Issues in the Psychology of Reasoning", *British Journal of Psychology*, 1980, 71. Evans, J. St. B.T., Thinking: Experiential and Information Processing Approaches, In G. Claxton (ed.), *Cognitive Psychology: New Directions*, London: Routledge & Kegan Paul, 1980. Evans, J. St. B. T., *The Psychology of Deductive Reasoning*, London: Routledge & Kegan Paul, 1982. Evans J. St. B. T, Heuristic and Analytic Process Reasoning, *British Journal of Psychology*, 1982, 75.

③ 参见[美] 丹尼尔·卡尼曼. 思考, 快与慢[M]. 胡晓姣, 李爱民, 何梦莹, 译. 中信出版社, 2012: 383.

合理施加系统 2 的外部压力以外,把议题更多锁定在从微观认知心理学角度,关注"公司会在什么条件下更多自动化合规",让合规变成融入公司行为系统 1,并逐步主导甚至充当解释者。换言之,就是发现公司主动合规的认知和行为机制,重点是关注创造更有效推动合规的"高效认知界面"(cognitively effective interface,CEI)。

比如,芝加哥北湖滨大道的 S 形弯道减速试验。北美五大湖之一密执安湖,位于芝加哥东部。湖畔的北湖滨大道(North Lake Drive)是一条有多个 S 形弯道的高速公路。虽然路边有许多限速标志,超速驾驶导致的交通事故仍不断发生。为解决这一问题,交管部门在弯道之前路面上画出横向白线,离弯道越近,线条越密集(见图 8-20)。依据认知原理,速度知觉不仅与速度有关,也与参照物有关。横线密集程度的不断增加,让人感到速度在不断加快,驾驶者多会因此自愿和自动减速,在不知不觉中遵守了限速法规,交通事故随之减少。[①]

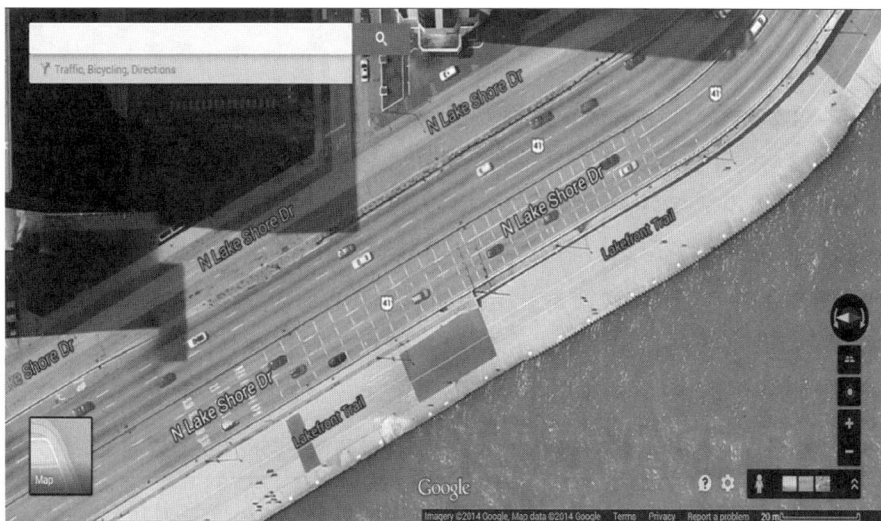

图 8-20 芝加哥北湖滨大道路面设计

案例中,交通法规和驾驶行为可看作两种事物。法规可以仅用限速标志向人们呈现,也可辅之以不断增加密度的白色横线。芝加哥案例说明,增加辅助横线使法规与驾驶行为之间建立起更符合认知规律,因而也更为有效的"对接"方式。在工业设计领域,"对接"或"接口"称作"界面"(interface),其英文的动词形式又指"交流""对谈"或"交互作用"。从认知心理学角度探讨守法行为,旨在发现法律、法规、政策与公众的正确"接口",推动法律和个体行为之间更为顺畅的"对谈",目的则是找到制度与人之间符合认知与行为规则的高效对接方式,为商业合规的实现设计更人性化的界面。

依据 CEI 框架(见图 8-21),公司自愿承担社会责任的行为不再仅是政府、执法部门

① Richard H Thaler, Cass R Sunstein. Nudge:Improving Decisions About Health[M]. Wealth and Happiness, Yale University Press, New Haven, 2008:131.

硬干预(hard intervention)结果，也可能通过软干预(soft intervention)来实现。实际上，作为对原子化的公司做出商业合规行为的社会干预形式，软干预是巧干预(smart intervention)：对公司而言，它激活自愿、自动的自动做出商业合规的行为；对政府权力而言，它提供智慧型的商业合规干预机制；对社会治理而言，它创造更温和、更人性化的"商业合规界面"，推动相关的理念和实践从"管制"向"治理"改变。

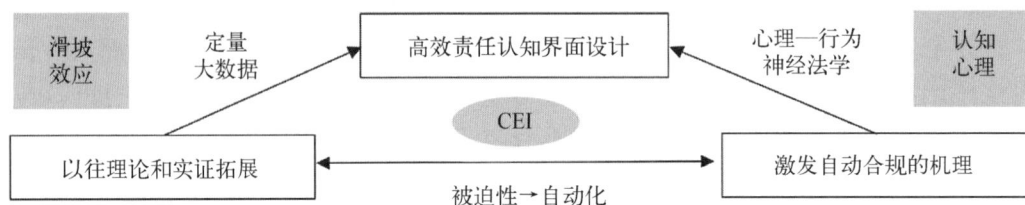

图 8-21　CEI 框架

二、寻找认知界面的兴奋点

接下来，又如何寻找"高效认知界面"的兴奋点呢？我们设定了影响商业合规的若干可能因素，然后与商业合规评估结果之间进行了小数据分析。下面具体举例说明。

研究小组根据小数据分析，探讨了企业内部战略因素、外部环境因素、企业内控措施、股权集中度对商业合规的影响。结果显示，经营战略和外部环境对合规目标实现有一定影响，但内控与几乎所有合规性质的社会责任维度都存在显著相关。第一大股东的持股比例与商业合规相关未达到显著水平，前两大股东的持股比例与商业合规相关也不显著。说明股权集中度与责任履行水平之间不存在显著相关(见表 8-7)。①

表 8-7　经营战略、外部环境、内控措施、股权集中度与商业合规相关维度的关联性分析

	员工权益	节能环保	顾客权益	公平运营	合作共赢	总分
经营战略	0.372	0.124	0.202	0.014	0.253	0.232
外部环境	0.409	0.207	0.142	-0.016	0.155	0.265
内部控制	0.438	0.246	0.262	0.096	0.297	0.392
第一股东持股比	0.020	0.068	-0.107	-0.202	-0.013	0.037
前两大股东持股比	-0.012	-0.092	-0.132	-0.006	-0.008	-0.059

在各项外部环境因素中，利益相关方监督与商业合规的责任履行水平之间的相关最高，其余外部因素按照与责任履行水平的相关程度从大到小，依次为行业组织评估、行业规范、公众舆论压力、政策性配套、法律监控等(见表 8-8)。② 其中小数据分析结果显示，

① 杨力.企业社会责任的制度化[J].法学研究,2014,5.
② 杨力.企业社会责任的制度化[J].法学研究,2014,5.

法律监控相关性反而是假设的若干影响因素中表现最差的,出乎意料。

表 8-8　外部环境因素与商业合规各维度和总分的相关分析

	员工权益	节能环保	顾客权益	公平运营	合作共赢	总分
法律监控	0.245	0.063	0.089	0.030	0.009	0.138
政策性配套	0.241	0.157	0.059	−0.037	0.094	0.160
行业评估	0.325	0.206	0.076	−0.057	0.140	0.227
行业规范	0.374	0.148	0.100	−0.075	0.158	0.210
利益相关方监督	0.354	0.199	0.120	−0.001	0.190	0.282
公众舆论压力	0.324	0.170	0.196	0.065	0.110	0.195

同时,董事会有无职工代表、有无专职或兼职法律顾问、有无独立董事,及重要岗位有无权力制衡,都会对商业合规的总体水平均造成显著差异(见表 8-9)。[1]

表 8-9　不同董事会构成情况下责任履行差异显著性检验

		N	平均数	标准差	t	显著性(p)
职工代表	有	43	3.951 4	0.451 18	2.346	0.021
	无	87	3.752 7	0.461 21		
法律顾问	有	68	3.995 8	0.434 78	2.493	0.014
	无	63	3.712 8	0.458 18		
独立董事	有	37	4.024 2	0.461 65	3.199	0.002
	无	89	3.740 3	0.433 60		
重要岗位权力制衡	有	87	3.954 7	0.427 26	3.698	0.000
	无	40	3.628 7	0.476 23		

这一方法排除其他可能的影响因素,在被控制的环境中观察某一因素存在与否,商业合规行为是否会发生显著变化,以此确定什么因素会对结果产生影响。

比如,认知界面影响人们选择偏好的实验。英国纽卡索大学心理学系休息室提供的饮品旁贴有标示,建议饮用者将所需费用投入一个"诚实箱"中。心理学家 Bateson 等人在牛奶旁加放了一个周历,并不断调换周历上的图画:一周是人眼图片,另一周是花朵图片,历时 10 周。实验结果表明,在人眼图片周,人们投放的现金竟多出 2.7 倍。Bateson等人认为,声誉被视为十分重要,眼睛形象会自动启动声誉关注,诱发个体做出诚实守规的亲社会行为。同样,声誉对于期待有所作为和发展的公司也很重要,那么,提供一种诸

---

① 杨力.企业社会责任的制度化[J].法学研究,2014,5.

如公司信用评价等级之类的声誉关注界面,影响到政府部门、采购链上下游、融资机构、业界合作等一系列关系到公司未来发展的核心竞争要素,让公司自动化而不是法律强制下被迫承担合规,效果或许会更好。

这一点在以上小数据分析中得到了初步印证:法律监控对合规的影响程度,反而不如其他因素。寻找认知界面的这一进路,提出了一种公司更愿意合规的认知行为界面偏好,改变以往强调商业合规的"硬干预""强干预"的窠臼,走向更为符合商业合规选择偏好的"软干预""弱干预"的范式。

当然,讨论还远未结束。进一步将神经科学引入社会认知与行为的研究,是认知心理学发展中具有革命性的事件。[①] 在心理学研究中或者广而言之,在有关人类的所有研究中,人脑实现认知和决策功能是十分重要的研究问题。虽然研究者无法直接观察人脑活动,但神经科学研究技术的引进改变了这种状况。"黑箱已经被打开,我们已不再是推测,而是直接窥测到心理活动的脑神经基础。"[②]这种学科的更深度交叉进一步结合了行为数据与人脑活动数据,更准确地揭示和解释判断、决策、行为的过程,会大大深化对商业合规的认知、决策和行为发生机制。

---

① 神经实验的基本范式与一般实验无异,但后者的数据源于行为或量表测试结果,神经实验最重要的数据源于对人脑活动的测量。主要方法是观察脑区血液或电磁活动的变化。脑区的额外活动需要额外的能量支持。葡萄糖和氧的增加会带来区域性血流量增加和脑电波变化。通过正电子发射断层扫描术(PET)、功能性核磁共振大脑成像(fMRI)或事件相关电位(ERP)等技术,研究者可以观察到在不同情境中(或刺激下)特定脑区的活动,从而为心理和脑神经活动之间建立联系。

② 葛岩,秦裕林,林喜芬.认知科学在法学研究中的应用述评[J].法律与社会科学,2017,2.

第九章 商业合规的风险评估模型

第一节 评估指标原理

商业合规的风险评估架构,以小样本集泛化为原则,深度融合公司风险岗位业务一线员工、管理层以及合规法务人员的判断要素、倾向性之后,确定评估体系的目标、导向以及原则,以这样的"四梁八柱"指导整个模型的构建。在此基础上,由评估人员根据公司的实际运营情况、市场环境、人员执行力等影响因素、权重赋值等,基于重要性、关联性、紧密型、关注度等维度,确立起风险评估的依赖路线,包括数据来源,评估方法和评估程序等。最后,由第三方评估人员根据评估体系完成架构布局、数据获取、小样本测试、元数据集整理、基础数据学习、方差分析、校验纠偏等。

商业合规的风险评估对象,为整个企业体系的一级公司内设职能部门及二级子公司、分支机构等。评估范围根据企业实际开展业务的范围确定,应当能够比较完整、全面反映企业的发展状况和商业合规的潜在风险问题,并应尽量确保评价范围选取的连续性和可比性。以交通行业企业为例,评估范围包括:企业总公司下的各部门、各下属路桥单位、财务公司、融资租赁公司、投资公司等在内的所有重要职能部门和单位。根据前述的商业合规风险的十大分类,对评估范围内的各单位所面临的商业合规风险点的风险发生可能性、风险发生后的影响程度、现有的应对手段及内控制度、是否涉及刑事犯罪等内容进行全方位评估。

一、评估目标

评估目标的确定是商业合规风险评估体系构建的前提。对于处于不同发展阶段的企业而言,借助于商业合规的风险评估所想实现的效果是截然不同的。比如,对于处于初创期的企业来说,由于主营业务较为单一、人员较少、公司治理架构简单等因素,其商业合规的风险评估目标,主要为对可能影响到主营业务的重大法律风险点(政策、重要合同等)进行识别评估,目标是通过较少的投入规避影响较大的商业合规风险,以维持企业的基本运营。而对于已经发展较为成熟的企业,特别是国企来说,随着业务、组织架构及人员等因素的复杂性的提升,商业合规风险的数量、发生可能性及影响会急剧提升,某些很小的风险点通过业务链条和组织架构链条的传递,极有可能发展为破坏力巨大的合规风险事件。

因此，此时企业商业合规风险评估的目标，应逐步上升为对企业运营各个环节合规风险点的全面识别和动态偏离度评估，帮助企业决策者和法务工作者更好的认知、防控和解决企业所面临的商业合规风险。

在设定评估目标时，还应当重点考虑目标的时效性。一方面，需要结合企业自身所处行业及经营业务的要求，确定商业合规风险的评估周期为多长。对于重大风险点和高频风险点，可以单独设置更短的风险评估周期；对于行业性或其他敏感程度低、不易变化的法律风险点，设置较长的风险评估周期以节省资源。另一方面，评估目标本身也应结合每次评估后的结果，以及企业发展的情况，由决策层及企业法务进行调整，以确保订立的评估目标符合企业的发展情况和市场的动态变化。

二、评估导向

商业合规的风险评估体系在设计与实践过程中，应当具备以下导向特征。

（1）贴合企业实际运营过程，即实务可操作性。任何商业合规风险的评估体系和管理手段，指向都是为了保障业务执行程序的合法合规，能够真实还原业务流程中影响收益的节点，进而采取措施，尽可能消除一切影响盈利稳定和扩大的"障碍"。为了将这些"障碍"逐一体现，也为了便于实际运用评估体系的业务人员有效快速发现风险节点，需将合规风险点的梳理与实际业务流程契合起来。换言之，就是在各项业务条线的业务执行路线上，能够匹配潜在的商业合规风险点。正是由于孤立的商业合规风险点不足以实现业务风险的管控，评估体系才更应当贴合实际业务，既要"连点成线"，将各个商业合规风险点与业务岗位、执行流程相关联；又要"画线为面"，基于执行流程在联结业务点"牵线搭桥"的黏性，构建全面关键岗位的商业合规风险点识别和防控体系。

（2）以最小代价获取最大收益，即风险最大效益比。盈利是企业自创立之初的天然内核，几乎所有的活动都是围绕如何实现利益最大化的目标。业务活动中的商业合规风险问题，衍生于追求纯粹的效率化执行与保障合法的规范化管理之间的利益刺激。实质上，商业合规的风险管理同样是为了更好服务企业稳定和扩大盈利。因此，在商业合规的风险评估中，衡量法律风险的发现和应对应当抓住以最小代价获取最大收益的合目的性，可发现的合规风险点的应对方案要务实可行，以最小支付对价产生最大的效益回报。

（3）指标和权重设定具有利益导向性，即利益趋向性。任何评估体系存在意识导向的成分，促使被评估对象或客体向企业主体意识靠近，亦即"趋利性"。关键岗位的商业合规风险清单和评估指标以及相应权重的设定，能够符合企业整体的预期收益目标、利益相关者的诉求和价值观，以及对合规风险的认知和承受度等多维因素。

（4）保留适当的法律风险容量，即兼顾合规与效率。商业合规风险并非一成不变，相应的管理手段应当有的放矢。合规风险容量可以采用法律纠纷案件目标偏差、标的金额目标偏差、法律损失目标偏差、合同违约目标偏差等指标衡量。寻求合法合规的管理手段与目标偏差之间的"最小公因数"，能够在偏差范围内确定既能解决潜在风险的合规性，同时也符合偏差适当范围内的效率性目标。

三、评估原则

商业合规的风险点分类分级,是表征企业经营管理活动法律潜在风险的主要抓手。借助于科学的指标评测,主动提示关键岗位的合规风险,是评估体系建构的出发点。为达到此目的,本关键岗位的合规风险评估体系遵循以下原则:

(1)科学规范性原则。指标体系设置力求简单、适用、采集方便、定性定量相结合,与国家现有统计体系相衔接。评价方法力求公开、公平、公正,运用科学的评价体系及数学模型,借助专业的信息化工具,结合实地走访调研,确保评价的基础数据真实可靠、评价结果具有较高的公信度。

(2)驱动导向性原则。评价工作应充分反映企业定位和发展方向,体现国家政策导向。引导企业特别是国资企业在《企业国有资产法》《国有企业法律顾问管理办法》《企业法律风险管理指南》等相关规定指引下,按照国家规划和企业自身的产业发展规划,不断优化产业结构,改善产业布局,实现长期稳定的可持续发展。

(3)可适应性原则。法律并非一成不变,而是随着经济和市场的发展呈现动态微调或宏观调整的状态。企业发展规划应当遵循国家宏观层次调整和市场发展规律的双重标准。因此,评估体系应及时适应公司内外部法律环境变化的动态过程,实现持续改进。

(4)可操作性原则。建立具有规范且可操作的评测数据的采集、汇总和数据处理的程序,同时记录数据来源,使每一个评分项目都能与原始数据相对应,保障分数的可解释性和可信度,以达到实际运用评估体系的业务人员能够理解及接受评估指标的目标。

(5)综合评估性原则。评估工作将全面考察企业的经营管理活动,其识别、分析、评价和应对必须融入公司经营管理过程,成为其有机组成部分,评估内容做到有点、有线、有面,评价结果分为综合评估和分类评估,全面反映企业发展的法律风险现状和潜在问题。

第二节　评估路径依赖

商业合规风险评估路径是指合规风险评估的实施策略,即通过全面梳理企业法律风险的多维数据来源,采取科学合理的评估方法,建构体系化的合规风险评估,按照实施计划评估企业合规风险的完整过程。

一、评估逻辑

根据商业合规的风险管理常见方案,合规风险评估路径的逻辑内涵,主要包括以下几种类型:

（一）按照立法体系或法律关系

事先将商业合规的风险分为刑事法律风险、民事法律风险、行政法律风险,按此路径开展调研和评估工作。商业刑事法律风险,往往不仅关乎企业的生死存亡,更与企业负责人或职业者的个人法律风险相关联。一般而言,员工治理、财务管理、融资业务、市场运作、生产质量、环境资源等都是产生刑事合规责任的爆发点。商业民事法律风险,是企业日常经营中比较司空见惯的问题,诸如合同纠纷、劳动纠纷等,降低民事法律风险可以提高质效,降低成本。行政法律风险,则是企业与政府管理之间的行政争议,包括行政许可侵权、行政处罚侵权、行政强制侵权、行政收费侵权等,企业全生命周期离不开政府部门的管理、指导和监督,行政法律风险的离不开自身检查,按程序履职是最好的降低风险手段。

理论上,以法律关系或立法体系可以涵盖商业经营管理的各个方面,但在实践中缺乏一定的操作性,无法与企业经营过程或者明确目标相契合。

（二）按照业务流程

商事业务是企业生命底线,更是企业经营的重中之重。企业经营过程中要努力完成预期目标,但是,企业进行资源配置去实现这种目标的差异和差距,就是企业运作中的不确定性,这种不确定性表现为企业经营风险。那么,业务流程是企业为了实现特定价值目标组织人财物力共同完成的一系列活动,组织中最重要的是人员的工作方式及其构成日常操作的活动,活动的外在表现就是业务行为。商业合规法律风险不是孤立存在的,而是会依附于某一具体行为,加强企业内部控制,特别是对业务流程各个环节的排查,就是对构成这一业务流程的行为合规风险进行识别,目标更加明确、识别更加具体。对于商事业务流程的风险识别,包括固定流程和机动流程。固定流程的风险识别是静态的、流程节点的审查,主要针对常见稳定的业务流程;机动流程的风险识别是动态的流程节点的审查,主要针对临时新增的业务流程,或者灵活变通的额外业务节点。以业务流程作为风险识别的实施路径,即可发现企业既有合规风险,又可发现新增业务节点可能存在的合规风险;既能够贴近企业实际运用,又能够全面梳理和防范企业经营风险。

（三）按照组织架构

一切工作的核心都是以人为本,无论业务流程还是企业管理流程,需要在一定的组织框架下由相应岗位负责人实施。不同企业、不同部门会存在不同的组织架构,大型的集团型企业更是在外部统一管理下内部组织层次交错。常见的组织架构有金字塔形结构、扁平式结构、智慧型结构。不同组织架构形成的业务和管理逻辑自有差异,基于逻辑内涵差异所形成的合规风险随之相异。因此,从企业组织架构角度实施商业合规的风险评估相对全面,尽可能减少识别的疏漏。

（四）按照管理制度

制度决定流程和流程决定组织,将流程与制度整合到一个逻辑框架内,可以让制度更加明确地体现在各个组织活动之中,无论是对于企业的运营操作还是合规风险控制,都将会变得更为明朗清晰。"企业生产经营过程中的每一个环节都有制度作为参考依照,有制度为经营保驾护航,会让管理流程更简洁更规范,也就能够拥有更多的能源和动力作为健康可持续发展的资本。"①通过对业务和管理流程的梳理,明确流程运行中应遵守的规范和规定及相应的权责,"以流程与职能、制度一致为目标,将静态的、详尽的制度内容变为按顺序执行的、显性化和规范化的动态过程,实现每个环节、每个部门在规定的时限内按照规定行使权力、履行职能,形成联动互通、协同并行的工作机制。"②因此,管理制度能够从业务、组织和制度等层面实现以业务为驱动、组织为内核、流程为主线、制度为节点的综合风险防控体系。

聚焦在商业合规的风险防控上,从企业管理制度出发,可以对整个业务流程和组织架构实施规范性识别,对企业的生成经营活动进行有的放矢的审查,目的是为了控制风险、降低成本、提供服务质量、提升工作效率、增加市场反应速度,以实现提高企业市场竞争力和经营效益的有序组合。

基于商业合规风险评估体的科学性、导向性、适应性和操作性等原则,因地制宜、实事求是的选择适宜评估路径,其出发点都是寻求数据来源,选定数据分析方法,以主客观结合的方式,表现合规风险识别结果。

二、数据来源

智慧化是现代化企业经营必经之路。其中,基础信息化平台是为了业务与管理链条规范化和流程化。位于底层的企业信息化不仅是提质增效的必要手段,也是精准性、精细化识别合规风险的数据来源基础。企业数据是企业运营过程中各种存储、计算、统计、研究所依据的数值,包括企业客户数据、企业业务数据(如合同流转数据)、企业运维数据(如财务数据)、系统日志数据(如信息系统留痕数据)等,具有一定的保密性、专业性、价值性的数据特征。企业应当对数据进行区分,重点关注核心数据的生成、筛选、流通与存储分析的过程,留住核心数据。根据企业管理和业务流程,可以将数据来源分成以下几种类型:

(一) 外部数据和内部数据

以数据生产的源头为依据,企业数据可分为外部传入数据和内部生成数据。企业外部生成数据,是企业在业务开展和经营活动过程中,通过信息技术、线下交互等方式,将外部关联数据导入企业数据存储库(包括线上和线下)。比如,通过部署的传感器接收的外部环境数据、客户行为数据等;国家发布的法律法规和上级公布的管理制度、宣贯文件等。企业内部生成数据,是指企业在日常经营和生产过程中通过信息系统或线下生成的方式对人员、业务、管理、运维等流程性、过程性的复杂数据。例如,员工信息数据库、企业财务

---

① 陈采灵.基于流程的制度管理体系构建[J].企业改革与管理,2015,24.
② 宋泽海,杨国山,刘波.流程制度一体化管理——TG 公司的实践[J].经营与管理,2016,3.

数据库等。外部数据和内部数据存在必然的交互和关联应用,外部数据通过企业管理制度与企业内部数据关联迭代,内部数据通过外部业务或监管需求与企业外部数据进行选择披露。

（二）原生数据和衍生数据

以数据内容产生的方式为依据,企业数据可分为原生数据与衍生数据两种类型。原生数据类型的企业数据并不依赖于现有数据而产生,它指的是企业收集及存储的多元化、大量的可商业利用的数据。从价值上看,原生数据类型的企业数据是单个数据的集合,它的价值体现在量变引起质变。企业利用大数据技术优势将不同价值的单个数据汇集在一起,汇集后的原生数据的经济性价值将远超单个数据的价值。衍生数据指的是原生数据被记录、收集及存储后,企业经营者基于特定目的,运用算法、模型等对原生数据进行清洗、匿名、脱敏、过滤、计算、加工、提炼及整合后形成的系统可读的数据。原生数据与衍生数据最大的区别在于,"原生数据体现的是数据客观的记录,它是不依赖于现有数据而产生的数据;衍生数据则是对原生数据进行匿名脱敏化、过滤处理和提炼整合后形成的具有更高经济价值与商业价值的数据。"①

基于企业数据常见类型,获取法律风险识别的量化数据来源的基本思路主要有两种:① 正序定向法（自上而下）。从研究的根节点目标出发,结合业务架构分化出二级目标,沿循业务架构寻获基础数据。例如,细化采购业务流程,从流程节点捕捉各类可得数据,其优势是紧密结合业务流程,获取目的性明确,不足在于摸排范围较窄,可能遗漏潜在的数据来源。② 倒查摸排法（自下而上）。从企业现有信息系统入手,结合企业业务流程、组织架构、管理制度等方面,逐一分析排查记录相关联的各类数据类型,其优势在于数据获取的全面性,但相对需要投入更多研究资源。实际研究中,上述两类获取数据思路通常交叉适用,同时结合调研访谈的实证方法,以尽可能获取商业合规风险识别数据为目的,摸排数据来源,确定数据类型。

三、评估方法

推动体系化商业合规的风险评估,既要在理论上完善合规风险研究,又要致力于为商业合规实践提出务实管用方案。因此,研究方法重在从基础与应用的维度展开,包括:① 研究过程中采用理论分析与实证分析相结合、面上分析与典型分析相结合、定性分析与定量相结合、事实分析与专家经验打分测度相结合的研究方法,对企业重大、重点的风险点的关键变量等核心因素展开分析;② 研究将基于法学、管理学、社会学等理论,充分吸收公共决策理论、公司治理理论等学科最新发展研究,通过文献分析法,对商业合规风险评估的内在维度、演进路径与法理逻辑进行反思;③ 在企业内部各部门运用调研访谈方法及重点岗位采用抽样调查方法,收集第一手研究数据,构建研究商业合规风险点的集

---

① 陈芳.企业实施数据治理的核心内容及条件保障[J].信息资源管理学报,2018,4.

合,开展质性研究的解释性理解,并基于专家经验转化和统计学等方法,对相关政策实施效果开展评估测度。具体评估方法可以分为以下几种:

（一）专家知识和业务经验分析法

基于专家知识和业务经验分析法的数据,主要来源于承担业务的主职人员或者企业管理者的经验;同时,挖掘来源企业已发生纠纷案例,以及相类似企业法律纠纷案例。这种评估方法依靠多种途径采集风险点信息,识别企业风险,结合了合规性分析确定问题节点,按照一定标准采取措施。商业合规风险的信息来源主要包括:实地调研、业务访谈、会议讨论、问卷调查、文献检索和分析。分析方法主要有:调查问卷、头脑风暴法、德尔菲法、关联图法、主观打分法、[①]概率统计、决策树、[②]因素分析法、逻辑分析法、历史比较法、概率预测法及交叉影响法等。总的来说,基于专家知识和业务经验分析法属于定性分析,蕴含较强的主观性,评测数据来源研究分析人员的结合标准惯例以及业务经验的判断,从而对风险评估的各项指标进行定性分级。

（二）统计学模型分析法

基于统计学模型分析法,以数据定量分析为主。根据量化评估指标和过程计算,以及相应结果的显示,对构成风险点的各项指标予以赋值,运用到的方法主要包括层次分析法、灰色综合评价、模糊综合评价、神经网络等。商业合规风险的数据化、精确化,是评估分析人员和企业管理者的理想预期,通过数据直接反映风险概况。但根据实际调研情况来看,从客观环境较难获取定量数据源,事实上多数风险点无法直接测量。

事实上对某商业合规风险的评估,仍应立足于采用定性为主、定量为辅的评估策略,将业务中具体而复杂问题及其产生的细致化因素(影响因素并非孤立,通常存在联系)划分有序结构,结合实务经验和专家知识的主观判断结构化和类型化合规风险点,通过专家打分形式为主的方式获取定量数据,并进行统计分析和结果呈现。

四、评估程序

企业法律风险的评估程序大致包含以下七个环节(见图9-1)。首先,根据前述的内容,确定风险评估的目标以及评估范围,并据此构建合理的评估团队。之后,评估团队应针对评估范围内的组织机构进行系统的调研,对潜在的法律风险点和发生过或正在发生的法律风险事件进行识别和深入了解,对每个法律风险点的原因、表现、应对策略等进行分析并记录。在对企业法律风险点进行了全方位调研和识别的基础上,制定评估办法和评估准则,借助企业内部法务人员、外部法律专家、业务骨干、各业务线主管领导等人员的

---

①　在风险识别的基础上,邀请专家对风险因素的发生概率和影响程度进行评价,再综合整体风险水平进行评价。

②　利用图解的形式,将风险因素层层分解,绘制成树状图,逐项计算其概率和期望值,进行风险评估和方案的比较与选择。

力量,从风险发生的频繁程度、造成的影响后果,以及现有的防控应对手段等维度,对各个风险点进行评估打分,并对结果进行展示和分析。

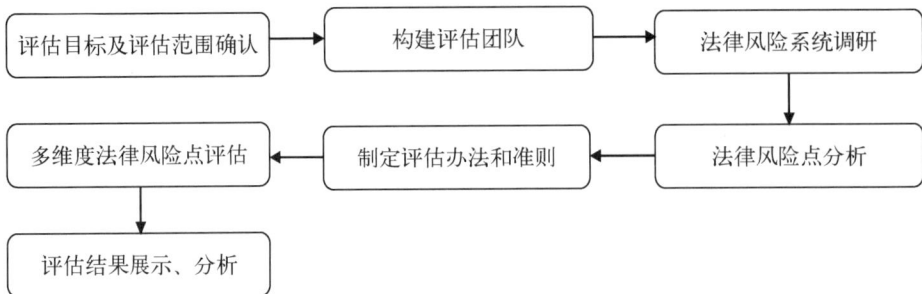

```
┌─────────────────────┐      ┌──────────────┐      ┌──────────────┐
│评估目标及评估范围确认│ ───→ │ 构建评估团队 │ ───→ │法律风险系统调研│
└─────────────────────┘      └──────────────┘      └──────────────┘
                                                            │
                                                            ↓
┌─────────────────────┐      ┌──────────────┐      ┌──────────────┐
│多维度法律风险点评估  │ ←─── │制定评估办法和准则│ ←─ │法律风险点分析 │
└─────────────────────┘      └──────────────┘      └──────────────┘
        │
        ↓
┌─────────────────────┐
│评估结果展示、分析    │
└─────────────────────┘
```

图 9 - 1　评估程序

第三节　量化评估模型

一、正本清源

商业合规的风险量化评估模型,是指对企业合规风险进行评估时,将企业所面临的各个合规风险点的风险程度进行数量化。通过测量相关数据,以量化统计的方法对结果进行分析统计,从而得出企业整体所面临的合规风险值。

商业合规风险管理所遇见的一大难点,便是管理者和决策者对企业所面对的合规风险缺乏全面的、直观的认识。该难点产生的原因包括:一是企业未能对各管理、经营和业务环节进行系统风险点识别和排查;二是即便进行系统性的风险点识别,管理者和决策者很难对各个合规风险点用较为统一的标准衡量,难以进行以预防为主的合规管理,只能是事后防控,对已产生的合规风险事件应对和处理。

商业合规风险量化评估通过构建体系化的评估模型,对企业不同部门、不同子公司面临的不同类别的各个风险点进行量化,帮助管理者和决策者从宏观角度对企业的整体合规风险和各类合规风险情况进行把控。该合规风险量化评估模型的输出,不仅只是简单的企业整体合规风险分值,还可包括各个合规风险类型、各个子公司、各个部门所面对的合规风险分值,以及对应的风险热力图等形式;不仅通过定量和定性相结合的方式,实现商业合规风险程度的客观评估,还通过多元化的输出形式,实现了对合规风险的预警和提示,辅助企业管理者进行决策。实际上,商业合规的风险防范已不再是合规和法务人员能够独立完成的,而是一个覆盖所有业务链条的系统工程。构建科学的企业合规量化评估模型,并结合企业自身的合规风险控制诉求加以应用,能够极大地提升企业整体的商业合规风险管理和防控。

在传统的商业合规风险管理领域,对于商业合规风险点的风险水平,一般仅采用风险事件发生可能性，以及每次风险事件发生后的影响两个维度进行分析，两者相乘可得到简单的风险影响期望值，从而实现对商业合规风险水平的简单量化表示。这种量化方式实现了传统的商业合规风险评估方式从定性到定量的转变，在理论上具有重大意义。但是，由于商业合规风险的复杂性和不确定性以及基层数据的缺失，在实践中对合规风险评估离实现完全量化评估还有很长的道路。虽然当下难以完全取代，但现有合规风险评估量化模型的辅助作用还是值得肯定的。通过将企业员工和管理者、各类专家的定性评量化，结合相关数据库数据进行统计分析，商业合规的风险评估量化模型，能较为客观体现企业的合规风险程度。

进一步优化合规风险评估量化模型的路径。一是对采集数据的精确度和准确度进行加强，例如征求更多的专家意见，更多的调查文件等；二是开发新的维度对商业合规风险进行描述。本次企业合规风险量化模型在构建时，便对第 2 种优化路径探索，加入现有应对程度这一维度。通过对企业已识别风险点的应对完备性、可实践性和有效性进行考量，目的是凸显合理的风险管理防范对风险控制效应，实现对商业合规风险的更全面描述。

二、模型构建

商业合规的风险量化评估模型，是从不同维度对企业面临的法律风险点进行打分评估，并通过数学和统计学手段构建风险评价指标体系。值得注意的是，法律天生就具有模糊性和不确定性。因此，量化法律风险评估模型不能只是简单的数学运算和统计分析，还需要依赖企业运营业务人员以及外部法律专家的主观能动性进行定性分析，而非机械式的定量处理。

借鉴国内外商业合规风险评估模型和其他领域中的量化风险评估模型的相关研究成果，本研究依照模型输入、模型处理和输出三个环节，结合归集交通行业企业的数据，对商业合规风险的量化评估模型构建进行介绍。评估模型处理流程见图 9-2。

（一）模型输入

模型的输入环节，是商业合规的风险评估模型最繁琐的部分，也是对最终商业合规风险评估的质量具有决定性影响因素。由于企业中合规风险自身复杂性高、相同风险点在不同业务环节中表现不一致，以及稳定定量数据源的缺乏等原因，目前评估模型输入环境中的数据采集以定性分析为主、定量分析为辅的方式。随着企业商业合规的风险防范体系不断完善，将来还可以实现通过大数据挖掘和分析手段，对评估模型的输入要素值进行量化。这样不仅便于实现企业商业合规风险量化评估模型的动态更新，还能降低因主观评估所造成的不确定性，提升评估模型的准确性和客观性。

数据处理是使用商业合规风险量化模型的第一步，其包含数据采集和数据清洗两部分。采集数据的准确性直接关系到数据分析结果的价值，经过调研和分析，本研究小组在被调研交通行业企业的内设部门及子公司或分支机构中，选取了 15 类与合规风险紧密相

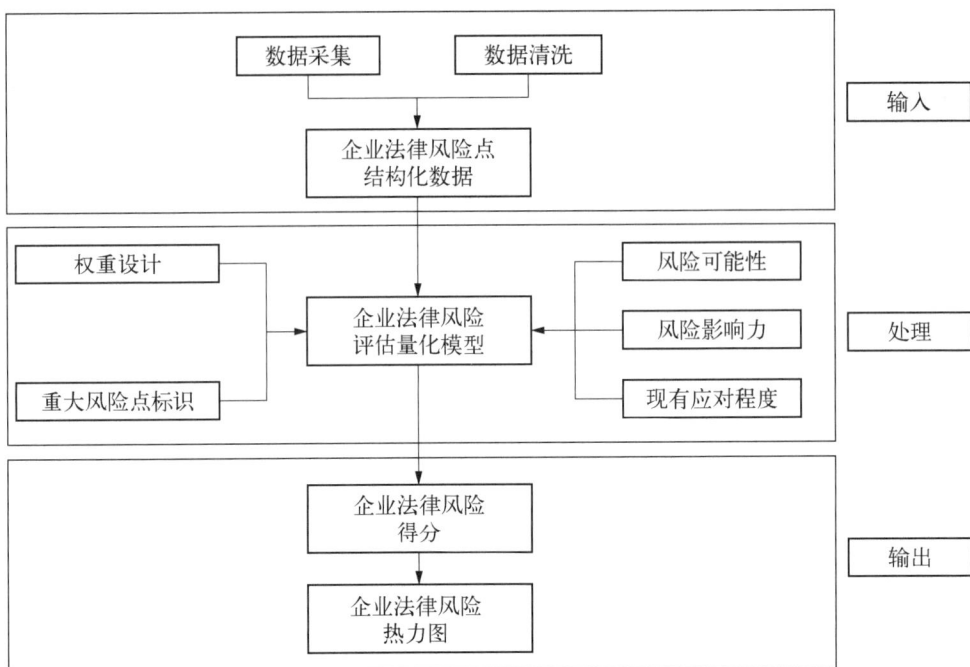

图 9-2 模型处理流程

关的企业经营管理重要职能部门,以及具有代表性的一线业务子公司和分支机构进行数据采集,以此确保数据分析结果能够较为准确反映交通行业企业的合规风险水平。本次数据采用调查问卷的方式,问卷内容主要包括从风险发生的可能性、风险发生的影响程度以及风险的现有应对程度对课题组前期已识别的法律风险点进行主观打分,问卷调查的详细内容会在后文中的模型处理部分进行解释。本次问卷调查最终共收集到 990 份问卷,包含 10 个风险大类共 9 274 条数据信息。

在收集到原始的数据信息后,还需要对信息进行进一步的清洗和处理。在实践过程中,收集到的数据往往是具有缺陷的。例如,部分调查问卷填写人员可能会因为不积极,或者对部分风险点不足够了解等原因,导致收集到的数据中出现空值、所填数据不符合要求,甚至所填写的评估分数全部一致等情况,明显不符合常理。每个企业甚至每个部门所收集到的数据可能会存在不同的问题,需要评估者针对不同问题提出对应的解决方案。其核心思想是保证数据的真实性,同时还要兼顾数据的量。对此类无效数据或干扰数据进行检验和清洗的程度,能够直接影响到最终模型输出的结果的准确性和客观性。

在课题组的本次调研所收集的数据,主要有数据出现空值和部分人员对所有风险点填写数据完全一致的情况,课题组针对问题分别进行了以下操作对数据进行清洗:① 若出现空值的情况,将空值填充为同一部门其他人员所填数据的平均值;若同一部门填写问卷人数少于 3 人,则将该条数据剔除;② 若出现个人填写的不同风险点打分值几乎一致的情况(超过80%),其所填数据一致的部分将被判定为无效数据进行剔除,不一致的部分将被保留。其中,部分部门和公司对某类风险点可能防范意识较强,已经能够较好地控制该类合规风险点,由此出现该部门(公司)所有调查问卷中的结果均一致为几乎无风险的情况。因此,对于调查问卷中统一评分人评分一致为无风险的信息予以保留。经过以上清洗后,本次调查问卷共采集到有效企业法律风险点信息9 204条,并处理成为结构化数据,用于商业合规的风险量化模型构建使用。

（二）模型处理

处理环节是法律风险量化评估模型中最为核心的部分,其功能是将输入的数据进行归类整理、分析计算和结果汇总。金融行业是风险评估模型应用最广的领域,由于其具有输入数据众多、数据源稳定等特征,金融领域中风险模型的处理环节往往是纯粹的量化计算和分析,通过相对客观的数据对金融风险进行直接分析。在金融领域中,若对处理过程进行人为的调控,会导致最后得输出结果带有明显的偏见。与金融领域不同的是,商业合规风险评估需要大量运用企业运营中产生的数据,但是,绝大部分企业目前的企业内部数据归集水平薄弱,存在数据少、数据来源不稳定的特征。因此,在商业合规风险评估的处理环节中,实际上难以与金融类评估模型一样依托于客观数据,而是需要根据企业的实际需求和战略规划主动寻求基于专家经验的调校,通过企业运营人员及法务专家的经验判断,对风险点从不同维度进行更精准的评估。评估模型中的各个环节尤其是商业合规的风险类别权重设计,都会涉及人为的调控,当然,处理环节中的人为调校必须具有合理性和可解释性。

（三）模型输出

输出环节是商业合规风险评估模型的最直观体现,其功能是将处理环节得到的结果进行可视化处理,形成最终的展示成果。值得注意的是,展示结果并非一成不变,而是根据企业的实际需求而生成的。针对企业决策者、管理者、运营业务人员和合规工作者等不同角色,商业合规的风险评估模型要做到能够精确导航,以适应企业的实际需求。企业量化评估模型的输出部分,主要分为合规风险点得分清单、法律风险热力图两个部分。

以交通行业的企业为例,其商业合规的风险类别排名清单(见表9-1)以及前十大合规风险点排名清单如下(见表9-2):

表9-1　法律风险类别排名清单表

风险类别排名清单	排名	风险类别排名清单	排名
环境与侵权风险	1	经营开发风险	6
法律纠纷管理风险	2	知识产权风险	7
运营安全风险	3	合同全周期管理风险	8
信息管理与安全风险	4	投融资管理风险	9
公司架构与治理风险	5	招标采购风险	10

表 9‑2   前十大法律风险点清单

十大风险点	风险类别	排名
通行界面抛洒物侵权纠纷风险	环境与侵权风险	1
高速公路建设用地使用权证缺失风险	公司架构与治理风险	2
通行沿线噪声对周边生活设施侵权纠纷风险	环境与侵权风险	3
行人等个体进入通行界面损伤纠纷风险	环境与侵权风险	4
通行界面危化品泄露处置风险	环境与侵权风险	5
缺乏有效的信息资产分级管理制度	信息管理与安全风险	6
纠纷处理自主性风险	法律纠纷管理风险	7
法律纠纷处理利益选择经验不足风险	法律纠纷管理风险	8
法律纠纷管理自有人员专业知识更新进度缓慢风险	法律纠纷管理风险	9
抢修养护场景中第三方雇员损害免责风险	运营安全风险	10

第四节   数据处理与赋权标识

商业合规风险量化模型的数据清洗与处理，主要有以下四个步骤：① 对收集到的各风险点的三个维度的打分数据处理；② 风险类别的权重设计；③ 重大风险点标识；④ 各个合规风险点及风险类别得分计算。以下将对各个步骤进行详细介绍。

一、三维度打分数据处理

商业合规风险的量化模型中，所谓"三维度"分别指合规风险发生的可能性、合规风险发生后的影响程度，以及对于该风险点现有的应对程度。三维度的打分数据，是通过对企业各下属单位及部门业务人员及法务人员进行问卷调查而取得。调查问卷的具体情况如下：

（一）合规风险发生的可能性

商业合规风险发生的可能性，是指在维持公司目前的管理模式和水平的条件下，风险点发生的概率大小，抑或者是发生的频率高低。"合规风险发生可能性"设定为 5 个等级："几乎不可能"（发生概率＜10％或发生频率极少），"不太可能"（10％≤发生概率＜25％或发生频率少），"可能"（25％≤发生概率＜50％或发生频率中等），"很可能"（50％≤发生概率＜75％或发生频率高），"基本确定（发生概率≥75％或发生频率极高）"，分别对应分值 1～5 分。对于在企业运营过程中常见的合规风险点，企业业务人员虽然未必能从合规视角对风险点进行认知,但第一线的业务人员依据自身业务经验,对风险点可能爆发的频次和概率的评估往往最为精准。

对于企业运营过程中不常见,或是从未发生但有隐患的风险点的发生可能性,企业业务人员难以掌控,还需要依托外部专家进行评估。企业运营业务人员和专家对合规风险发生的可能性进行评估时,需重点考虑以下因素:① 外部监管的完善性。对于该风险点是否有完善的法律法规进行规制,相关法律法规的执行程度是否到位? ② 内控制度的完善性:对于该风险点是否企业内部有完善的内控制度进行规制,相关制度的执行程度是否到位? ③ 追溯与预期。对与曾经发生过的风险点及其事后应对措施进行评估,对没有发生过的风险点进行频次的预估? ④ 责任归口:该风险点是否有明确的责任承担人员或部门,是否有被明确在工作岗位职责之中? ⑤ 可控程度:该风险点得到关注后是否能在何种长度的时间段内能被防范应对?

（二）合规风险的影响程度

合规风险的影响程度,是指风险点发生后会对公司产生的不利影响水平的高低。不利影响程度越高,则企业合规风险爆发时的损失就越大。"合规风险的影响程度"设定为5个等级:"很低""低""中""高""很高",分别对应分值 1～5 分。企业合规风险点的影响程度需要评估人,即掌握风险点所涉及的具体合规知识,还需要对企业合规风险影响程度具有系统性了解,因此,对评估人员的专业性有较高要求。企业运营业务人员和专家对合规风险发生的影响程度进行评估时,需重点考虑以下因素:① 财务类损失。该风险点的发生会对企业造成何种程度的财务损失? ② 其他类损失(声誉、企业形象、员工满意度等)。该风险点的发生会对企业造成哪些类型的非财务类损失,损失的深度和广度又在何处?

（三）合规风险的现有应对程度

合规风险的现有应对程度,是指企业对已识别出的风险点在事前预防、事中应对及事后管理方面的应对状况。把企业面临合规风险的现有应对程度加入评估体系,是为了便于管理者对企业合规风险的现有管理状况进行更精细了解。该指标主要是对公司的合规风险内控制度的完善程度进行评估;同时,也会对部分非制度的应对措施进行考量。"合规风险的现有应对程度"设定为5个等级:"已基本解决相关风险""有完善的内控制度和应对措施,并且易于执行""有内控制度和应对措施,但执行较为困难""有内控制度和应对措施,但无法执行"具备风险意识,但无内控制度或措施防控""尚无风险意识",分别对应分值 0～5 分。合规法律风险的现有应对程度的评估主要依托于企业一线业务人员,企业运营业务人员和专家对合规风险发生的现有应对程度进行评估时,需重点考虑以下因素:① 是否充分意识到该风险点的严重程度和防控目标? ② 已有的内控制度或应对措施是否具有合理性和实操性? ③ 已有的内控制度或应对措施是否能够进一步完善,是否已经是现有条件下的最佳解决方案? ④ 已有的内控制度和应对措施是否明确了责任人,能否有效保证应对的执行情况。

二、权重设计

商业合规风险防范属于企业整体战略中的一部分,各类合规风险点对于企业战略的重要性并非是一致的。所以,在获得合规风险点的三维度数据后,还应对量化评估模型中各个合规风险类别赋予与企业整体战略一致的权重,得到符合企业自身实际情况的合规风险评估结果。

在权重设计中,企业经营者和管理者往往能清晰地给出各风险类别重要性排名,但是,比较难以应对"风险类别 A 比风险类别 B 重要多少"的定量问题。为了解决这一问题,课题组采用了层次分析法对此问题进行解决。层次分析法,比较适合于具有分层交错评价指标的目标系统,而且目标值又难于定量描述的决策问题,其具体计算方式如下:

(一) 建立层次结构模型

将决策的目标、考虑的因素(决策准则)和决策对象按它们之间的相互关系分为最高层、中间层和最低层,绘出层次结构图。最高层是指决策的目的、要解决的问题;最低层是指决策时的备选方案;中间层是指考虑的因素、决策的准则。对于相邻的两层,称高层为目标层,低层为因素层。

(二) 构造判断(成对比较)矩阵

在确定各层次各因素之间的权重时,如果只是定性的结果,则常常不容易被别人接受,因而 Santy 等人提出"一致矩阵法",即不把所有因素放在一起比较,而是两两相互比较,对此时采用相对尺度,尽可能减少性质不同的诸因素相互比较的困难,提高准确度。比如对某一准则,对其下的各方案进行两两对比,并按其重要性程度评定等级。a_{ij} 为要素 i 和 j 重要性比较结果,列出 Santy 给出的重要性等级及其赋值,按两两比较结果构成的矩阵称作判断矩阵。判断矩阵具有如下性质:

$$a_{ij} = \frac{1}{a_{ij}}$$

判断 a_{ij} 矩阵元素的标度方法如下(表 9-3):

表 9-3　判断 a_{ij} 矩阵元素的标度方法

因素 i 比因素 j	量化值	因素 i 比因素 j	量化值
同等重要	1	强烈重要	7
稍微重要	3	极端重要	9
较强重要	5	两相邻判断的中间值	2,4,6,8

(三) 层次单排序及其一致性检验

对应于判断矩阵最大特征根 λ_{max} 的特征向量,经归一化(使向量中各元素之和等于 1)

后记为 W。W 的元素为同一层次因素对于上一层次因素某因素相对重要性的排序权值，这一过程称为层次单排序。能否确认层次单排序，则需要进行一致性检验，所谓一致性检验，是指对 A 确定不一致的允许范围。其中，n 阶一致阵的唯一非零特征根为 n；n 阶正互反阵 A 的最大特征根 $\lambda \geqslant n$，当且仅当 $\lambda = n$ 时，A 为一致矩阵。

由于 λ 连续的依赖于 a_{ij}，则 λ 比 n 大的越多，A 的不一致性越严重，一致性指标用 CI 计算，CI 越小，说明一致性越大。用最大特征值对应的特征向量作为被比较因素对上层某因素影响程度的权向量，其不一致程度越大，引起的判断误差越大。因而可以用 $\lambda - n$ 数值的大小来衡量 A 的不一致程度。定义一致性指标为：

$$CI = \frac{\lambda - n}{n - 1}$$

$CI = 0$，有完全的一致性；CI 接近于 0，有满意的一致性；CI 越大，不一致越严重。为了衡量 CI 的大小，引入随机一致性指标 RI：

$$RI = \frac{CI_1 + CI_2 + \cdots + CI_n}{n}$$

其中，随机一致性指标 RI 与判断矩阵的阶数有关，一般情况下，矩阵阶数越大，则出现一致性随机偏离的可能性也越大，其对应关系如下（见表 9-4）。

表 9-4 随机一致性指标与短阵阶数的对应关系

矩阵阶数	1	2	3	4	5	6	7	8	9	10
RI	0	0	0.58	0.90	1.12	1.24	1.32	1.41	1.45	1.49

考虑到一致性的偏离可能是由于随机原因造成的，因此在检验判断矩阵是否具有满意的一致性时，还需将 CI 和随机一致性指标 RI 进行比较，得出检验系数 CR，公式如下：

$$CR = \frac{CI}{RI}$$

一般来说，如果 $CR < 0.1$，则认为该判断矩阵通过一致性检验，否则就不具有满意一致性。

（四）层次总排序及其一致性检验

计算某一层次所有因素，对于最高层（总目标）相对重要性的权值，称为层次总排序。这一过程是从最高层次到最低层次依次进行的。

课题组邀请交通行业企业合规法务部的内部人员，按照层次分析法对十大合规风险类别的重要性进行两两比较，得到了较为客观的商业合规风险类别的占企业总体合规风险水平的权重分布（见表 9-5）。

表 9-5　交通行业企业的十大商业合规风险权重

风险点类别	权重	风险点类别	权重
经营开发风险	6.43%	信息管理与安全风险	12.91%
法律纠纷管理风险	4.23%	公司架构与治理风险	16.59%
知识产权风险	6.23%	环境与侵权风险	7.48%
运营安全风险	8.04%	合同全周期管理风险	8.83%
投融资管理风险	19.92%	招标采购风险	9.33%

三、重大风险点标识

在企业法律风险管理中,除了发生可能性高、发生影响大和当前应对程度不足的风险点外,涉及刑法类的风险点,也是企业经营者和决策者需要重点关注的对象。在已识别的风险点中,课题组邀请了刑法学专家对其进行了进一步的筛查,将可能涉及刑事犯罪的风险点标识为重大风险点,对企业经营者和决策者起到风险警示的作用。在交通行业企业所涉及的合风险点中,可能涉及刑事犯罪的风险点清单如表 9-6。

表 9-6　刑事合规风险点清单

重大风险点	风险类别	重大风险点	风险类别
电脑办公设备未标识员工独立使用唯一性	信息管理与安全风险	通行界面周边水体污染风险	环境与侵权风险
事业单位内企业编制员工工资申报合规风险	公司架构与治理风险	通行界面周边农业设施侵权风险	环境与侵权风险
上市公司中小股东权益保护缺位风险	公司架构与治理风险	知识产权相关资产价值评估风险	知识产权风险
有形资产评估不全面风险	公司架构与治理风险	工作人员竞业禁止及保密条款缺失风险	知识产权风险
交控体系控参股单位用印伪造防范风险	公司架构与治理风险	商标使用和保护风险	知识产权风险
高管及核心岗位人员离职保密约定不足风险	公司架构与治理风险	服务区食品安全管理风险	经营开发风险
不良资产处置业务缺乏法务支持风险	公司架构与治理风险	职工健康安全风险	运营安全风险
合同变更审批权限风险	合同全周期管理风险	高速公路服务区消防验收不完备风险	运营安全风险
合同管理过度分散风险	合同全周期管理风险	高速公路隧道区域消防安全管控风险	运营安全风险

续表

重大风险点	风险类别	重大风险点	风险类别
对投资标的缺乏详尽准入标准	投融资管理风险	服务区危化品事故应急处置风险	运营安全风险
通行界面危化品泄露处置风险	环境与侵权风险		

四、风险点及风险类别得分计算

商业合规风险的量化模型,在涉及处理部分的最后一个步骤,为计算各合规风险点及商业合规的风险类别得分,得到其量化分析结果。

结合上述三个评估维度,设合规风险发生可能性要素为 P_i、合规风险发生影响程度为 I_i、现有应对程度为 S_i,风险类别的权重为 W_n,填写该风险点问卷人数为 N,各风险点得分 R_i 的计算公式为:

$$R_i = W_n * \sum_{i=1}^{N} (P_i * I_i * S_i)/N$$

在计算各风险点得分时,针对每个风险点,将每份调查问卷中的风险发生可能性、风险影响程度及现有应对程度得分相乘,得到每一份调查问卷对该风险点风险水平的打分。由于各风险点的打分人数并非完全相同。因此,再将该风险点的所有问卷打分相加后,还需要除以调查问卷份数,排除由于人数不同带来的影响。最后,还需要根据各风险类别在商业合规风险防范体系中的重要性,将各风险点的得分乘以其对应风险类别的权重,得到各风险点的最终得分。在获得了个风险点的得分后,将各个类别下的风险点的分数相加,即可获得该风险类别的风险水平得分。在计算风险点得分时,会除以调查问卷数,来排除人数不同所导致的影响。但是,在进行风险类别得分计算时,不可除以各类别下的风险点数量。这是因为该类别下的风险点数量越多,则风险水平就应该会越高。

按风险点和风险类别,对商业合规的风险水平得分进行计算,是本次调研所使用的商业合规风险量化评估处理环节的最后环节。风险点及风险类别的合规风险水平得分,会被输出为商业合规风险点得分清单以及风险热力图,用以帮助企业管理者及决策者管理合规风险。实际上,通过将各合规风险类别得分相加,风险量化评估模型还可以计算合规风险水平的总得分。但是,若只有这一数字,由于没有横向比较的对象,则这一数字的意义并不大。但是,若企业能够定期使用风险量化评估模型,对企业合规风险水平进行评价,得到不同时间点上的合规风险得分,则可以将此数字用于比较企业的全周期合规风险水平是否随着时间得到了改善。

第五节 商业合规风险热力图

商业合规风险热力图,是企业合规风险量化评估模型内容的可视化结果。目的是通过直观、简洁的方式,全面展现企业整体面临的合规风险水平。热力图在传统合规风险评估所使用的二维图的基础上再增加一个变量,将更多的信息融入图表之中,方便使用者对各个数据点进行观察和对比。

虽然只是增加了一个维度,但三维图的信息量是传统二维图表的 3 倍以上,将三个维度两两进行组合,可以得到 3 个二维图,使用者既可以对每个数据点从三个维度进行分析,也可以拆为二维图,进行进一步观察。以交通行业企业合规风险中的法律风险维度为例,加以说明(见图 9 - 3)。

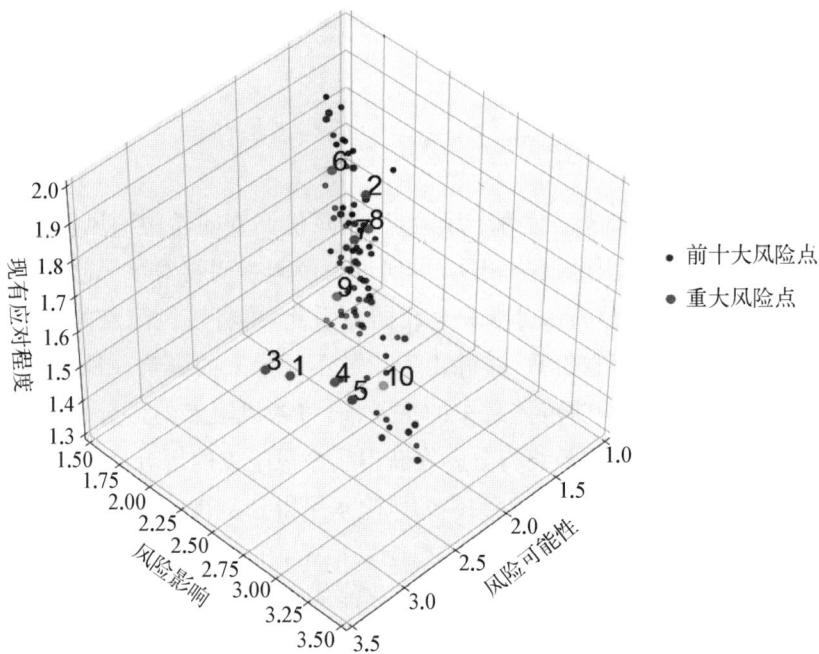

图 9 - 3 企业法律风险热力图总图(风险点)

根据企业法律风险点量化模型生成的结果,以及企业法律风险热力图,可以发现交通类企业不同风险类别的行业性风险特征较为明显。

从类别上看,交通行业企业前三大风险类别,依次为环境与侵权风险、法律纠纷管理风险以及运营安全风险。从前十大风险点清单中,也可以发现此三类出现的频次占80%,4 个入榜的环境与侵权类风险点,分别占前十大风险点排名中的 1、3、4、5 名。进一步从热力图中观察可以知道,环境与侵权类风险的风险特征为风险发生可能性极高,风险影响程度较高,现有的应对程度普通。法律纠纷管理类风险的风险特征为风险发生可能性较高,风险影响程度普通,现有的应对程度较差。运营安全类风险的风险特征为风险发生可能性较大,风险影响程度极大,现有应对程度较好。

在刻板印象中,招标采购以及合同管理应是交通类企业合规风险较大的区域,但风险类别排名清单显示,该企业的这两类风险类别的综合风险水平却很低。通过与热力图对比可以看出,虽然招标采购及合同管理类别的风险影响程度较高,发生可能性一般,但是现有应对程度却非常好。通过观察得出的结论是,虽然招标采购及合同管理是交通类企业风险高发类别,但也是合规风险防控的重点区域,而交通类企业在这两类风险的防控上已经做得比较完善。此外,投融资管理风险通常也是企业合规风控的重点区域,通常具有风险影响巨大的特质。通过对交通行业企业的合规风险清单进一步审核可以发现,投融资管理风险主要集中在金融板块的下属机构,包括融资租赁公司、股权投资公司和不良资产处置平台公司等的日常运营业务之中,一般不涉及整体的融资及投资事宜,因此,在热力图的风险水平得分中分数较低。

从交通类企业的静态法律风险得分来看,其总体合规风险水平偏低,处于可控水平。涉及刑事犯罪的已识别重大合规风险点(共21个),主要集中于公司架构与治理风险和运营安全风险两块。所以,企业还应该在原有合规防控手段的基础上继续予以关注和加强。对于合规风险影响大的风险点,现有应对程度平均水平较好,还需给予持续关注(见表9-7)。

表 9-7　交通行业企业合规风险点

风　险　点	概率	影响	应对	得分	风险类别
通行界面抛洒物侵权纠纷风险	3.23	2.87	1.77	18.15	环境与侵权风险
高速公路建设用地使用权证缺失风险	2.15	2.57	1.97	17.32	公司架构与治理风险
通行沿线噪声对周边生活设施侵权纠纷风险	3.23	2.68	1.74	16.53	环境与侵权风险
行人等个体进入通行界面损伤纠纷风险	2.87	2.91	1.69	15.68	环境与侵权风险
通行界面危化品泄露处置风险	2.88	3.05	1.68	15.54	环境与侵权风险
缺乏有效的信息资产分级管理制度	2.05	2.23	1.94	13.8	信息管理与安全风险
纠纷处理自主性风险	2.31	2.61	1.89	13.11	法律纠纷管理风险
法律纠纷处理利益选择经验不足风险	2.05	2.51	1.85	13.06	法律纠纷管理风险
法律纠纷管理自有人员专业知识更新进度缓慢风险	2.33	2.49	1.71	12.79	法律纠纷管理风险
抢修养护场景中第三方雇员损害免责风险	2.26	2.79	1.52	12.72	运营安全风险
环境法规政策变动所致产业布局风险	1.81	2.5	1.96	12.68	环境与侵权风险
法律纠纷处理流程技术不完备风险	2.02	2.49	1.79	12.49	法律纠纷管理风险

风　险　点	概率	影响	应对	得分	风险类别
服务区危化品事故应急处置风险	2.22	3.03	1.35	12.06	运营安全风险
从管理层到基层员工对于信息安全保护的法律意识不足	2.09	2.54	1.68	11.92	信息管理与安全风险
有形资产评估不全面风险	2.06	2.37	1.71	11.88	公司架构与治理风险
法律纠纷处理案件执行策略分析缺失风险	2.09	2.42	1.78	11.88	法律纠纷管理风险
法律纠纷管理自有人员经营管理、战略意识不足风险	1.98	2.26	1.84	11.84	法律纠纷管理风险
高速公路隧道区域消防安全管控风险	2.11	2.93	1.41	11.78	运营安全风险
道路养护安全设备管理不足风险	2.25	2.83	1.41	11.69	运营安全风险
系统规划及迭代风险	2.03	2.2	1.71	11.69	信息管理与安全风险
营运关键数据缺少安全加密风险	1.89	2.4	1.73	11.51	信息管理与安全风险
关键设备的保护口令简弱不变	1.91	2.33	1.78	11.42	信息管理与安全风险
系统维护及内部安全测试缺少规范指引	1.91	2.25	1.78	11.24	信息管理与安全风险
高速公路服务区消防验收不完备风险	2.13	2.89	1.38	11.17	运营安全风险
通行界面周边水体污染风险	1.88	2.3	1.71	11.02	环境与侵权风险
合同信息化分级授权管理混乱	1.99	2.34	1.84	10.99	信息管理与安全风险
交通基础设施改扩建工程相关法律风险	2.26	2.74	1.43	10.98	运营安全风险
电脑办公设备未标识员工独立使用唯一性	1.88	2.16	1.78	10.9	信息管理与安全风险
高管及核心岗位人员离职保密约定不足风险	1.78	2.27	1.82	10.68	公司架构与治理风险
服务区食品安全管理风险	2.03	2.81	1.42	10.4	经营开发风险
不良资产处置业务缺乏法务支持风险	1.84	2.35	1.58	10.37	公司架构与治理风险
职工安全生产保障措施缺乏有效落实之法律风险	2.13	2.72	1.37	10.36	运营安全风险
高速公路实时通行信息公开风险	1.81	2.1	1.61	10.32	信息管理与安全风险
共享管理员账户混乱容易造成难认定责任主体	1.78	2.28	1.6	10.15	信息管理与安全风险
资产协议转让之履约风险	1.74	2.32	1.72	10.14	公司架构与治理风险
合同订立审慎评估与经营效益冲突风险	2.03	2.6	1.56	9.98	经营开发风险
通行界面周边农业设施侵权风险	1.84	2.24	1.66	9.9	环境与侵权风险

续表

风 险 点	概率	影响	应对	得分	风 险 类 别
提前事实履约与合同倒签防范风险	1.96	2.33	1.56	9.84	合同全周期管理风险
操控合同价款收付周期寻租风险	2.06	2.65	1.48	9.73	经营开发风险
广告位投放广告内容真实性风险	1.96	2.57	1.49	9.72	经营开发风险
合同履行中相对人资质及履约能力变化风险	1.84	2.34	1.6	9.7	合同全周期管理风险
知识产权侵权追责与止损可行性风险	1.74	1.94	2.02	9.67	知识产权风险
外聘会计师事务所管理风险	1.79	2.21	1.68	9.49	公司架构与治理风险
合同文本交接风险	1.97	2.29	1.61	9.47	合同全周期管理风险
信息安全组织分工不明确	1.73	2.14	1.77	9.44	信息管理与安全风险
服务区商品价格管理风险	2.25	2.46	1.45	9.44	经营开发风险
服务区特种设施安全管理风险	2.01	2.86	1.31	9.39	经营开发风险
集团财务公司多重监管风险	1.82	2.26	1.61	9.38	公司架构与治理风险
知识产权相关资产价值评估风险	1.77	1.99	1.99	9.34	知识产权风险
服务区房屋租赁合同履行预期违约风险	2.07	2.49	1.39	9.23	经营开发风险
职工健康安全风险	2.13	2.69	1.31	9.22	运营安全风险
服务区房屋整租实践中转租规避风险	1.98	2.45	1.4	9.18	经营开发风险
网签合同修改复审程序风险	1.73	2.22	1.73	9.04	合同全周期管理风险
审计部门与其他部门衔接不畅风险	1.75	2.19	1.62	9.03	公司架构与治理风险
交控体系控参股单位用印伪造防范风险	1.59	2.43	1.43	9	公司架构与治理风险
合同管控体系差异风险	1.83	2.24	1.5	8.98	合同全周期管理风险
工作人员竞业禁止及保密条款缺失风险	1.77	2.05	1.92	8.96	知识产权风险
对投资标的缺乏详尽准入标准	1.56	2	1.81	8.83	投融资管理风险
知识产权归属约定风险	1.47	1.77	1.83	8.8	知识产权风险
交控系统企业债务违约风险	1.8	2.32	1.57	8.77	公司架构与治理风险
项目投资流程中未明确要求法律审查风险	1.63	2.06	1.88	8.74	投融资管理风险
日常经营中知识产权侵权风险	1.68	2.06	1.88	8.66	知识产权风险
合同跟进管理风险	1.75	2.23	1.58	8.37	法律纠纷管理风险
敞口合同不满足合同成立要件风险	1.86	2.15	1.48	8.35	合同全周期管理风险
合同管理制度化扎口缺位风险	1.78	2.19	1.56	8.24	合同全周期管理风险
合同变更审批权限风险	1.76	2.23	1.45	8.15	合同全周期管理风险

风 险 点	概率	影响	应对	得分	风 险 类 别
高速公路环保验收不达标之运营风险	1.61	2.4	1.43	8.14	环境与侵权风险
财务平台资金管理决策风险	1.71	2.22	1.51	8.03	公司架构与治理风险
合同台账更新与归档管理风险	1.76	2.21	1.42	7.98	合同全周期管理风险
商标使用和保护风险	1.38	1.65	1.83	7.83	知识产权风险
招标文件编制风险	1.75	1.99	1.39	7.8	招标采购风险
投资项目尽职调查不足风险	1.51	1.81	1.61	7.76	投融资管理风险
合同年度全口径预案缺失风险	1.74	2.19	1.52	7.74	合同全周期管理风险
单一来源采购和直接采购缺乏明确性指引规范	1.83	2.15	1.44	7.61	招标采购风险
供应商选取中潜在知识产权侵权风险	1.56	1.94	1.87	7.58	知识产权风险
上市公司中小股东权益保护缺位风险	1.61	1.99	1.59	7.48	公司架构与治理风险
履约保证金管理风险	1.75	2.06	1.61	7.44	公司架构与治理风险
租赁物回收时占有使用费约定不明风险	1.6	1.95	1.88	7.38	投融资管理风险
合同管理过度分散风险	1.62	2.19	1.48	7.34	合同全周期管理风险
招标采购计划制定执行风险	1.6	2.05	1.42	7.13	招标采购风险
供应商选择和履约评估管理风险	1.62	1.99	1.39	7.09	招标采购风险
对投资项目全流程跟进评估不足风险	1.47	1.79	1.63	6.94	投融资管理风险
采购计划制定风险	1.62	2.13	1.39	6.9	招标采购风险
招投标合作方选择风险	1.64	2.18	1.45	6.82	招标采购风险
敞口采购合同定价的法律风险	1.55	1.95	1.51	6.75	招标采购风险
租赁物取回风险	1.34	1.77	1.72	6.62	投融资管理风险
租赁物价值评估风险	1.45	1.83	1.91	6.59	投融资管理风险
非招投标合作方选择风险	1.69	2.01	1.43	6.52	招标采购风险
招投标采购档案管理风险	1.59	1.81	1.33	6.44	招标采购风险
事业单位内企业编制员工工资申报合规风险	1.5	1.97	1.63	6.32	公司架构与治理风险
投资项目缺乏详尽的违约责任条款	1.36	1.79	1.56	6.14	投融资管理风险
采购计划执行风险	1.42	1.93	1.31	6.08	招标采购风险
租赁物所有权变动风险	1.35	1.61	1.63	5.66	投融资管理风险

第五编

商业合规的微观治理体系

第十章　商业合规的治理原理

第一节　合规的系统集成

商业合规风险管理，是指在企业经营管理各环节中执行合规风控的标准化规范，培育良好的合规风险管理文化，建立健全合规风险管理体系，为实现全面风控总体目标提供保证的基础管理。它是集成了法律风险环境信息、法律风险评估、法律风险应对、监督和检查等组成的体系化管理过程。

一、合规风险特征

所有企业面临的商业合规风险客观存在，不会随着人的主观意志改变。一般合规风险发生，都是企业违反了国家法律法规产生的法定不利后果。不过法律法规是有参照物的，所以合规风险其实有规则性，可以通过制度、矫正、教化等方式加以预防和控制。同时，事中与事后的补救也可以延缓损失结果的发生。概言之，合规风险特征包括：

（1）必然性。商业合规风险的主要特征，不同于企业的战略风险、经营风险、市场风险和财务风险等。它不是一个独立风险，而是与其他风险相互关联，也可以说为互为因果。假若企业在生产经营中听任这些风险，抑或不加必要防控，这些风险最终都会以合规风险的形式呈现出来。因此，合规风险是现代企业不可避免、必须面对的重要问题。当务之急，就是把结构性的风险防控体系纳入全面风控体系的统一框架。

（2）可控性。企业如果发生合规风险，会直接严重损害企业的竞争性，同时危及企业的信用及经营环境。但是，商业合规风险是可控的，提前规避和预防合规问题，将会减少企业未来可能承担的法律后果和经济损失，保障企业持续健康稳定发展，增强企业市场竞争力。不过不少企业的合规风险防范意识不足，往往以事后追责作为补救，且多数是在诉讼中才发现原来企业存在的合规风险，大幅增加了合规的风控成本，严重延缓和阻碍了现代企业的发展。所以，商业合规风险必须"向前看"，将风控前置于事前及贯穿于始终。

（3）关联性。许多合规风险点休戚与共，它们往往平行存在、交叉存在或者重叠存在，而且还可能互相转化。相对于内控风险、社会责任风险，法律风险与其他风险的依存和转化概率更高。比如，财务管理、廉洁审计往往会延伸成为刑事法律风险；投资并购、融资租赁的交易结构复杂性会导致出现商事法律风险等。

（4）强制性。一旦企业违反法律法规，或者管理者在管理和决策中侵犯了本企业、其他企业或个人的合法权益，势必要承担相应的民事责任乃至刑事责任。同时，法律责任一定是有强制性的，当企业发生合规风险，连带法律责任也会发生。不仅会让企业经济受到损伤，更有甚者可能导致企业彻底崩盘。触犯法律的结果往往都是很严重的，很多法律风险的结果也都是爆炸性的，且还可能会产生蝴蝶效应。因此，有时一个具有较强实力的企业因为一个法律风险未能及时防范，连带的法律结果可能会带来整个企业的破产。

二、合规风控重点

前文已经提及，20 世纪初所发生的安然、世通等一系列内控失灵事件，促使美国国会通过了《2002 年公众公司会计改革和投资者保护法案》，即《2002 年萨班斯-奥克斯利法案》。继之，美国反虚假财务报告委员会发起对 1994 年发布的《内部控制——整体框架》的重新审视，2004 年，正式推出了新版的《公司风险管理——整合框架》。此外，2000 年，联合国推出"全球契约"计划，号召公司遵守在人权、劳工标准、环境及反贪污等问题上的基本原则；2010 年，ISO26000，又是在全世界范围内第一次对涉及企业社会责任的重要维度达成共识。它们共同构成了合规结构的重要组成。

（一）重大决策事项的风控

任何企业作出一个重大决策，不仅要保障己方在经营过程中有着最大的合法权益，同时还要保证该决策的正确性和最优性。现代企业想要发展，必须不断改革、扩大，很多企业在重组并购、对外担保、资金募集、战略转型、关联交易等重大决策过程中都存在着合规风险。重大决策会引起法律关系的变更，是故必须遵守相关法律规则和规程，规避重大决策中可能引发的合规风险。比如，投资运营是企业的经常性行为，为了让企业增加利润、扩大规模，必须要进行正确性的判断，从而确定投资方向，一旦投资失败，就会造成企业利润下降，严重的会引发企业危机。同时一个重大决策可能让企业更加强壮，也可能让企业彻底消亡，更为严重的可能造成相关人员职务犯罪，让企业面临严重的法律风险。所以，让企业在重大决策过程中恪守合规底线，乃是前置性风控的重中之重。

（二）规章制度管理的风控

企业的规章制度是法律法规在企业内部的延伸和具体化，完善的企业内部规章制度，有利于保证生产和经营的安全有效，保障企业的有序、规范运作，规范内部的生产经营环节和各项管理活动，保护企业员工的合法权益，以及防止人治化管理的任意性。规章制度的建设完善是企业管理的一项重要基础工作，对企业来说，合规有效的制度体系是企业规范管理、高效运作的根本保障，任何一个企业的正常运转都离不开规章制度的有效约束。现代社会是法治社会，对企业的员工、各个部门的约束，无论是指引还是处罚都应该是建立在成文的规章制度为前提的基础上的，企业应逐步建立、健全和完善企业的各项规章、管理制度。可以说，内部规章制度的"废改立留"占有重要地位，企业必须根据自身生产经营的特点,以及自身所处的管理环境,制定出适合企业发展的规章制度,确保降低各类风险的发生。当前的很多企业的规章制度在完善的过程中忽视了合规风险,给企业带来了不同程度影响。因此,企业规章制度"废改立留"一定要结合自身实际和外部法律环境,充分考虑法律风险这一因素,同时要让管理方式不仅合法,更要合理,尽可能地规避潜在的法律风险,如果存在难以避免的法律风险,就需要转移风险从而尽可能地降低企业可能会产生的损失和负面影响。当然,规章制度的需要企业法务部门的审核把关,重要规章制度还需要企业内部法务和外聘法律顾问的双重审核。

（三）合同法律审核的风控

合同是平等主体的自然人、法人、其他组织之间设立、变更、终止民事权利义务关系的协议。合同法律风险是企业最为常见也最为重要的合规风险,合同的法律风险管理要求专业人员主动收集企业及法律环境方面的信息,分析企业的交易行为,从实现企业商业目标且控制风险的角度选择最合适的方案。通过合同管理制度、合作操作流程、标准合同文本的结合,把合同规制融于企业管理之中。因此,企业在与其他企业进行商业合作时,必须要尽可能规避或降低合同签订中所存在的法律风险。当前很多企业都是聘请专业人员对和合同文本就行审核,以此达到法律风险防范的目的。这样确实可以规避很多合同中存在的法律风险,但还是不够,尤其前期合同拟草方面,必须要有一定的风险防范意识,才能做到事前预防,而且预防得当。例如国家对税率进行调整,合同拟草阶段如果不加上本合同约定价格为含税率价格,在合同履行期间,不应国家税率调整而调整,则会引发法律纠纷,现代企业需要的不仅仅是有专业人员审核合同,更要在合同草拟前期就让专业人员负责起草合同,同时不断优化,确保降低甚至避免合同法律风险发生。

（四）工程项目建设的风控

涉及工程项目前期合同的签订,许多企业根据招投标文件中的格式化合同样本,能够基本做到前期的合规风控。但是,在项目建设的过程中,企业的合规法务部门参与的深度、广度和维度依然不够。很多时候因为项目建设周期长且项目变更等因素,导致合规法务部门难以及时获取相关信息,缺少对项目进行全方位风险识别,更无法提供有专业性的解决方案。项目建设过程中,合规法务部门更多是在发生问题后及时进行补救和处理,合规法务部门更多的是承担挽回企业损失和信誉的角色,不能切实做到事前预防、事中控制、动态管理,让法律风险随意生长。其实,项目建设过程中加强法律风险防控,是为现代企业积累很强的管理经验和防线防控经验,可以拓宽法务部门的法律风险防控视野,不断强化法务部门事前预防的工作经验。

（五）避免刑事责任的风控

企业经营管理者往往是关注企业自身经营所产生的民商事法律风险,忽略了企业所面临的刑事法律风险,而现代生产经营过程中,企业所面临的刑事法律风险在某种意义上来讲,甚至比民商事法律风险更大,甚至会给企业带来灭顶之灾。刑事法律风险的防范,通过点线面相结合,即按照职权查找风险点、按照风险设定预防线、按照权力界定控制面,构建企业刑事法律风险防范体系,预防企业刑事法律风险实际发生,保障企业的健康发展。同时,现代企业还有一个尤为重要的工作就是反舞弊,尤其在现代国有企业具有特殊性和重要性。案件处理追溯的源头有的是企业自身管理制度的缺失、有的是管控过程不够,当确认发生案件后,企业合规法务部门必须第一时间查找相关漏洞,同时尽可能降低企业的损失和信誉。

（六）合规运行管理的风控

合规管理体系是一套集成法律、风控、财务、审计、人力、安全生产、质量环保、运营管理等,涉及各个部门多方管理的综合性管理体系。无论从企业人力资源成本来讲,还是合规管理效率来说,要成立一个合规部、一个法务部、一个风控部,再成立一个配合审计监察人员监督的机构,那么,在机制上就会面临重复设置,抑或资源的过度配置。此时,企业有限的管理资源会疲于应对各个体系的工作要求,部分管理体系逐步失去了管理的灵魂和价值。因此,从风险防控角度出发,更为需要以法律和企业规章制度作为行为准则,运用专业的尽职调查方法和规范程序,做好事前预防、事中控制、事后救济（追责）;同时,在现有子体系的专业人员中选任具有任职资格的专业合规管理人员,试行人员交叉任职、问题信息共享以及问责整改相融,合理配置合规管理资源,实现合规管理集成。

三、合规风控体系

行之有效的企业合规风险管理体系,主要由以下几个部分组成:① 法律风险的识别与评估,它是法律风险管理的基础也是关键;② 法律风险管理行为,是指把合规风险管理付诸实践的一切相关行为,包括:实施行为的组织架构,这是人的基础;与法律风险管理有关的制度与流程,这是制度的基础;合规管理行为运行机制,以及法律风险管理相关的反馈与改进行为等;③ 企业法治文化建设,它是渗透着法治精神的经营理念、制度规范、物质环境在企业的具体体现,乃是企业依法经营管理、依法建章立制、法治宣传教育、维护合法权益和员工自觉守法的总和。

（一）合规风险识别与评估

正如前章的行业性合规风险量化研究显示,合规风险的识别与评估构成合规风险管理体系建立的前提和基础。在企业不断改革创新时期,建立有效的合规风控体系已成为企业治理的基石。更好把法律工作融入企业经营管理,将合规风控更好与企业生产经营、管理活动之间深度融合,建立基于风险等级及转化机制的最大公约数,已成为企业亟待解决的重要问题。

其中,系统识别是有效防控的基础。企业合规风险识别,是指对企业各业务单元、经营活动、业务流程中存在的所有合规风险进行查找与辨别,并对应归入相应风险类型的过程。它需要运用结构化的识别模型,考虑行业属性和企业自身特点,深入了解企业的具体经营管理,按职权查风险、按风险设防线和按权力定流程,构建起立体化合规风险防控体系。其原则是"有岗位就有风险""有权力就有风险",职责履行到哪里,风险就排查到哪里。商业合规风险存在于各个职位、各个环节的各项工作业务中,风险识别是实施合规风控的第一阶段,通过严谨周密的尽职调查,全面了解企业情况与相关背景资料,收集企业各类历史行为或正在实行行为的信息,为整体上识别企业合规风险提供全方位的基础资料,有利于发现企业管理制度以及经营行为中存在的合规风险。尽职调查的内容应具有全面性,包括但不限于企业中与其生产、经营、管理有关的人和事,同时重点应聚焦在对企业具体行为具有决策、控制或者直接影响作用的高级管理人员和关键岗位人员,调查方法包括数据收集、问卷调查、面对面访谈、现场考察、调查验证等。编制职权目录,全面梳理部门、单位各个岗位的各类职权,摸清权力范围,编制职权目录和权力流程图。查找权力运行中的风险点,以界定工作职权为基础,从梳理工作流程入手,通过岗位自查、部门互查、组织核查的方法,全面深入查找法律风险可能存在和发生的环节,以权力运行为主线,重点查找个人岗位、部门职权、单位职责三个层次和领导干部岗位、中层管理岗位、一般管理岗位、操作技能岗位四个层面,分级排查风险,不留死角、不留空白、不留盲点。

接下来,还要对风险进行科学评估并分级分类。科学评估是有效防控的前提。在评估一个合规风险点对企业的影响时,要将企业可能承担的责任义务与企业的实际情况联系,甚至与企业整体的目标和发展战略联系起来,把合规风险对企业的最终影响加以科学评价,列出合规风险清单。通常而言,企业合规风险的识别是一种定性分析,提示了企业在不同的环节或者流程中存在的合规风险。但面对数量庞大的各类合规风险点,并不是所有的都需要在第一时间采取措施加以应对,在诸如效率、资金等多种因素的制约下,如何选择对各种合规风险的处理方式成为企业发展的困境。此时需要对合规风险进行定量分析,主要应该包括三个部分:风险发生的可能性、风险的影响程度、风险损失期望值,即在一定的时间范围内风险发生频次的高低,对企业可能造成的损失以及综合评价后对风险严重程度的判断。在此基础上实行风险等级管理,并结合岗位对于企业的重要程度、业务量的多少、权力的集中程度和发生违规行为的可能性等要素制定分类风险防控措施,明确风险责任,最大程度上进行合规风险的预防。

(二) 法律风险管理行为

法律风险管理行为是合规风控体系的落地要求。商业合规风险防控体系是在横向、纵向两个维度上的构建。横向上体现"三位",即加强合规风险管理制度建设,落实合规风险管理工作机制,以及建立合规风险管理信息系统;纵向上体现为内部管理一体化,即合规风险管理与全面风险管理、内控管理一体化推进,以确保合规风险防控目标顺利实现。

(1) 体系化合规管理组织架构。企业高管层要率先认识到合规风险在经营管理中的重要地位,将之列入企业管理的长效机制,把各项合规风险的防范措施纳入日常经营管理的制度和流程。企业尤其是大中型企业,有必要仿效国企样板典型示范,建立专门的合规法务部门,配齐专职的合规法务人员。做好法律防控,必须做好事前预防和事中控制,只有充分发挥公司合规法务部门和专业人员的作用,对企业经营进行法律调查、风险评估、可行性论证,对具体经营管理环节提示法律风险及提供法律意见,在各个经营生产环节嵌入法律管理,才能有效以法律倒逼企业的合规化良性运行。

(2)健全的合规风险管理制度。企业必须加强制度体系建设,使依法治企有章可循。须将日常工作纳入动态合规管理流程,使企业经营处于合规管理监管范围。合规风险防控与其他风险防控也是一样,是需要系统、具体地去识别并防控,一定要整体化、立体化的来看待合规风险,并对每个风险制定制度,可以适度让一个制度针对一个合规风险,简洁明快及可接受性强,形成一对一制度体系,让企业合规管理更加规范化运行。

(3)持续性合规风险管理机制。企业需按照自我约束、自我发展和自我完善合规风控原则,将合规风险防控纳入经济运行考核体系,与管理层绩效挂钩。很多企业年初都会与部门和下属单位以及子公司签订安全目标责任书和廉洁从业目标责任书,合规风险责任书也需要纳入企业的管理体系中,部门、单位和子公司要在企业本部的指导下,做好合规风险防控,形成齐抓共管、责任明晰的合规风险管理体系。同时,要建立成熟的考核体系,考核体系不仅要涵盖部门,更要与领导人员的绩效挂钩,提高企业合规风险防控的积极性和主动性。尤其针对做得好的部门、单位和个人,更要给予适当的奖励,不断激发合规风险防控的积极性和创造性。

(4)要进行反溯和持续改进。为了开展好合规风险防控,企业要结合对各下属单位和子公司开展例行审计,实行实时检查和专项检查相结合的方式,并通过检查和整改工作,进一步规范合规风控,提升整体合规风控水准。企业还需要根据自身运行情况,建立和完善自身战略目标适应的风险等级,将潜在的风险进行等级划分,对于高风险潜在事件高度关注及持续跟踪。在风险划分的基础之上提出有效的解决措施。合规风险点还要定时更新,以确保风险点能跟上企业深改与发展,真正做到事前预防和消除纠纷隐患。

(三)合规风控文化建设

刚性的系统和监督,难以从源头上杜绝所有员工的违规行为,而是必须通过软文化来将合规意识渗透到每位员工。企业与企业、企业与个人和企业与内部,都有应当存在适当的内部政策来进行规范和调整。风控文化建设可以促进企业内控,改善经营决策的质量来降低合规风险程度,从根本上杜绝管理层不正当的关联交易,以及基于内部信息优势侵害他人权益等类似违规行为。

合规风控文化的关键在于"有效控制性"这一理念的普适性形成。包括:企业内部的关键部门、关键岗位手中所掌握的重要资源和信息,需要有明确的制度制约,并有专业部门进行监督。避免管理层凌驾于制度之上采取不正当手段,从而减少各个层级的违规违纪违法行为,提高资源整合效率。内控活动中,管理人员和组织管理部门可以充分运用不同手段和方法,形成有效的立体化管理控制,同时推动合规风险管理活动的切实执行和动态调整。基于这种"有效控制性",逐步形成特色企业合规文化。企业可以加大法律宣传力度、定时进行培训和考核、建立法治宣传阵地等手段,将合规意识潜移默化地植入员工的内心,让员工对企业文化和管理的高度认同,这样能从根本上防范与之相关的合规风险。同时,领导管理层的合规意识要不断加强,充分认识合规风险管理在经营管理中的重要地位,让法律工作从单纯的事务性工作转变为管理型和操作性并重的工作,提高合规风险监管的效率。当然,更直接的方法通过提升薪酬和福利,吸引、加强法律和财务人才引进,形成强有力的组合式合规团队,让团队来营造和维护企业特有的合规文化。

第二节　内控融入式合规

一、内控融合必要性

企业在日常经营管理中存在诸多风险,对于任何企业来说,合规风险管理一定是经营管理的核心组成。尤其是国家监管深改、营商环境法治化、外商投资法倒逼等,广泛涉及知识产权、商标法、资源环境、竞争中性、劳动力及反腐败等领域,覆盖之广、纵深之深、影响之大,都是前所未有的。作为经济社会发展的原子,现代企业实际已内嵌于外部环境发生的巨大改变,内控体系既是企业内部治理之需,也成为外部社会治理的重要元素。内控体系的完整性,会使得企业的业务流程和环节都可把控,而且都能按照规范化执行,以实现企业的战略目标,并在经济市场中体现核心竞争力;建立起完善的内控体系,能让企业实现经营优化管理,确保企业不违反国家的法律法规、遵守政策的同时,实现内外部环境的互相协调,让企业发展更加平稳;健全的内控体系让在执行各项规章制度的时候,通过控制企业的业务流程,增强企业的风险识别能力,并对风险进行评估制定风险防范计划,避免企业遭受巨大的损失。

从理论上,企业合规的内控定义存在多种解读,基本上可归纳为广义和狭义两个阵营。狭义上,它是指企业运用风险管理的技术和方法、识别、评价和控制企业风险的全过程;广义上,它是指综合运用管理学基础和法学方法论,来对企业相关事务进行高效管理,为企业的整体目标实现提供支持。基于广义的企业合规风险管理,其所指的法律不仅是技能知识,也是企业管理的内在逻辑,借此需进一步扩大企业合规事务的逻辑内容,它是"泰罗管理原理"的构念之一。从这个意义上,企业的合规风险管控,就不仅只是管理简单的诉讼、合同管理,同时,覆盖日常生产经营的管理、临时性的危机处理以及直接列入公司的战略规划,为公司的整体布局供应建设性意见。基于此,合规风险管控侧重于事前防范、事中控制的融入式内控,依赖更多的协同沟通作用,传递融入商业目标的合规智识,让企业管理层和所有员工都是融入式合规内控的角色扮演者,最大限度地实现合规风险管控的全方位动态管理。

内控融入式合规的实质,是在公司治理的效率与公平、发展与底线、业务与法律之间的最佳平衡点。内控的不同部门之间不是割裂的,而是需要深度融合。基于业务目标实现这一兴奋点的合规性衡量,基于商业风险必然性的内控权衡与不同程度分置,实际上构成了内控融入式合规的具象性表现。所以,内控管理可以控制环境、风险评估等,把内控要素分解和渗透到合规风控的常态化运行机制,以及贯穿于整个管理体系。这两者在多个维度有着交接,都是有效降低企业风险,形成对内部经营管理行为的监督循环,所以完全可以融合或者说本身就是一体。

二、要素式融合风控

(一) 绝不可忽视制度的力量

商业合规的内控式融合,需要持续不断完善内控的制度架构,建立起更为清晰的流程,合理地对企业的各个部门和人员进行权责分工,加强对权责的监督,保证体系操作有序和高效有度。同时,严格执行内控业务流程,坚持"横向到边、纵向到底"的责任覆盖,进一步落实精准化的责任体系,确保到人。此外,加强对流程控制的督导和检查,将内控体系纳入考核体系,建立合理的管控制度体系。当然,旧制度一定不适用新时代企业的发展,必须及时开展"废改立留",废弃不适合时代发展和企业发展的制度,补上制度中的漏洞,以及立即制定新的制度。

(二) 制度与流程的融合统一

探索合规风险管理与内控架构的一体化,让合规部牵头对企业现有所有风险管理制度与流程进行全面盘查、分析和研究,对现有风险管理制度与流程进行修改补充,或者重新制定统一的企业风险管理制度,对风险源搜集分析、风险识别、风险评估、风险应对、信息与沟通、风险监测与预警、监督检查和持续改进等提供统一标准,实现深嵌于内控体系商业合规风险管理制度与流程的一体化。

(三) 组织机构的归一整合

根据商业合规风险的法律风险管理、内控和企业社会责任三重内涵,把企业法律风险管理委员会、合规委员会合二为一,统一接受企业董事会的授权,面对整体商业合规风险进行统一领导、管理和协调。在此基础上,将两类风险的管理职能,由一个部门(合规部门)统一归口;归口有困难的,可以建立密切协作、统一协调的合规风险管理办公室、合规风险管理小组或者联系会议,由合规风险管理办公室、合规风险管理小组或者联系会议,对企业合规风险管理和法律风险管理进行统一扎口。此外,建设一体化的企业合规风险、法律风险管理队伍,培训、提高从业人员的专业知识和能力,在开展企业合规风险管理和法律风险管理时,这支队伍由合规部统一调度和管理。

(四) 项目与内容的融合

内控管理对象是企业内部行为的规范性,法律风险管理对象是企业行为和企业员工行为的合法性;内控在内容上有合规管理制度建设、合规审查和检查、合规监测、合规报告、合规文化建设、合规信息系统建设、合规考核、合规问责等,法律风险管理则在内容上有法律风险环境信息搜集、法律风险评估、法律风险应对、监督和检查、沟通和记录、法律风险管理的组织职能、法律风险管理的资源配置、法律风险管理文化等。通过两大类风险管理的对象、内容和方式方法,也可以对其进行优化整合,鉴于法律风险从属于合规风险的特质,可以考虑直接将法律风险管理项目完全融入合规风险管理项目,即合规风险管理项目完全涵盖法律风险管理项目。

三、协同式融合风控

（一）评估与反馈的协同

一方面，重视合规风险评估。评估是推动合规控的第一步，其结果可以决定风险等级、风险对象和控制手段，它必须关注合理性和准确性，并在此基础上制定出切合企业经营发展实际的管理战略，针对风险点不断动态调整。同时，风险评估必须实时更新，因为所有的事务都在变化，风险也会不断变化，需要实时更新以加强风险评估的准确性。另一方面，评估目的是降低合规风险，所以评估结果必须及时反馈给所有岗位，而不只是在合规法务部门局部运用。进一步映射在职务设置上，要特别注重不相容岗位相分离，必须重点防范一员工履行多项职责出现的舞弊、操作错误以及权力滥用。项目交易与活动的授权控制能够保证交易不偏离轨道，从而达到防范法律风险的目的。最后在项目交易事项基础上的业绩评价，则有助于财务数据运用和经营数据分析，这样能为管理人员提供更好的合规风险决策信息。

（二）全过程监督的协同

一是形成常态的报告制度。企业的合规部门，对企业内部的合规风险进行识别、评估和应对措施，建立起比较成熟的风险防控机制，并定期形成报告，从而建立健全的风险识别和预警机制。不同的合规风险具有不同的特点，需针对不同层级、不同特点的合规风险加以精确管控，同时合规风险识别最好半年内更新一次，并形成专项性报告，确保合规风险防控能有时效性和针对性。二是确保机构的独立。企业主要负责人直管合规部门，合规部门在日常工作中发现合规、内控风险，可以直接向公司高层报告和履行职责。此外，要充分运用审计监督，利用会计的特点，加强各个层级的审计工作，扩大合规风险的管控面，及时开展合规风险管理审计。三是建设三道监督防线。第一道防线由公司设立法务部门，法务部门主要统筹负责公司的法律风险防控，这也是企业内控和法律风险防控的基本防线；第二道防线建立风险管理委员会，负责听取职能部门、业务部门对风险识别，并形成报告上报公司负责人；第三道防线是企业纪检监察部门，负责监督法务部门和财务部门，其中，法务部门虽然统筹管理法律风险，但是还是需要外部监督，由纪检监察部门监督法务部门的合规性和合理性。只有全员参与到企业的合规风险监督中，才能更好地发挥过程中的风控理性自觉。

（三）风险点挖掘和监督协同

企业内部要想降低合规风险发生，必须定期对风险点进行排查，企业经营和发展风险点会不断迁移或者改变，只有及时制定防范措施，确保风险的及时性，才能真正防患于未然。它有赖于部门之间的结构性协作，时间节点最好控制半年一次，合规法务部门统筹发起相关部门和单位，协同开展风险排查，并对风险进行动态定级，越高等级的风险点必须越快处理，确保风险防控的及时性、时效性和针对性。同时，除了寻找风险点，还需要在后端的协同监督。它是融合合规、法务、纪检和审计等部门,协调整合内部监督力量,构建协调配合、信息互通、形成合力、监督到位的监督机制,从源头上提高发现和处置问题的效率,有效防控法律风险和廉洁风险;同时加强监督的力量,建立各级监督队伍,通过定期督查和随机督查、集中督查与专项督查的结合,加强监督与在监督;将招标采购、合同管理、干部任命纳入重点监督范畴,结合审计部门审计处的问题,紧盯管理的薄弱环节和风险点,坚决堵塞住管理漏洞。

四、信息化融合风控

(一)关注数据归集和识别应用

数据传递对企业发展有着重要作用,企业的内外部都有大量数据,既可能是财务信息也可能是投融资数据,它们对企业高层经营决策具有重要影响。事实上,这些数据存在于各个管理层级,并贯穿于日常的工作沟通中。加强与客户、供应商、基层人员等接触,能够搜索到很多适合企业发展的机遇信息;同时,这些信息也可以让企业清楚认识自己的市场价值和竞争力,有助于企业规避运营方面的合规风险。高效运用从各种途径归集而来的数据,可以帮助企业掌握合规风险现状,并在一定程度上预测合规风险动向和趋势,进而优化企业的资源配置。当然,数据传递也能给企业指出成长路径,并依据资源禀赋进行结构调整提供借鉴,形成良好数据运用闭环。

(二)数据畅通以推动风控质效

内控其实是作为一个管理体系在运行,它的有效性必须依附于各个层级运行的效率和效果。高低层级之间信息的流通,具有双向互动的关系。高层的决策信息、人事任免信息等能够通过职权作用于基层的,基层的思想创建、合作伙伴沟通等信息也能自下而上的传递到高层。同时,不同层级有着不同程度的合规风险,按照公司部门的重要程度,用内控来控制企业的运作和监督,能够有针对性的改善企业的管理质量。企业的发展和经营的调整,企业的合规风险特点、性质、变现形式在不断变化,所以合规风险活动也必须及时更新、及时调整。

(三)借助大数据支撑内控式融入风控

内控和法律风险管理和的每个环节,都应嵌入信息化,运用技术手段控制风险。流程中的风险源搜集分析、风险识别、风险评估、风险应对、信息与沟通、风险监测与预警、监督检查和持续改进均可以通过不同模块的设计,将各项功能通过模块的设置来实现,各模块功能既相互独立,又相互联系,共同构成一个有机整体。充分运用大数据挖掘并运用人工智能的深度学习和小样本集泛化,更为深刻分析违规原因和管理中的薄弱环节,并反溯至企业经营管理全过程,总结经验教训,查找企业运营管理的薄弱环节,检测企业运营管理环节的潜在风险,对制度和流程进行合规性评价,督促违规整改和持续改进,保障企业健康持续发展。

第三节　责任豁免原则

一、欧洲合规特征

相对于美国的合规更加侧重于公司治理架构的"窄巷思维",欧洲的内控维度相对更加全面,覆盖法律风险管理、内控和社会责任。尤其是欧洲合规的"责任豁免原则",它是指建立起符合标准的企业合规体系,会对事后救济的责任减轻和免除起到的"打锲子"功能。那么,欧洲式企业合规的主要特征是什么,它又会强调在什么标准或具有什么特点上才能符合事后的责任豁免呢?

欧洲企业建立内部控制系统方面,最为显著的特点是责任分明。公司治理综合准则将建立和维护健全、有效的内部控制系统的职责赋予了公司董事会。公司董事会对公司内部控制承担终极责任,董事会指派管理层执行设计、运行和监督内部控制系统的任务,员工集体来建立、运行和监督公司的内部控制制度。董事会每年对企业的内部控制进行一次复核,审计委员会复核公司内部财务控制、公司内部控制和风险管理系统以及内部控制的有效性。复核内部控制系统有效性是董事会的职责核心,管理层负责监督内部控制系统并向董事会提供已经实施监督的保证,董事会下属审计委员会代表董事会执行内部控制系统有效性复核并向其报告结果。可以发现,董事会对内部控制的有效性承担最终责任,审计委员会负责具体执行。

在此基础上,强调定期报告和多部门协同。一方面,定期报告制度。企业治理综合准则和内部控制指南一直要求董事会对内部控制系统有效进行复核和报告。内部控制的复核采用日常复核和年度评估相结合的模式:日常复核是对管理层或审计委员会提交的内部控制报告进行复核;年度评估是在复核报告的基础上补充所有必要信息,以确保考虑了复核年度以及截止年度报告批准日的内部控制所有重大方面,以便在年度报告中作出关于内部控制的公开声明。另一方面,多部门协同制度。它代表了企业内设部门共同推进内控标准的制定和实施。英国发布连个内控制度指南《内控制度:综合准则董事指南》(1999)和《内控制度:综合准则董事指南(修订)》(2005),都是多部门协调研究和制定的结果。[①] 部门之间的信息传递和风险防控体系,能够让内控制度更加完善,同时,让部门之间协同制定内控制度,能够避免发现同样的风险制定同样的防范措施。

此外,欧洲内控机制与风险管理紧密联合在一起。内部控制指南要求董事会采用风险基础法,建立健全可靠的内部控制系统并复核其有效性,强调公司内控系统在对实现经营目标有重大影响的风险管理中具有关键作用;健全、可靠的内部控制系统取决于对公司所暴露风险的性质和范围的深入和定期评估;内部控制的目的是帮助适当的管理和控制

---

① 朱锦余.英国内部控制标准特点分析[J].财会月刊(会计),2008,2.

风险,而不是消除风险;健全、可靠的内部控制有控制环境、风险评估、控制活动、信息沟通、监督五个要素组成。① 可以说,内部控制系统的建立、维护和构成要素等都与风险管理密切联系。

二、国内内控机制

根据国内合规范畴体系中的内控架构状况,以邻为鉴,吸纳欧洲在全方位合规管理上的有益经验,"习得"的主要维度有以下几方面。

(1)定期评估并且报告制度必须完善。合规风险必须定期评估,该类型风险更会随着企业发展和经营方向改变不断转化。让内控复核的日常复核、季度评估和年度评估相结合,可以强化内控的完善性和实施机制,更能使内控持续更新落到实处。融入内控的合规质效评估和报告,可以通过每个季度向党委会和总经理办公会进行有效性汇报,这样既能促进内控体系的完善,也能加强企业经营层不断增强内控体系制度建设的职责,也便与其在进行重大决策的时候,根据内控体系评判决策是否合理、合规且合法。

(2)强化审计作用。企业可以参照上市公司成立审计委员会,强化内控机制建设。强有力的、独立的审计委员会,是企业发现内控制度问题的重要手段之一,也是很多欧洲企业完善内控体系的方法之一。审计主要作用和职责就是对公司财务控制,复核公司内部控制和风险管理体系,审计委员会最重要的职能就是监督和复核公司内部审计、外部审计的有效性。如果内审或外审没有履行其职责,审计委员会则应向公司高层进行汇报,并直接介入审计;同时,针对审计发现问题和后期整改过程,审计委员会可以定期和不定期对部门和单位进行检查。整改不到位的单位,审计委员会可以追求其部门或单位负责人相关责任。

(3)确保内控机构的协同与统一。企业的业务活动十分广泛,经营部门、党建部门、财务部门所涉及业务和风险都是不同的,融入内控的合规必须覆盖到企业所有的相关业务部门。企业的内部控制理念必须通过控制活动体现,内部环境为控制活动提供基础的同时,通过控制措施,防范和控制企业所有经济业务事项发生的风险,针对不同的情况采取不同的手段。如果企业绝大多数业务活动基于两个以上部门或人员相互牵制和监督,企业发生合规风险概率也将会大幅降低。

(4)内控管理与合规紧密结合。对于正在不断发展改革的企业来说,要想健康的发展壮大企业,就必须加强商业合规的风险管理,尤其是把内控管理与商业合规的风险管理紧密结合,形成闭环式的管理体系。企业必须通过自身分析的方式,来分析企业的优势和劣势,外部环境的机遇和问题,以及企业内部生产经营活动。并以此为依据之一,敲定自身的发展战略,建立风险管理机制和内控机制,增强自身抵御风险的能力。这一切都有赖于尽早发现合规风险,并建立有效的风险防控措施,以确保内控机制完善且有效。

---

① 朱锦余.英国内部控制标准特点分析[J].财会月刊(会计),2008,2.

（5）权责分明。企业如果建立了适合企业发展的内控机制，就必须经得起开展督查和检查。同时明确责任人，把制度精细化落实到个人，形成奖惩分明的制度。专门的合规和法务部门可以开展一季度或半年的一次督查检查，分析当前企业存在的问题并及时进行整改，整改是否到位，并将整改责任也落实到人，以便进行考核，并由人力部门对其进行奖惩考核。责任分明后，更多的是要加大对企业的监督和检查，通过督查检查发现的问题，从源头查找风险点，确保内控机制在事前、事中和任何时候都能发挥最大效用。

三、合规风控的收敛

基于以上的国内外架构和经验分析，基本上勾勒出中国企业的商业合规的微观治理体系。把分散的维度和逻辑"收敛"起来，就是全周期的事前预防监督、事中督查控制和事后追责问责。

（1）事前预防监督。内控机制必须根据公司经营发展需要，研究制定涉及各业务领域、科学有效的管理规章制度，并加以严格执行，真正把权力关进制度的笼子，实现用制度管人、管权、管事的目标。重点推进内部管理控制机制、"三重一大"事项集体决策机制、廉洁风险防控机制等的完善和落实。充分发挥企业法务部门对公司重要规章制度和经营活动的法律把关作用。同时，通过加大规章制度宣贯力度和执行检查力度，使管理干部对主要经营管理活动应遵循的法律、规定以及决策权限范围等有清晰的认识，自觉在授权范围内行权履职。同时设立四道防线：一是对企业经营层和管理层在离任前等重要时点进行预防性监督，加强管理控制；二是关注企业部门和管理人员有关事项预报告制度的执行情况等；三是信息预警管理。当出现涉及企业的考核评价中负面评价占比超出正常值、个人重大事项异动等情况时，对其加强预防管理；四是对重点领域、重要环节、重点岗位的管理干部，加强经常性教育和监督。

（2）事中督查控制。事中督查就是建立有效的问题发现及反馈机制，通过过程监督检查，及时发现偏差并纠正，形成过程控制，达到降低监督成本、提高监督成效的目的。通过业务职能部门对重大经营管理事项和高风险等级事项的监督，充分释放投资、财务、企管、营运、工程、信息化等部门对分管业务的日常监督功能，及时发现问题和提出整改意见，并采取有效措施纠正偏差。同时，发挥好审计监督的预防、预警及咨询作用，通过各类审计、风险评估、法律审查，强化派出董事、监事的监督职能，及时发现和揭示干部履职、企业经营管理过程中决策、执行等关键环节存在的问题，并通过整改措施的落实加以纠正。

（3）事后追责问责。企业必须强化对滥用权力、失职渎职、决策失误和履职违规违纪违法等行为的责任追究和查处。建立适合企业实际的《员工奖惩管理办法》，进一步建立健全关于领导决策、干部管理、业务规范、执纪问责等方面的制度，使规章制度与上级要求相适应、与公司发展相匹配、与业务需要相同步，保障内控机制运行有据可依。要强化责任问责力度，严格依据相关规定健全企业责任追究制度，不仅要强制约束，更重要的是培养员工的道德约束，建立员工诚信合规承诺机制，提升合规管理的软实力。

四、3W 合规管理体系

所谓合规管理体系的 3W,就是 WHO 谁来管、WHAT 管什么、HOW 如何管。它是世界上尤其是欧洲已经达成基本共识,且比较标准化的责任豁免观测标准。

(1)建立健全纵横交叉的工作体系,解决"谁来管"的问题。合规管理牵涉面广,涉及部门、业务、人员较多,为了确保高效不推诿,必须坚持以下几个原则,即确保合规管理有效、实际地管理和防控合规风险,顺利履行合规职责;确保合规部门独立地、严肃地开展合规管理;确保合规部门与其他相关部门之间的职责分工明确,但又协调合作;确保适当的成本管理,但绝不能因此忽视或者牺牲合规管理。在此基础上,建立健全纵向专业管理与横向分工协作相结合的组织体系。

(2)以风控、法律风险防控、内控手册为基础,关注重点领域、重点环节和重点岗位,解决管什么问题。重点领域的合规管理,包括市场交易、安全环保、产品质量、劳动用工、财务税收、知识产权、商业伙伴等,重点环节的合规管理,包括制度制定、经营决策和生产运营环节;重点人员的合规管理,包括管理人员、重要风险岗位人员以及海外人员等。合规管理的内容主要包括,建立合规政策和标准,进行合规风险调查和评估,建立违规举报途径、接受举报并对违规行为进行查处,建立员工的行为准则,培育合规文化等。

(3)以规范运行和坚强保障为基础,解决如何管问题。合规体系的搭建需要企业负责人要树立合规意识,这是合规体系建设的根本。但是,企业领导人的合规意识并非天生的,合规部门和合规管理人员有必要经常性对其进行合规风险的提示。同时,合规管理部门要制定并执行以控制合规风险为本的合规管理计划,制定完善的合规管理制度和内控流程,定期举行员工合规培训,定期出具本企业合规风险报告,在重大项目上提醒企业领导人相关风险,及时对员工的违规行为进行调查。

(4)加强合规培训和合规文化建设。尤其要重视对业务人员的进行经常性的合规培训,且每次培训都应对员工进行考试,考核成绩纳入个人年终绩效考核;在企业合规环境方面,需要加大合规宣传,定期向员工公布外部和内部发生的典型案例,作为对员工的警醒教育;建立举报机制,建立流畅的举报渠道,对举报人实行保护,确保其不受打击报复,及时处理对违纪员工的举报;可以借助大数据与信息化,运用大数据挖掘并运用信息化手段,分析违规原因和管理中的薄弱环节,并反溯至企业经营管理全过程,总结经验教训,查找企业运营管理的薄弱环节,检测企业运营管理环节的潜在风险,对制度和流程进行合规性评价,督促违规整改和持续改进,帮助企业实施管理流程再造。

五、合同管理的合规标准

合同的合规管理是合同法律风险管理与企业管理的有机结合,指的是以合规专业人员为主的合同全流程管理,强调主动收集企业及法律环境信息,分析企业交易行为,从实现企业商业目标且控制风险的角度选择最合适的方案。它是通过把合同管理制度、合作操作流程、标准合同文本相结合,将合同规制融于企业的管理之中。

一是完善合同管理制度。按照合同管理全周期的要求,就合同管理全过程的每个环节,建立和健全具体的、操作性强的管理制度,使合同管理有章可循。二是加大合同信息化管理力度。全周期合同管理的每个环节都应嵌入信息化,运用技术手段控制合同管理风险。遵循"统一规划、统一设计、统一标准、统一投资、统一建设、统一管理"的"六统一"原则,合同管理信息系统采用服务器大集中模式。三是做好合同审查。除了确保合同条款符合法律法规的要求之外,同样要注重合同外在质量的审查。合同的外在质量主要是合同的表述质量,这些质量基本上与法律规定没有太大的关系,而是语言文字功底、逻辑推理能力、整体思维能力的综合体现,是合同内容的载体和外在体现形式。这些虽然不是直接的法律问题,但同样会直接产生不利的法律后果。它主要包括对结构体系、功能模块、思维逻辑、表述精度、版面安排等方面的审查。四是制定规范参考文本合同示范文本。好的文本有利于履约,减少合同争议的发生,降低合同风险。企业制订统一的合同示范文本还能大大减少合同审查量,减少重复劳动,提高合同管理效率。在制订示范文本时可以参考国家部委推荐的文本以及国际通用文本,也可组织本企业有关人员和法律专家共同论证起草。

六、规章制度的合规标准

企业规章制度经过相应程序生效后,并不是一成不变的。随着相关法律法规的更新以及企业的发展,定期对现有规章制度进行合规审查,并做相应的补充与修订非常必要。一旦发现内部规章制度有需要调整的地方,企业应当同样遵循内容合法、程序正当、有效公示的这三个原则,进行相应的补充及修订。主要包括:对规章制度进行合法性审查和合规性审核。主要是审查有无制定权限、制度本身的法律符合性等,以及审核制度与公司章程、上级规定以及制度间是否存在冲突、制度效力层次的协调统一;动态梳理修订规章制度。时刻关注法律法规和文件的新变化、新要求,准确把握法律法规和文件对企业经营发展的影响,及时为企业高层提出修改制度建议;规章制度的执行要闭环管理,它是制度建设的重要环节,制度只有得到坚决贯彻,才能发挥其应有的功效,尤其新定制度要加大宣贯力度,使职工充分了解和熟悉,便于理解和执行;此外,合规风险控制内嵌于企业业务流程。企业对合规风险采取的管理措施应植入业务流程制度,合规风险采取的管理措施进入业务执行部门的业务流程制度,对合规风险采取的管理措施与业务管理流程制度融合,业务部门执行业务管理流程制度的同时,应同时注重合规风险的控制制度的执行。

七、招投标管理的合规标准

针对招投标活动常见不合规现象,应严格按照法律法规和制度要求,强化合规管理措施,杜绝不合规行为,保障招投标活动符合合规要求,确保招投标各个环节都要在法律制度的框架内规范运行。

一是针对应招未招,拆分标的、化整为零,规避招标行为的,应采取以下合规管制措施:招标工作实行管办分离模式。招标管理部门负责建章建制和招标前期的审批(如可不招标事项、邀请招标、单一来源、竞争性谈判等),招标组织部门负责招标活动的组织。强化法定招标、非公开招标事项的审批。法定招标线上的可不招标事项,先公示后审批方可实施。邀请招标须经招标管理部门和企业领导的分级审批方可实施。严格核查邀请招标的理由是否符合国家招投标法规的要求。整合同类项目,扩大招标覆盖范围,在提高招标效率的同时也能实现规模效益。

二是针对串标、围标、陪标的,应采取以下合规管制措施:加强招投标过程的监管,增加工作透明度,重点审查招标信息是否在指定的报刊和信息网络上公示。严格评标工作,一旦发现投标人有串标、围标、陪标行为,否决其投标行为的正当性。中标结果等投标信息广泛公示,接受各方包括未中标单位的监督。增加现场评审或考察环节,核查投标文件关键条款的响应资料的真实性。正确处理利害关系人提出的质疑,组织或组织专业部门调查、处理工作。

三是未按法定或约定的程序进行开标、评标及定标的,应采取以下合规管制措施:完善招投标的法定程序,项目未依法批准、设计未完成、资金未落实,招标项目没有经相关审核的不得进行招标。严格执行建设项目招标事项核准的规定,已经核准的招标事项,招标人不得变更,确需变更的,要报原核准部门批准。制定标准流程并严格执行,并在制度中规定各环节留痕迹内容、存档。

四是评标委员会未客观、公正履职的,应采取以下合规管制措施:规范评标专家库管理,严格评标专家的准入,增加评标专家数量,提高异地专家的比例,减轻同城干扰,降低评标专家抽取概率,同时要求每个项目评标前评标专家签订承诺书。规范评审方法,招标文件中评审因素应依据清晰、赋分标准量化、降低评标专家的自由裁量空间。评标专家的抽取在专家库中随机抽取,且必须在监督人员的监督下,采用计算机随机抽取方式进行。

五是违反保密要求泄露标底或透漏可能影响公平竞争的其他信息的,应采取以下合规管制措施:尽量减少编制、审批标底人员数量,知道标底的参与者应签订保密承诺。强化保密环节管理,招标文件的编制、发售参与者签订保密承诺书,评委在监督人员的监督下按照号码抽取,评标现场信息屏蔽等。制定招标文件发售登记和评标专家抽取管理办法,指定专人发售招标文件,规定保密信息范围。[①]

六是合同签订及履行不规范的,应采取以下合规管制措施:加强合同法律问题的审查,包括合同主体是否合格、条款内容是否合法、约定是否使用、权利义务是否明确以及交易是否满足需求等,同时也要注重对合同表述问题的审查,包括合同结构体系是否清晰、合同条款是否完备、整体思维是否严谨、语言表达是否精确以及合同版面是否符合规范

---

① 徐晓峰,张强,马丽娟,等.招标采购风险管理[J].石油石化物资采购,2015,7.

等。对物资采购过程中的有关质量价格,以及交付时间等问题加以明确,动态跟踪中标方资信状况,强化合同履约管理,杜绝违规变更、超进度以及超金额支付等。

第四节　合规协同监督体系

一、协同监督的必要性

随着国内各大企业的监督体制逐渐建立和完善,国企管理也发生了潜移默化的巨大改变,从之前的侧重治标转到如今标本兼治。国内形势变化对国企既是难得发展机遇,也对国企监督工作提出更高要求。

首先在于各种监督力量的融合需求。当前国有企业监督力量依然分散,同时业务跨度大、法务和审计力量较为薄弱,让监督管理难度较大。协同监督并不是在现有的监督体系下再设立新的监督机构,而是在党委(党组织)的领导下,整合企业现有的党群、审计、财务、纪检、办公室和法务部门,联合设立监督小组,拓宽现有监督的渠道和资源,覆盖公司各级管理人员,推动党内监督与职务监督、专职监督、管理监督深度融合,建立起横向到边、纵向到底的监督体系,通过信息共享、人员交叉任职等减少工作交叉和重合,提高监督的效果和效率。

基于以上组织架构的集约化,同时提高监督的时效性。监督工作最容易做的就是事后问责,最难的就是事前预防。事前预防就必须提高监督的时效性,企业可以召开联席会议和沟通会议,按照各部门的季度工作计划和月度工作计划提取监督要点,区分监督项目和重点统一筹备监督资源,重点研讨选人用人、重大决策、重大资金使用的等方面可能存在的廉洁风险,制定监督计划和防范措施,就监督中可能遇到的难点、问题进行交流,逐步形成部门协同、信息共享、职能互补、联合监督、追责整改的工作闭环,让各个部门同频共振的开展监督工作,从而确保监督做到抓早抓小、提前预防。

同时,时效性所依赖于监督信息汇集,需要建立信息共享机制。传统信息公开几乎都是各职能部门"自扫门前雪",部门与部门之间更像是一座堡垒,多数都是发布自己部门独立的信息,未能实现多方面、集中性的信息公开模式。实现信息共享也是对国有企业流程的全面监督,发现问题及时上报,对问题的发现、处理及问责进行"保姆式"的监督,保证责任落实和效能的提升。更何况信息的共享也是确保流动的信息有实用价值,各部门可以相互沟通协调,将监督力量渗透到生产经营的各个环节,让信息无法被"过滤",提升监督的延续性和效率。

二、协同监督的运行机制

协同监督的关键在于构建"大监督工作机制"。所谓大监督工作机制,以国企为例,其实就是整合企业的办公室、财务管理、法务部门、人力资源、纪检监察和党群部门,按照责权对等原则,关口前移、防线前置、主动防御、防微杜渐,着眼于把苗头性、倾向性问题解决在萌芽状态,构建从传统的事后问责向事中控制、事前预防延伸的监督模式。坚持整合各个部门,设立以思想教育为先导、党纪法规为基础、风险防控为重点、权力制约为核心的事前预防、事中控制、事后问责三道防线,构建预警、管控、问责过程闭环管理的监督工作机制。

基于这一框架,在落地上需要组建协同监督小组,整合监督资源。协同监督小组牵头协调整合内部监督力量,构建协调配合、信息互通、形成合力、监督到位的监督机制,从源头上提高发现和处置问题的效率,有效防控法律风险和廉洁风险;加强监督力量,建立各级监督员队伍,明确监督员的任职条件、工作职责和权利义务,通过监督员的定期督查与随机督查、集中督查与专项督查、现场督查与跟踪督查相结合的方式,加强监督与再监督;把握协同监督重点,将招标与采购、合同管理、干部任命与考核等常规业务纳入重点监控范畴,紧盯管理薄弱点和廉洁风险点,善于发现制约企业发展、存在潜在风险的问题,排查出反腐倡廉建设风险点,进一步完善规章制度,堵塞管理漏洞。

同时,必须充分发挥监督信息化的效能。客观上信息的及时沟通、传递和记录,已成为大监督体系的关键。企业一定要加强对信息化的重视,将其与监督工作进行有机结合,实践大监督体系的信息化运行。通过实时动态监督模式的设立,以及对监督工作进行等级划分,确保监督工作全覆盖并且全留痕。同时,还要保证监督信息渠道的沟通,比如,构建专业的公众号或者举报平台,监控探头随时对准公司的公车停车库,最大程度保证信息获取和沟通渠道的畅通,用互联网让监督更加广而且深。企业还必须对相应数据进行存储,建立相关的数据库,对发现问题的人或单位整改情况进行实时监督,强化监督过程中的监督环节。通过这种信息化、立体化的监督,让企业真正"不敢腐"。

三、协同监督的纪法衔接

纪法衔接落地在国企,主要就是纪检监察与合规的配合协同。

首先,两者都属于合规领域,由法律事务主管部门牵头开展的合规管理工作,本身就要求公司各项经营管理活动要依法合规;由纪检监察部门负责的纪检监察工作,同样要求相关人员在公司生产经营管理活动中要遵守规则,也属于合规管理范畴。

其次,两者都重视制度建设与文化建设的统一。合规管理既重视制度、流程和信息化手段的建设,又重视合规文化建设,通过两者的有机结合,用硬的手段保证经营管理活动的合规开展,又用软的手段,通过合规文化建设,使合规的理念内化于心。纪检监察工作同样重视制度建设和廉洁文化建设的有机结合,党内法规已形成非常完整的体系,确保了纪检监察工作有章可循,同时,也要求纪检监察部门开展经常性的廉洁文化建设,让廉洁文化在潜移默化中沁润员工心灵,让纪律外化于行。

再者,两者具体的工作方式方法可以相互借鉴。合规管理要将合规的相关要求嵌入企业管理制度、具体工作流程和具体岗位,并通过信息化手段予以固化,使合规管理的相关要求成为生产经营管理各环节不可逾越的节点。通过合规文化的建设,将合规要求转化为员工的自觉行动,从而达到合规经营和依法管理的目标。纪检监察开展的嵌入式廉洁风险防控机制建设,把现代管理科学中的风险管理理论应用于防腐倡廉工作实际,针对因教育、制度、监督不到位,以及党员干部不能廉洁自律而产生的廉洁风险,以有效防范或及时化解为核心内容,通过采取前期预防、中期监控、后期处理等措施,对预防腐败工作实施科学化管理。

四、协同监督的清单共享

简单地说,就是多部门的问题清单需要实现信息共享。企业各个部门之间的信息渠道各自不同,例如,法务部门借助于尽职调查、合同审核、重大决策审核、合规管理、诉讼管理以及日常经营行为的法律监督等渠道获取众多综合性信息,可以发现一些普遍性、倾向性、苗头性问题,对信息分析整理出可能的问题清单。通过将这些信息和问题清单共享给纪检监察部门,从而防范系统性廉洁风险的发生。纪检监察部门则借助于上级纪委监委部门、司法机关、基层调研、群众信访等获取信息,而且是一些倾向于与违纪、违规相关的信息,通过案件审理和纪律审查,可以将群众举报的线索转化为公司促进管理提升的实际动力,为法务判断组织的风险管理过程及其有效性提供了一手材料,提高全面法律风险防控工作的针对性。让各个部门问题清单上实现共享与交流,可以使两个企业监督体系的部门拥有更高的工作效率和更优的工作质量。

基于问题清单共享,还需要建立整改问责相容机制。法律监督一般通过合同审核、决策审查、商务谈判的前期调查、诉讼案件管理等形式,发现并列出问题清单,但法务监督缺少对问题整改的刚性要求,纪检监察以党纪法规为保证,有效提升了惩处腐败和打击违法乱纪行为的力度,提升了企业监督体系的权威性。在监督结果的运用方面,法务往往缺乏整改执行的刚性,通过与纪检监察监督互通信息甚至移交问题线索,由纪检监察部门通过严格的程序进行问题整改和问责;纪检监察通过监督发现的问题属于法务职责范围内监督整改的,移交法务部门进行问责处理;在分别履行监督职责发现相同或类似问题的,可以通过协同督查机制,减少责任重复认定,以融合的方式进行整改追责。

五、协同监督的交叉任职

企业内部同属监督体系内的法务人员和纪检监察人员的任职要求不一样,但对人员素质要求有共同之处。实践中,合规人员的法律专业性往往正是纪检监察人员所需要的,纪检监察人员把握全局能力也是合规人员所欠缺的。因此,从监督工作需求出发,两者可以互为补充,资源可以相互利用。企业法务人员是企业经营风险的防范者、交易辅助者、战略建议者以及法治思维的引导者,纪检监察人员有较强的政治敏锐力、洞察判断力以及组织协调和应变能力,善于调查研究,对一些带倾向性问题反应敏捷,能透过现象抓住问题的实质和要害,并提出切实可行的解决问题的方法和途径。

在组织机构上,可以探索建立协同监督领导小组,由党政主要负责人任组长,总法律顾问和纪委书记任副组长,成员由合规、内控、法务和纪检监察人员组成。在合规、内控和法务队伍里,吸收政治鉴别力强、政治嗅觉敏锐、擅长谈话讯问、线索梳理、证据收集纪检监察人员作为特聘法务监督人员,在纪检监察部门,聘请擅长风险防控、尽职调查、合同审查的法务人员作为特聘监察员,实行法务部门和纪检监察部门双向交叉任职,以发挥各自的专业优势,法务部门和纪检监察部门也可进行人员抽调,取长补短,形成合力,最大程度地发挥监督效能。

第十一章 商业合规的治理策论

第一节 治理的精细化维度

商业合规风险防控不是一场"兵来将挡、水来土掩"的速决战,而是一场"预则立、不预则废"的持久战。现代一流企业不应只看重产品质量价格成本的竞争,同样应该看重企业法律风险防控体系的建设。构建完善的商业合规风险防控体系,首先要在企业内部建立起一个完整的合规风险防控组织架构。

一、合规人员的专业化

在传统的合规体系中,狭义上的合规部门、法务部门的职责侧重于事后管理和层级审批。由于企业管理者和业务部门人员法治观念相对薄弱,容易认为合规部门、法务部门不产生效益,"没什么用",甚至"拖后腿",导致合规、法务部门普遍在决策体系中位阶较低。加之中国法学教育重诉讼而轻非诉讼,法官、检察官和律师才是法科毕业生就业首选,更加剧了企业合规与法务地位的相对边缘化。诸多因素导致很多企业将法务部门与综合管理部门或审计部门等混编,或者不设专职合规、法务人员。

"随着中国法治建设进程的推进,以及对全球贸易的深度参与,社会、企业、个人的法治观念不断增强,企业发展对法治的需求越来越强烈,合规、法务人员对企业的保障作用越来越明显,企业合规、法务开始受到高层重视,日益成为企业管理的重要组成部分。"[①]2016 年,国务院国资委颁布了《关于全面推进法治央企建设的意见》,对于如何增强企业依法治理能力问题,在人员配置方面提出"要优化董事会知识结构,通过加强法律培训、选拔法律专业人员担任董事等方式,提升董事会依法决策水平。加大监事会对依法治企情况和董事、高级管理人员依法履职情况的监督力度,配备具有法律专业背景的专职监事,将企业合规经营、依法管理作为当期监督的重要内容。"

合规与法务人员大致可以分为两种,一种是合规事务管理人员,另一种是合规事务机构的普通法务人员。根据国资委 2004 年颁布的《国有企业法律顾问管理办法》,企业总法律顾问职责包括:"全面负责企业法律事务工作,统一协调处理企业决策、经营和管理中的

---

① 卞传山.企业高质量发展需要什么样的法务[J].法人,2018,9.

法律事务;参与企业重大经营决策,保证决策的合法性,并对相关法律风险提出防范意见;参与企业重要规章制度的制定和实施,建立健全企业法律事务机构;对企业及下属单位违反法律、法规的行为提出纠正意见,监督或者协助有关部门予以整改等。"普通法务人员的职责包括:"正确执行国家法律、法规,对企业重大经营决策提出法律意见;起草或者参与起草、审核企业重要规章制度;管理、审核企业合同,参加重大合同的谈判和起草工作;参与企业的分立、合并、破产、解散、投融资、担保、租赁、产权转让、招投标及改制、重组、公司上市等重大经济活动,处理有关法律事务等。"新时代企业的高质量发展需要合规、法务人员具备较高的专业素养和综合素质,接受过法律高等教育、具有相关岗位从业经验、持证照上岗都将成为重要考量。

做好商业合规的风险防控,在合理配置企业内部合规、法务人员的同时,外聘律师同样是必不可少的组成部分。大型企业的业务范围和业务类型非常广泛,甚至涵盖多个不同领域,内部合规和法务往往更熟悉企业内部运作的具体事务和主要业务,在专业范围、诉讼程序、问题解决方面不可避免地存在局限性,有时意见易受上级左右,缺少独立性,外聘律师在上述方面可以形成较好的弥补作用。在企业重大决策、重大经济合同、重要制度制定时,实行内外部双重法律审核,有利于发挥各自优势,共同推进合规风险防范。2018年,司法部推出了《公司律师管理办法》,提出国企在符合条件情况下,可以遴选组建公司律师队伍,探索发挥公司律师在全面依法治企中的职能作用。

二、合规风控的全面性

建立起一个完整的合规风控组织,仅靠合规、法务部远远不够。在企业的合规风控里,没有部门是一座可以置身事外的"孤岛"。每个部门既是合规风控的被监督者,更是合规风控的参与者,只有各部门共同参与,合规风控才能发挥出应有作用。

国务院国资委《关于全面推进法治央企建设的意见》中的一个基本原则,就是坚持全面覆盖、突出工作重点,即把依法治企要求全面融入企业决策运营各个环节,贯穿各业务领域、各管理层级、各工作岗位,努力实现法治工作全流程、全覆盖,同时突出依法治理、依法合规经营、依法规范管理等重点领域法治建设。建设全面的合规风险管理组织,实质上是建立一套以公司治理为基础,以业务部门、法律风险防控部门、内部审计部门三道防线为支撑的框架结构。

从纵向来看,国有企业已基本建立起涵盖股东会、董事会、监事会、经理层的现代法人治理结构,实现公司决策、执行、监督机构各司其职有效制衡。然而,在商业合规风险防范方面仍然存在不足,其中一项重点问题是设立总法律顾问制度的企业占比仍相对较少。总法律顾问职责包括参与企业重大决策,在实务中表现为出席或列席董事会并发表专门意见,能有效避免企业决策过程中法务话语权的缺失。总法律顾问能够从企业全局出发判断法律风险,跳出具体部门"位置决定想法"的桎梏,在业务开展与风险防范中找到平衡点。"据世界大企业联合会的调查,48%的美国企业、29%的英国企业、21%以上的其他发达国家企业特别是大企业都设立了企业总法律顾问。"①设立总法律顾问对于企业防范合规风险、维护长期利益、推动战略实施都具有重要意义。

从横向来看,企业的业务部门实际上处于合规风控第一道防线,需要收集提供业务开展过程中的详细资料和信息,对其中涉及的合规风险作出基本判断,并采取初步的防控措施。风险等级较低或较为常见的问题自行解决,风险等级较高或疑难问题主动报合规风控部门。合规风控部门作为第二道防线,在防范风险工作中处于核心地位,需要根据业务部门提供的信息进行研判,给出处置方案,当与业务部门不能达成一致意见时,应报告上级部门。内部审计部门是第三道防线,在事后对合规风控情况进行评估,并推动不足或疏漏之处的整改提升。

三、风控体系的合理性

这是要求以合法性为基础,在遵循法律法规基本要求之上,根据行业习惯、企业管理和内部控制的要求,制定适度有效的具体制度。中国的商业合规体系建设起步较晚,与一些欧美大型跨国公司相比存在不小差距。比如,现代企业普遍认识到内部控制的重要性,要想构建起一个完善的风险防控体系,除了需要一个完整的风控组织,还需要这个风控组织能实施有效动态监管,同时结合企业业务实践过程中出现的问题和最新政策法规要求,对已有的框架体系"打补丁"、更新升级。针对目前普遍存在商业合规风控偏重事后救济,企业应着重于强化合规部门对业务足够的参与度。

实践中,不少企业的合规、法务部门对企业日常经营的参与度明显不足,往往只在相关业务部门提交合同材料时才进行审核,很少参与到公司的日常经营中。而脱离日常的经营活动,导致合规、法务部门在进行风控时,要从头开始了解这个项目的始末,且只能根据业务部门提交的相关材料来了解,对相关的信息了解难以全面,从而导致"无意隐瞒"现象的出现,这种现象很容易埋下合规风险隐患。诚然不相容的岗位分离和部门职责分工,是企业内部控制的重要手段,合规、法务部门参与业务并不是意味着将业务的营销与风险控制混为一谈。业务部门负责扩大生产销售规模,合规、法务部门负责守住风险的底线,两者的基本职能不能改变,但这不代表两者之间只能是"对抗"关系,不能变成"合作"关系。

比如,在商业银行的贷款审批中,是需要严格履行"贷审分离"制度的,《贷款通则》第40条规定:"贷款调查评估人员负责贷款调查评估,承担调查失误和评估失准的责任;贷款审查人员负责贷款风险的审查,承担审查失误的责任。"在此背景下,实践中银行调查人员和审查人员也会组成调查小组,去目标企业开展实地尽职调查,审查人员也直接在现场取得全面的第一手资料信息,避免信息不对称。同理,为了维护企业的合法权益,合规、法务部门也需积极参与到企业各项业务的调研和谈判中去,对对方基本情况、资信情况、利

---

① 蒋修贤.我国现代企业全面法律风险管理[J].时代金融,2018,9.

益共同点、分歧交锋点深入了解,识别主要风险点,在法律的范围内加以控制,而非做完全意义上的信息被动接收者。

四、监督管理的全过程

"全过程监管"是商业合规中一个十分重要的概念。根据目前情况,无论国企还是民企,虽然已经逐步开始注重合规在企业治理中的重要性,但总体上合规所处的地位仍没有完全得到有效落实,合规功能也并未完全体现。与企业的市场、行政、人力资源等部门相较,合规这一领域更容易在企业运营过程中被边缘化,更毋庸说全过程监管,合规部门对企业运作的各环节参与度都比较有限。尤其是其中的法律风险管理,更多只是停留在"事后救济"环节,但是,企业涉诉无疑将耗费大量的人力、财力、物力。因此,极有必要树立全流程监管理念,强化对合规风险管理。

合规风险的全过程监管,是指对企业的合规风险进行事前预防、事中控制以及事后反馈的全周期动态管理,以最小的成本将合规风险的影响控制在企业可承受的范围内,实现合规风控。

(一) 事前预防

商业合规风险多数都是由企业主动为之的不当行为所致,涉案后的处置程序必须比照法律规定,但案件并非完全不可预见或预防。上文已经提到合规、法务人员融入公司经营管理,把预防案件发生的关口前移。具体体现在:公司章程的制定、执行和监督,切实增强依法治理能力;全面参与经理层的经营管理活动,充分发挥法律审核把关作用;着力推动依法合规经营,重大决策必须经过法务的合法性审核;在规范市场竞争、防止违法违规中做好法律审核;完善公司规章制度体系,加强对规章制度制定修订的法律审核,确保各项制度依法合规;依法规范重点领域和关键环节管理;深化合规风险防范机制,不断拓宽法律风险防范领域,探索建立全面的法律风险防控体系等。合规、法务人员应加强监测,建立预警制度,对于容易产生争议或纠纷的业务流程中的交易重点和关键环节,进行及时、有效监控,通过客观分析提出应对建议,减低合规风险发生的可能性。把握时间节点对容易产生争议和纠纷的情况及时预警。比如,当国际国内市场环境发生变化时;法律、法规被修订、废止或新法颁布时;政策发生调整时;企业自身发展战略转型时;业务相对方经营状况严重恶化,转移财产、抽逃资金,以逃避债务,丧失商业信誉,或者有丧失或者可能丧失履约能力的其他情形时等。针对各种变化和调整,合规、法务应及时做出预防管理,并向企业高层及相关业务人员发出预警。

(二) 事中控制

合规风险发生后,需要合规、法务人员广泛收集证据,甄别应对方案。比如,一旦发生诉讼或仲裁,则要全面分析胜诉概率,以及最终裁决会给企业带来的负面影响等。首当其冲,就是制定诉讼策略和比选诉讼方案。合规、法务人员要做好证据收集、材料整理工作,比选诉讼方案,制定诉讼策略。接下来是庭审工作的考量。需要密切配合外聘律师,核实证据和确定主要论点,准备拟提供的全部法律文书和证据资料,为发表代理和质证做好准备。然后就是关注执行跟踪。生效的裁决是企业通过诉讼实现权利保障的依据,现实中因逾期申请执行、未按时缴纳执行申请费用、被执行人下落不明、无财产可供执行等,导致企业胜诉而无法通过执行维护企业权益的情况时常发生。因此,合规、法务应重视执行风险的防范。

(三) 事后回溯

合规、法务人员要按照全流程闭环管理的要求,对已发生的合规风险事件进行复盘,分析案件的成因,评析处理过程,总结经验教训,查找企业运营管理的薄弱环节,举一反三,检测企业运营管理环节的潜在风险,对风险隐患及时排除,从源头上避免类似案件的发生。合规、法务应定期整理企业风险的案例,通过"以案说法"的形式对企业全体员工进行警示教育。同时,抓好合规风控,按照岗位和权力查找风险源,梳理风险清单并进行有效识别,对风险进行分级管理,定期自查,逐个销号,注重对风险源及等级进行动态调整。合规和法务应及时如实揭示经营管理中潜在风险,提出合理化的改进建议。

五、制度执行的实效性

执行是制度存在的价值,责任追究是落实制度的重要保障。构建完善的商业合规风控体系,不仅要建立科学有效的制度体系、系统完备的合规风控组织和高效运行的动态监管,还需建立起与之配套的完善的责任追究制度。加强对制度执行和组织运作情况的监督,保证行之有效的问责和整改,才能将制度转化为企业治理效能。

(一) 岗位定责

在其位谋其政,任其职尽其责。企业建立责任追究制度的目的不是处罚员工,而是通过这样的制度去促使员工尽职尽责,而要让员工尽职尽责,首先就得明确员工的岗位职责。同样,在构建企业合规风控中应明确各部门的具体职责,只有这样,各部门才能相互配合,更好地防控企业法律风险的发生。部门的划分可以在一定程度明确员工的岗位职责,但是,要想构建起一个完善的合规风控体系,只有部门划分远远不够。而是需要明确合规、法务部门的职责,这种职责不仅是列举式的部门主要工作,同时包括合规、法务部门与上下左右其他部门之间关系,以及在业务开展过程中可行使的权限,将合规风险防控嵌入到业务审批的流程。在此基础上,建立起高效的沟通协调机制,实践中时常会出现销售部门与生产部门、财务部门沟通不及时,导致生产进度未能满足合同要求进度、付款进度延迟等诸如此类的情形,产生了不必要的合规或法务问题。所以要从制度上保障合规、法务部门职能的有效,促进部门之间的各自分工的同时高效沟通,避免内部信息不对称引发的法律后果。

(二) 责任追究

制度的生命力在于执行,如果制度的制定者不将完善的制度付诸实践的话,再完善的制度也将沦为空谈。目前企业制度执行情况仍过分依赖管理者的个人素质和重视程度;

母公司对子公司制度执行情况掌握不足,制度执行不能自上而下一以贯之;经验主义的工作作风仍然存在。这与制度执行过程中监督力度不足,缺乏行之有效的考核机制是分不开。在构建企业法律风险防控体系的过程中,一旦企业明确了各部门、各员工的岗位职责,就应当严格执行这项制度,不论违反制度的人在企业中身处何种职位,都应该严格追究责任。

第二节　治理的原则和重点

现代企业的"泰罗式"内部运作系统,主要是依赖于目标、任务、组织机构和规章制度来维持和实现的。其中,所有这些要素构成的内控体系无疑位于基础性地位,它包含管控和保障两大功能价值。而在更为核心的价值导向上,则是在内控的谦抑与执行的严苛原则之间形成"最小效能化",逐步迭代产生合规与赢利之间的最大公约数。

一、内控的谦抑性

谦抑性最初在刑法领域适用,是指"刑法应依据一定的规则控制处罚范围与处罚程度,即凡是适用其他法律足以抑止某种违法行为、足以保护合法权益时,就不要将其规定为犯罪;凡是适用较轻的制裁方法足以抑止某种犯罪行为、足以保护合法权益时,就不要规定较重的制裁方法"。[①] 之后,谦抑性的概念被引入经济法体系,毕竟在正确处理政府与市场关系的问题中,"正当且适度的国家干预方式,恰好与刑法的'补充性'及刑罚的'最后手段性'存在内在的一致性"。[②]

同样,商业机构内控体系要回归管控和保障的功能定位,在管控和保障之间找准平衡点。不是一味仿效的唯一标准化和唯一全面性,而是需要实际根据自己所在行业特点、发展阶段之需、商业目标风险等,以"最小效能化"建立内控,然后才是逐步根据商业和合规的最大公约数不断迭代,否则,伊始即"贪大求全"抑或"一揽子"解决问题,只能导致内控在实际运行中的失灵。因此,内控需要在合规的红线框架内进行必要的利益衡量,探寻企业经营利益的最佳实现方案。内控表现在内部规章制度的建设,既要严格落实法律法规、行业规范、政策的底线要求,确保规章制度的内容以及制定程序合规,实现对公司内部的合规管控;同时也不能忽视效益及商业本来即应承受的必要风险,要更多吸收、提炼和固化优秀的管理经验和工作方式,激励和指导员工更高效、高质量完成工作,确保规章制度的建设符合企业经营发展的实际需要,切忌流于形式的合规。

具体落实到商业合规内控体系,一是要秉持精益性和谦抑性的原则,从源头上确保合

---

① 张明楷.论刑法的谦抑性[J].法商研究,1995,4.
② 刘大洪,段宏磊.谦抑性视野中经济法理论体系的重构[J].法商研究,2014,6.

规风控的方向准确性。瞄准需要解决的问题，就是要克制风险防控"什么都想管，什么都能管"的扩张性冲动。以往的强管控、重法治提升的指导思想，固然有其背景意义作为支撑，但也不得不防止"矫枉过正"而忽视经济效益的做法。谦抑性原则，实质上是要求风险防控工作追求"以最少的法律资源投入，获取最大的法律效益"。换言之，就是基于合规的风险分析，综合考虑风控目标、成本和收益、资源的投入安排等因素，对合规风险进行不同维度的排序，包括风控事件发生可能性的高低、影响程度的大小以及风险水平的高低、风险防控措施。二是在内控的规章制度内容上，在强调刚性约束之外，注入必要的"激励"机制，充分调动广大员工的工作积极性，提升规章制度的执行力度，确保规章制度的管控和保障功能实现，进一步提升企业核心竞争力，以实现合规的高质量发展。

二、内控的严苛

规章制度、道德、自律都能对员工行为有约束作用，三者最大的不同在于规章制度是一种刚性约束。从构成内容上看，企业规章制度主要涵盖以下几个方面：法律法规的延伸；政策的具体化；行业要求、技术规范的条文化；优秀管理经验、工作方式（含本企业）的提炼、吸收和固化。因此，内控的规章制度效力，不仅源于法律法规、政策、行业要求、技术规范的效力延伸，也源于内部的集体合意所形成的私法自治的效力。从本质上说，规章制度是法律法规赋予和集体合意所共同形成的一种刚性约束，这种刚性约束直接表现为存在较高的责任成本。

规章制度的生命力在于执行，规章制度的制定必须坚决贯彻权责利一致的原则，这是确保制度得以有效执行和取得实效的核心，否则，就会导致制度的执行存在偏差，影响规章制度功能价值的实现。合规风险防范和管控需要各业务条线的多个岗位进行配合，任一环节、岗位的执行不力，都可能导致规章制度的规范效益呈递减趋势。为了确保合规风险防范和管控工作落到实处，要建立健全配套的监督考核机制，特别是责任追究制度，促使履职意识从"要我管"到"我要管"，激励关键岗位领导和员工履行勤勉和忠实义务，提升法律风险制度体系的执行时效。[①]

三、内控的点线面

基于内控的谦抑与严苛原则，内控制度实际是渐进式构建的。基本上是以逐步制订、修改、废除和解释的方式建立起来的，这一过程容易导致制度之间逻辑关系不明确，体系结构不合理，制度内容存在交叉甚至矛盾现象。所以，在合规的制度建设要高度关注制度之间的协调性，具体表现为以下几方面：

第一，内控的风险制度应以商业战略为核心，与企业管控模式相匹配，综合考虑公司

---

① 中国交通建设股份有限公司率先发布《法律风险管理考核办法》，对企业法律风险费昂奋机制的建设情况进行考核评价。

与所属机构以及内部职能部门之间的相互关系,从总部与分支机构纵向的制度体系、职能部门的横向制度体系两个维度,构建公司的内控风险框架,"合理界定各层级管理者的职能、权力、利益和责任,实现各环节、各层次的规章制度的相互协调"。①

第二,建立规章制度计划管理制度,统筹推进合规风险制度的"立改废"工作。制度建设过程中一种常见现象就是缺乏计划,各职能部门往往不了解本业务条线管理制度的结构体系,只重视制度的新订,忽视制度的修改和废止。只立不修,容易导致同一管理事项有多项制度规范,相互较差重复甚至矛盾;只立不废,容易导致制度效力混乱,影响制度执行。因此,应建立和推行规章制度计划管理制度,"统筹规划规章制度的'立改废'工作,加强对新订制度的必要性和依据的审核,同时对不适应形式发展要去的制度及时修订或废止。"②

第三,改进制度编制、发布流程。内控风控分散在各业务条线,既要保证理顺各职能部门的权责利关系,有效解决各职能部门责任不清、关系不顺的问题,也要保证各部门合规风险防范工作上的协作,提升内控风控合力。因此,内控风险制度体系要充分征求相关职能部门意见,按照规定提交法务部门审核,提交决策主体评估、审核,经批准后统一签发、统一发布,确保商业合规风险制度与内控体系的深度融合。

四、关键岗位手册

商业合规风控是一个系统工程,涉及诸多业务岗位职责。合规风险防控的落实需要将合规风险管理下沉到具体岗位,与具体业务流程紧密结合,将合规风控嵌入管理过程,从事前预防、事中控制、事后检查等环节设置措施,"全面覆盖生产经营管理的诸多方面,使各岗位人员明确在其工作环节中可能存在的合规风险点和管控措施,通过流程控制提高风控能力,实现合规风控向决策层延伸,向业务流程、岗位职责延伸,落实到部门和关键岗位,落实到人。"③这就需要对零散分布在各业务制度中的合规风控要求进行梳理,梳理识别、浓缩提炼关键岗位可能存在的合规风险点、管控流程和管控措施,并以合法、合规的方式加以公示。

日益增多的企业以《员工手册》为抓手,通过制定和推广关键岗位的合规风控应知应会,推动合规风控的落地,取得了很好成效。比如,中国南航立足自身特点,借鉴从厦门航空吸取的手册管理经验,将以手册为抓手,提升规范化管理水平,建设"法治南航"的战略要求,固化为公司的一项基本制度,将手册管理作为一项长期性的基础工作来抓。按照"一切行为形成制度,一切制度形成手册,一切手册落实到行动的"规范化管理要求,全面推行手册管理,通过制定手册管理制度,建立规范化管理手册体系,组建手册管理员队伍,推行手册管理与执行考评机制,培育手册管理文化,实现手册管理信息化,打造"写你所做的,做

---

① 张婧.关于集团公司规章制度建设体系的探讨[J].商场现代化,2011,16.
② 尹蓉.现代企业规章制度体系建设模式研究[J].中国电力教育,2013,2.
③ 杨立锋.信息化助力企业法律风险防控体系有效落地[J].法人,2017,3.

你所写的,查你做过的"手册管理闭环,目前已经建立起涵盖治理类手册、运行管理类手册、基础管理类手册、集团各成员企业、机关各部室、股份各分子公司、基地、驻场单位、机关各部门手册的手册管理体系,全面提升了南航规范化管理水平,夯实了法律风险防控的基础。[①]

第三节 治理的数据化力量

推动内控的信息化建设,是作为商业合规一项重要内容。它借助于数据的归集、处理和智能运用,辅助实现了从源头识别、监控、化解、处置和警示的目标,能高度固化合规风险管理成果。

一、内控信息化

到底如何通过信息化建设,更好地将商业合规融入企业的经营管理,实现法律风险防控与企业生产经营、管理活动的有机结合,已成为企业合规法务部门亟需解决的课题。

以工作性质为标准,商业合规可分为事务工作和风险管理两个部分。但从商业内控意义推动信息化建设,往往面临着一个问题,到底是先开展合规风险信息化建设,还是先推动合规事务管理信息化建设。对于这一问题,较多企业选择以政策为导向。2006年,国资委颁发了《中央企业全面风险管理指引》后,国内的很多企业开启全面风险咨询工作,并将最终的咨询成果固化在信息系统中,形成企业的合规全周期风险控制数据库。2011年,国资委开始针对央企推动展开之后,许多企业通过建设法律事务管理系统方式,来提升企业内部的合规风控管理水平。

以下提供一个例证。浙江中烟工业有限责任公司(以下简称浙江中烟工业)以实际存在的问题为导向,以法律风险防控建设在先,以手工运行为基础,建立包含五大主干模块的法律风险防控信息系统,旨在解决如何充分利用法律风险数据库、量化风险排查充分程度、提高法律风险防控流程精确度,如何实现实时监控及如何构建法律风险防控文化宣传平台等关键问题。

浙江中烟工业合规风险防控体系信息系统包含五大主干模块。其中,法律风险清单模块主要实现以法律风险清单为主的数据库的充分挖掘利用、可视化输出、在线维护等功能;覆盖率指标模块,主要实现法律风险清单对现有公司业务覆盖情况的量化指标显示;法律风险防控流程模块,主要实现识别、评估、控制、检查主要防控流程的信息化、流程化、痕迹化,以及精度上的突破;法律风险实时监控模块,主要完成同其他信息系统对接,实现法律风险实时监控,在线管理法律风险预警及应急防控;法律法规及案例模块,主要实现公司生产经营管理密切相关法律法规及案例的可视化宣贯,构建法律风险防控文化宣传

① 林晓春.以手册管理为抓手,夯实"法治南航"之基[J].赛尼尔法务管理(内部刊).

平台。辅助模块,主要包括账号登录、权限分配、信息发布、文档管理及后台管理等通用的辅助模块。[①]

二、信息化功效

整体而言,信息化是对内控所有风险点的全面梳理和整合,搭建统一的合规风险管理信息平台,构筑通畅的信息沟通渠道和信息交流平台。

(1) 划分权限,落实商业合规风控职能。商业合规风险管理是一项工作量大、涉及面广的工作,其工作涉及企业运营的方方面面。随着企业的发展、规模的扩大以及法规的更新,商业合规风险管理部门承担着重要职责,依靠传统手工方式很难适应管理工作的要求。同时商业合规风险管理是一个动态的、长期的过程,自身体系的自我完善是风险能被有效管理的保证。因此,迫切需要利用信息化技术,将商业合规风险管理的各项职能深入落实到企业的各个环节,搭建起一个横向信息共享、纵向管理贯通的立体风险防控体系,实现合规模式的高度统一、各类合规事务的在线动态管理、合规风险管控的落地操作的目标,实施合规、法务管理系统的集中化建设。

(2) 无孔不入,合规风控融入业务流程。传统的商业合规风险管理主要完成合同审核、法律诉讼等职能,但缺乏对企业经营的深度融入。因此,如何通过事前预防、事中控制、事后检查等环节,以企业的商业融入为逻辑起点,借助于信息化乃至数据化、智能化方式,全面覆盖企业经营管理风控的诸多方面。切入点是在完善合同管理信息化功能的基础上,继续着重将法务信息化的覆盖范围扩展至案件管理、证照管理、授权管理、法律管理、内控管理、普法管理等工作范畴,把制度和流程标准固化到信息化系统上,以实现合规、法务流程的规范化、标准化、常态化、自动化管理。目的是使岗位人员知晓合规风险点,以及控制措施利用风险分析和评估工具,对风险进行量化处理,帮助业务过程决策。

(3) 管办分离,固化法律风控体系流程。商业合规风控是一项系统工程,借助于数据化方式把风控管理有效落地,利用系统的、动态的方法进行风控。按照风险管理基本流程,通过风险识别、风险评估、风险应对持续改进等环节,形成体系化、闭环的风险管理。企业可依托商业风控信息系统的建设,建立起组织构架、制度文件、法律风险管理体系等管理元素之间的关联关系,将各个管理元素之间的关联关系进行显性化,从而推进各个管理元素的改善。通过不断积累完善,汇集法律风险管理相关信息,促进合规风控的信息交流和知识共享,从而助推合规风险管理的运行。

(4) 长效运行,不断深化体系运行机制。在商业合规风控体系建设过程中,需要对现有制度体系进行清理,逐项修改、完善存在合规风险管理制度,完善相关业务工作流程,将诸如合同管理、财税、重大决策、反舞弊、资源环境、竞争中性等合规风控的全链条嵌入管理过程,使各岗位人员明确其工作环节中所存在的合规风险点和内控措施,通过制度和

---

① 沈益,陈征宇,沈敏,等.企业法律风险防控体系信息系统的设计及实现[J].科技通报,2018,9.

机制控制提高风险防控能力,实现合规风险防控向制度规范、决策机制、员工履职等全方位延伸。

三、信息化模型

信息化功效的释放,已不能继续停留于简单的基础性标准和数据的归集,而且必须建立商业目标和业务展开驱动的融合性模型,以及建立合规的相关风险信息库,全面刻画风险等级及热力图等。

(1)建立法律法规及企业制度搜索、索引功能。企业首先应收集与自身发展业务相关的法律、行政法规、规章、地方性法规以及自身内部的规则制度,按其效力层级及所涉及的权利义务进行分类归总,依托信息化系统,实现关键词、关键字搜索功能。例如,可以划分为行业法规、企业法人治理制度、企业基本制度与具体制度等。比如,在搜索处输入"合同",即可显示《民法典》合同编及相关司法解释,同时企业自身与合同相关的所有关联制度也均会逐一显现出来。这样便于操作人合规开展业务,在保证工作流程、工作实质内容合法合规的同时,较大提高了工作效率。

(2)构建法律风险信息库,实现工作流程风险精准定位。在完成法规制度搜索的索引机制后,企业应组建由内部熟悉业务的工作人员与外部专业合规人士构成的团队,梳理自身所有内外部业务流程,识别各个可能存在合规风险的流程点,汇总后进行合规风险等级评定,由此建立合规风险信息库。合规风险信息库建设完成后,应将风险点与业务流程一一对应,将每一风险点嵌入到对应流程的关键节点。

(3)计划与采购、合同管理等多流程结合,实现"条线化"管理。业务流程的开展,应以项目预算为起点。根据年度预算的有无,将项目立项分工作两条支线开展。该项目预算编号即为该项目在业务条线上的编号,从项目立项到采购方式审批到合同签订等过程的编号实现统一。在"条线化"管理中,前一流程是下一流程的基础,完成前一流程后方可进行下一流程。在每一流程的每一环节的操作中,均有该环节对应的法律风险提示,例如在采购方式申请审批环节,输入项目性质、金额等要素后,系统会自动定位识别到该条件下采购方式的法律法规及企业制度规定,并对操作人予以提示,提示其确定采购方式的依据及流程。再如在合同流转环节,操作人在系统内指定区域输入指定内容,系统即会结合合同模板信息库自动生成一份包含主要要素的合同,同时对操作人进行法律风险提示。同时,在"条线化"管理中,审核者、风险把控者可以选择项目任意已完成业务流程进行审核,查看操作者是否按照风险提示进行操作,查看流程附件是否符合规定。对于不符规定的环节,可以选择即时中止、退回等。此举亦可实现项目全周期可视化管理,有利于项目按时推进,也便于法律、审计、风控工作者审核把关。

(4)项目成果验收监管。项目完工后应当进行验收结算,此时操作人应将项目验收材料上传至系统的验收环节,按风险提示要求逐一上传必要材料及证明,待审核人审核通过后方可进入支付环节。

（5）分级预警、实时监控，全员参与风险管理。通过信息系统定制的数据关联关系，对管理关键指标进行预警，在各个管理环节中根据实际情况设定不同等级的异常阈值，如超出阈值则启动预警响应，从而企业可以及时对相关问题进行处理。如商务管理中自动对上缴比例低于6%、成本分析出现亏损等项目进行预警；资金管理中根据月度对外报量登记应收账款台账，及时记录报量和收款情况，自动计算拖欠天数和拖欠金额，进行拖欠分级预警。[①] 一方面，系统设置监控权限，公司领导及纪检、审计等相关部门能够在授权范围内实时对业务的全流程开展情况进行监督审查，包括业务发起环节的全部背景资料以及每一级的审批意见；另一方面，系统进行指标控制，借助于关联分析工具实现对刚性数据的语义分析，比较重要的是让数据不超出目标值。比如，结算数据不应超出合同限定数；资金支付数不应大于结算数；材料领用数不应超出库存数等。所以逻辑上数据一旦超出肯定被限定无法填入，实现系统的自动提醒，不能进入下一步加以保存。

（6）合规风控的考核评估。商业合规风控信息系统还应实施自评他评。公司自评可由外部律师协助公司完成合规风险控制计划实施评估考核汇总。公司对各业务部门控制计划实施情况进行评估考核，主要参考四个维度：控制措施是否完成、是否在既定时间内完成、控制措施落实质量、控制措施落实效果。公司评估由牵头部门（风险主相关部门）进行自评；主管部门（法律风险管理部门）或专家组（由主管部门组织其他部门成立）或两方兼有的方式（既有主管部门，也有专家组）进行他评。

第四节　治理的文化软实力

一、源头意识根植

商业合规风控，关键在于提高管理者合规风控意识。管理者具备风控意识是企业法律工作开展、法律文化形成的重要前提。GE 原总裁杰森·韦尔奇说："其实并不是 GE 的业务使我担心，而是有什么人做了从法律上看非常愚蠢的事而给公司的声誉带来污点并使公司毁于一旦。"[②]2013 年 6 月，贝克-麦坚时国际律师事务所和中国企业法务管理研究中心组织了中国企业法律风险管理问卷调查，收回有效问卷 100 份。根据问卷显示，有 17 家企业的高管定期参加法律知识培训，70 家企业的高管不定期参加法律知识培训。[③] 一般来说，企业高管定期参加培训是因为公司已经形成了合规风险防控制度，不定期参加培训是因为外部因素的安排或影响。由此可见，中国企业对于管理者的合规风险防控意识培养较为不足，企业管理者不一定要有专业的法律知识储备，但是一定要有合规风险意识，自上而下强化对风控的重视。

---

① 陈卫国.业务流程与信息化相融合的全面风险管理[J].施工企业管理，2014，9.
② 王正志，王怀.公司法律风险防范与管理[M].北京：法律出版社，2007：6.
③ 叶小忠，贾殿安.中国企业法律风险管理发展报告[M].北京：法律出版社，2013：78.

华为公司在 2018 年年报中提到,"法律遵从与全球合规是华为在全世界生存、服务、贡献最重要的基础,华为长期致力于严格遵守业务所在国的所有适用法律法规,包括联合国、美国和欧盟所适用的法律法规"。① 华为作为一家大型跨国企业,管理者已经意识到不仅要遵守国内的法律法规,也要遵守业务所在国的法律法规,因为一旦出现国际法律风险,造成的损失和维权的难度将会更大。"为了增强管理者合规风险意识,金陵石化公司专门制定了管理制度,将学习法律纳入经营层的年度学习计划,专题学习法律知识的时间不少于 4 次。金陵石化公司利用党校、教育培训中心等教育阵地,对各级领导干部、企业经营管理人员、派驻外商投资企业管理人员进行法制教育集中培训。同时组织对领导干部的普法考试,人力资源部门还将法律纳入领导干部远程教育自学内容,每年必须修满一定学分,并严格考核。"②有些企业将"依法治理"和"合规经营"纳入高管的考核评价,尝试用量化指标考核企业高管的商业合规风险意识。

同样,加强企业员工合规风险防控意识也不可或缺,企业员工作为企业业务的操作者,是最先发现合规风险的群体,增强和提高员工的法治观念和法律意识,将商业合规的风险防控下沉到第一线。企业须要针对员工进行合规知识培训,以生动鲜活、寓教于乐的典型案例为内容,详细具体地剖析案例中出现的合规问题,解释法律条款,分析处理方法和方式,提高员工发现合规风险点的能力。员工合规风险意识的形成和提高,可以使得企业在经营过程中的合规风险早发现、早防范和早处理,真正做到源头控制和防微杜渐。

当然,"由于经济实力和发展阶段的不同,不同的企业之间对于法律风险管理的需求程度和承受能力有着巨大的差距。"③企业的规模和经济实力发展到一定程度,企业的业务规模和交易金额不断扩大,企业管理者对于合规风险防范的意识也就越强,也就愿意在风控方面有所投入。但是即便是小企业管理者,也应具备合规风险意识,一旦发生风险,所带来的负担是小企业不愿承受的。因此,企业管理者要不断提升风控意识。一方面,作为企业管理者,自身应加强法律、行政法规以及企业合规风险相关知识的学习,正确认识风控的形成原因和发展特点,将合规意识融入企业文化之中,形成被员工认可和接受的基本信念。另一方面,企业也要注意培养员工的合规风险防控意识,重视法律知识教育培训,建立和健全普及性和专业性相结合的培训机制,结合员工岗位实际需要对进行合规的系统化训练,并加强有关部门重点岗位人员的合规培训力度,加大《民法典》《公司法》等法律知识的补正。

二、合规地位认知

不可否认,绝大多数合规、法务部门负责人作为一个"挑刺儿"的存在,在企业内不太讨喜。对于合规、法务部门负责人来说,易被弱化在"挑刺儿"时的决心和勇气。因此,需

---

① 《华为投资控股有限公司 2018 年年度报告》,2019 年 5 月 9 日。
② 中国石化法律部.力量:中国石化法治文化建设实践与理论探索[M].北京:中国石化出版社,2015:127.
③ 吴江水.完美的防范——法律风险管理中的识别、评估与解决方案[M].北京:北京大学出版社,2010:120.

要消除思想上的顾虑和行动上的阻碍,让合规、法务部门的地位被更深刻认知。

主要包括:① 建立健全选人用人机制,专业化程度应大幅提高。为了节省企业开支,有些企业在合规、法务部门负责人的选择上不够慎重,甚至采用让业务负责人兼任的方式。让一人分饰前台和中台两个角色,想要其能从合规风险防控的角度思考并提出意见本身就是自相矛盾的。可以说,专业的合规、法务部门负责人对商业合规的风险防控至关重要,需要结合自身合规风险的特殊性选择专业的合规、法务部门负责人。② 建立健全法律审核机制,让专业的人有独立的地位。合规部门负责人不能只是"太平官",为了鼓励其提出专业合规意见,需要给予其一定的独立地位。不少公司实行多环节决策合规审核制度,确保合规负责人在企业重要决策的前中后期都有参与,并且独立提出意见不受任何干涉。在决策前,由合规部负责人进行决策前审核;决策讨论过程中,合规部负责人独立发表法律意见;决策后为了防范合规风险,合规部负责人会按照公司法定程度对业务进行监控,及时跟踪可能出现的合规风险及加以重点防范。因此,企业应该确保合规审核嵌套在重要决策中,真正让合规部门负责人独立行使自己的权利。③ 合规负责人应找准自己在企业中的定位,做一个"挑刺儿"的人,也做一个解决问题的人。真正合规不是沉浸在自己的专业话语体系里,而是要按照业务和用户的需求做到:第一说人话,第二接地气,最后给出一个商业方案。这是合规部门负责人应有的思维,不能只做法律判断和法律定性,也不能简单告诉业务部门该不该做,而是应该真正结合问题给业务部门或者其他部门具有可行性且合法合理的解决方案,让业务部门不惧于被"挑刺儿"。

三、制度成为理念

"白纸黑字"写下来的规章制度,必须是合法合理的,内部的规章制度制定必须在全面准确了解现行法律、行政法规的基础上,结合企业的实际情况,制定出符合公司特色的规章制度。规章制度的制定是为了保证企业合法合规运营,防控法律风险。同时,为了保证企业规章制度的合理性,需要考虑全员性的原则。企业可以通过问卷调查、访谈、会议等方式,了解员工的意见和需求。在此基础上制定出来的制度也更容易被企业员工认同,当员工内心深处认同规章制度,就会坚定自觉维护并执行制度。当然,随着互联网时代的发展,企业规章制度的制定也愈加精细化。

企业高级管理人员阶层必须有效执行企业规章制度。"淡马锡控股(私人)有限公司作为新加坡政府投资的国有全资公司,创造了年化复合回报率17%的股东回报,成为世界上最成功的主权投资基金。淡马锡公司的成功和他的公司治理密不可分,淡马锡的公司章程规定,董事会关于公司主要经理人员的任命或辞退也与董事任命一样,必须符合新加坡共和国宪法第22C条的规定,并经共和国总统的同意。而董事会中的薪酬委员会则负责对相关的高级管理人员进行考核,审计委员会负责对高级管理人员审计。"[①]在这样

---

① 陈晓峰.公司治理法律风险管理策略[M].北京:法律出版社,2011:171.

的机制下,高级管理人员的任命以及权力行使必须按照企业规章制度。"日本创业板上市的'中国第一股'亚洲互动传媒,曾经引起众多 PE 投资人的青睐,但是由于 PE 投资人'股东法律地位'缺失,不重视公司治理法律风险与内部控制,亚洲互动传媒负责人擅自违规担保,最终导致会计师事务所拒绝出具年报审计意见而被东京证券交易勒令退市。"①可见,企业高级管理人员漠视规章制度,任性妄为,对企业带来的法律风险是巨大的。因此,对企业高级管理人员进行考核审计,能更好地督促其有效执行企业规章制度。当然,企业制定的规章制度需要公示并让员工知晓。如果企业制定了规章制度之后将其束之高阁,只有制定部门了解,这就违背了企业制定规章制度的初衷。

无疑,合规性审查是保障企业规章制度落实的重要举措。美国企业的合规风险防范已从单纯的合同签订及履行、参与决策、诉讼维权的法律论证,延伸至企业行为的合规审查,扩展到了公司运营和管理的各个环节。尤其是《萨班斯法案》出台后,美国证券监管部门对公司的合规监管更加严格。美国企业已将合规纳入了法律风险防范的重要范畴。中国企业也可以在条件成熟的情况下设置合规员,对企业日常经营中的业务进行合规性审查,审查内容可以包括业务资料合规性审查、业务合同合规性审查和其他事项的合规性审查三大类,主要审查业务资料内容是否完整、业务流程是否规范、业务是否超越审批权限、业务合同是否经过法律审查等内容。

---

① 陈晓峰.公司治理法律风险管理策略[M].北京:法律出版社,2011:172.

参 考 文 献

英文期刊：

Aguinis Herman, Glavas Ante. What We Know and Don't Know about Corporate Social Responsibility: A Review and Research Agenda[J]. Journal of management, 2012, 38(4): 932 - 968.

Ayres Lan, Gertner Robert. Filling Gaps in Incomplete Contracts: An Economic Theory of Default Rules[J]. Yale Law Journal, 1989, 99(1): 87 - 130.

Basu Kunal, Palazzo Guido. Corporate Social Responsibility: A Process Model of Sensemaking[J]. Academy of Management Review, 2008, 33(1): 122 - 136.

Bebchuk Lucian A. Letting Shareholders Set the Rules[J]. Harvard Law Review, 2006, 119(6): 1784 - 1814.

Calveras Aleix, Ganuza Juan-José, Llobet Gerard. Regulation, Corporate Social Responsibility and Activism[J]. Journal of Economics and Management Strategy, 2007, 16(3): 719 - 740.

Goodpaster Kenneth E. Business Ethics and Stakeholder Analysis[J]. Business Ethics Quarterly, 1991, 1(1): 53 - 73.

Gorris Jeffrey M., Hamermesh Lawrence A., Strine Leo E. Delaware Corporate Law and the Model Business Corporation Act: A Study in Symbiosis[J]. Law and Contemporary Problems, 2011, 74(1): 107 - 120.

Hansmann Henry. Corporation and Contract[J]. American Law and Economics Review, 2006, 8(1): 1 - 19.

Liang Hao, Renneboog Luc. On the Foundations of Corporate Social Responsibility [J]. Journal of Finance, 2017, 72(2): 853 - 910.

Maon François, Lindgreen Adam, Swaen Valérie. Designing and Implementing Corporate Social Responsibility: An Integrative Framework Grounded in Theory and Practice[J]. Journal of Business Ethics, 2009, 87(1): 71 - 89.

Matten Dirk, Moon Jeremy . "Implicit" and "explicit" CSR: A Conceptual Framework for a Comparative Understanding of Corporate Social Responsibility[J]. Academy of Management Review, 2008, 33(2): 404 - 424.

英文著作：

Reinier Kraakman，et al. The Anatomy of Corporate Law：A Comparative and Functional Approach［M］. 3rd ed. Oxford：Oxford University Press，2017.

Steven Bittle，et al. (eds). Revisiting Crimes of the Powerful：Marxism, Crime and Deviance［M］. London：Routledge，2018.

Thaler Richard H.，Sunstein Cass R. Nudge：Improving Decisions about Health, Wealth, and Happiness［M］. New Haven：Yale University Press，2008.

中文期刊：

卞传山.企业高质量发展需要什么样的法务［J］.法人,2018,9.

樊纲,王小鲁,马光荣.中国市场化进程对经济增长的贡献［J］.经济研究,2011,9.

付立庆.论积极主义刑法观［J］.政法论坛,2019,1.

高铭暄,曹波.当代中国刑法理念研究的变迁与深化［J］.法学评论,2015,3.

高铭暄.对经济领域的冲突纠纷应慎用刑事手段［J］.法人,2013,3.

葛岩,秦裕林,林喜芬.认知科学在法学研究中的应用述评［J］.法律与社会科学,2017,2.

蒋大兴.论公司治理的公共性——从私人契约向公共干预的进化［J］.吉林大学社会科学学报,2013,6.

蒋建湘.企业社会责任的法律化［J］.中国法学,2010,5.

朱慈蕴.公司的社会责任：游走于法律责任和道德准则之间［J］.中外法学,2008,1.

李本灿.公共机构腐败治理合规路径的构建［J］.中国刑事法杂志,2019,2.

李本灿.企业犯罪预防中合规计划制度的借鉴［J］.中国法学,2015,5.

李诗鸿.公司契约理论新发展及其缺陷的反思［J］.华东政法大学学报,2014,5.

李晓明,陈争尧."并合主义"刑罚观对中国刑法立法的推动［J］.政法论丛,2016,2.

刘冲,周黎安.高速公路建设与区域经济发展：来自中国县级水平的证据［J］.经济科学,2014,2.

刘大洪,段宏磊.谦抑性视野中经济法理论体系的重构［J］.法商研究,2014,6.

龙敏.秩序与自由的碰撞——论风险社会刑法的价值冲突与协调［J］.甘肃政法学院学报,2010,5.

罗培新.科学化与非政治化：美国公司治理规则研究述评——以对《萨班尼斯-奥克斯莱法案》的反思为视角［J］.中国社会科学,2008,6.

毛玲玲.互联网金融刑事治理的困境与监管路径［J］.国家检察官学院学报,2019,2.

任启明.重构公司的公共性——一个宪政主义理论的视角［J］.经济法研究,2013,12卷。

史际春,肖竹,冯辉.论公司社会责任:法律义务、道德责任及其他[J].首都师范大学学报(社科版),2008,2.

孙国祥.集体法益的刑法保护及其边界[J].法学研究,2018,6.

田宏杰."风险社会"的刑法立场[J].法商研究,2011,4.

仰海锐,皮建才.企业社会责任标准差异下我国企业"走出去"策略分析[J].西安交通大学学报(社会科学版),2020,1.

阳建勋.风险社会中市场主体责任社会性的外部性理论阐析[J].河北法学,2012,9.

杨力.企业社会责任的制度化[J].法学研究,2014,5.

杨力.商业结构性反腐的模式和治理[J].中国法学,2016,5.

杨力.中国企业合规的风险点、变化曲线与挑战应对[J].政法论丛,2017,2.

郑戈.功能分化社会的法学与经济学——圭多·卡拉布雷西与《法和经济学的未来》[J].中国法律评论,2019,2.

周振杰.企业刑事责任二元模式研究[J].环球法律评论,2015,6.

中文著作:

[英]安东尼·吉登斯.失控的世界全球化如何重塑我们的生活[M].周红云,译.南昌:江西人民出版社,2004.

[英]安东尼·吉登斯.现代性的后果[M].田禾,译.上海:生活·读书·新知三联书店,2000.

[美]戴维·J·格伯尔.二十世纪欧洲的法律与竞争:捍卫普罗米维斯[M].北京:中国社会科学出版社,2004.

[美]丹尼尔·卡尼曼.思考,快与慢[M].胡晓姣,李爱民,何梦莹,译.北京:中信出版社,2012.

[意]恩里科·菲利.犯罪社会学[M].郭建安,译.北京:中国人民公安大学出版社,2009.

[澳]苏哈布拉塔·班纳吉.企业社会责任:经典观点与理念的冲突[M].柳学永,叶素贞,译.北京:经济管理出版社,2013.

[德]乌尔里希·贝克.风险社会[M].何博闻,译.南京:译林出版社,2004.

[德]乌尔里希·齐白.全球风险社会与信息社会中的刑法:二十一世纪刑法模式的转换[M].周遵友,江溯等,译.北京:中国法制出版社,2012.

陈晓峰.公司治理法律风险管理策略[M].北京:法律出版社,2011.

郭晓薇.中国人的上下级关系:构念的整合及影响效应研究[M].上海:上海交通大学出版社,2018.

蒋熙辉.公司犯罪刑事责任问题研究[M].北京:中国人民公安大学出版社,2011.

李维安,郝臣.公司治理手册[M].北京:清华大学出版社,2015.

梁剑兵,张新华.软法的一般理论[M].北京:法律出版社,2012.

刘俊海.企业社会责任[M].北京:法律出版社 1999.

卢代富.企业社会责任的经济学和法学分析[M].北京:法律出版社,2002.

王军.中国公司法[M].北京:高等教育出版社,2015.

王正志,王怀.公司法律风险防范与管理[M].北京:法律出版社,2007.

吴江水.完美的防范——法律风险管理中的识别、评估与解决方案[M].北京:北京大学出版社,2010.

叶小忠,贾殿安.中国企业法律风险管理发展报告[M].北京:法律出版社,2013.

张宪丽.企业社会责任的硬法与软法之治[M].北京:中央编译出版社,2018.